AF308839

LES
CONSEILS DU ROI
SOUS LOUIS XIV

PAR

A. DE BOISLISLE

Extrait de l'Appendice des tomes IV et V des *Mémoires de Saint-Simon*

TIRAGE À TRENTE-DEUX EXEMPLAIRES

PARIS
LIBRAIRIE HACHETTE ET Cⁱᵉ
BOULEVARD SAINT-GERMAIN, 79
1883

LES CONSEILS DU ROI

SOUS

LOUIS XIV

5179. — TYPOGRAPHIE A. LAHURE

Rue de Fleurus, 9, à Paris

LES
CONSEILS DU ROI
SOUS LOUIS XIV

PAR

A. DE BOISLISLE

(Extrait de l'Appendice des tomes IV et V des *Mémoires de Saint-Simon*)

TIRAGE A TRENTE EXEMPLAIRES

PARIS

LIBRAIRIE HACHETTE ET Cie

BOULEVARD SAINT-GERMAIN, 79

1884

LES CONSEILS DU ROI

sous

LOUIS XIV

Au sommet de l'édifice monarchique, nous voyons le Roi entouré d'un certain nombre de conseils, dont les attributions, et la composition surtout, d'abord mal définies, instables, prirent une fixité à peu près définitive sous Louis XIV. C'est, selon l'expression d'un historien moderne, la « grande officine gouvernementale, » d'où sortent tout à la fois et les lois, et les arrêts de la justice suprême, et les principales décisions en matière administrative. Quoique beaucoup d'écrivains spéciaux, soit dans les deux derniers siècles, comme Ducrot, François Duchesne, Gauret, Guillard, Tolozan, Merlin ou les rédacteurs de l'*Encyclopédie méthodique*, soit de notre temps même, et tout récemment, comme MM. Chéruel, Cl. et R. Dareste, Maury, Aucoc, Valois, le comte de Luçay, aient étudié, en toute compétence, cette importante partie de notre histoire administrative, elle ne semble pas être assez connue, assez familière et praticable à la grande masse des lecteurs, pour qu'il soit superflu d'en placer un aperçu d'ensemble, un tableau synthétique, à côté des *Mémoires* où Saint-Simon parle si souvent des Conseils, du personnel qui les composait, de leur rôle dans la marche des affaires ou dans la politique, du concours qu'ils prêtaient au souverain, de la place qui leur était assignée à la cour et dans la hiérarchie gouvernementale. Sans remonter aux origines, ni reprendre non plus la discussion des théories administratives ou judiciaires que peut soulever une étude de ce genre, il suffira ici d'exposer les caractères particuliers de chacun des Conseils, en même temps que les liens qui les rattachaient étroitement les uns aux autres, leurs attributions respectives, plus ou moins bien définies et délimitées, leur fonctionnement, ce que Saint-Simon appelait la « mécanique » et l' « être intérieur. » Le lecteur voudra bien

1

considérer cette notice comme une anticipation sur le commentaire courant, une avance utile, qui devra désormais faciliter l'intelligence de nombre de faits, d'allusions et d'expressions épars dans les *Mémoires*.

Saint-Simon lui-même attachait une grande importance à bien connaître cette matière : il avait formé plusieurs portefeuilles de règlements généraux et particuliers, de provisions de conseillers d'État, de pièces relatives aux rangs et fonctions, etc.[1], et ce qu'il dit des Conseils, soit dans les *Projets de gouvernement du duc de Bourgogne*, soit dans la *Lettre anonyme au Roi*, soit enfin dans les *Additions* et les *Mémoires*, prouve qu'il les avait soigneusement étudiés d'après les documents. Aussi est-ce à lui d'abord, puis aux autres contemporains, si bien informés, auxquels nous recourons d'ordinaire, tels que Dangeau, le marquis de Sourches ou le duc de Luynes, que seront empruntés les principaux éléments de notre notice, plutôt encore qu'aux ouvrages théoriques et historiques ; mais, en outre, les documents originaux nous fourniront des exemples pris sur le vif. Comme époque, nous nous cantonnerons dans cette dernière partie du règne de Louis XIV où commencent les *Mémoires*. L'organisation des Conseils était à peu près achevée depuis le ministère de Colbert[2], telle qu'on la conserva jusqu'en 1789 : ainsi nous n'aurons à tenir compte qu'en passant et très sommairement des variations antérieures ou des modifications postérieures, ces dernières fort peu considérables du reste, au milieu desquelles le lecteur risquerait parfois de s'égarer sans profit.

Je dois être aussi bref que possible, sous peine de dépasser les limites fixées à nos Appendices. Pour qui désirerait plus de détails, il sera facile de se reporter aux nombreux ouvrages cités dans les notes, surtout aux études récentes de deux membres du conseil d'État moderne que j'ai déjà nommés, et dont personne n'ignore l'expérience en ces matières[3]. L'un d'eux, M. Léon Aucoc, ancien président de section et membre de l'Institut, doit commencer prochainement la publication d'un vaste *corpus* des règlements constitutifs de l'ancien Conseil[4], où les plus exigeants peuvent être sûrs à l'avance de trouver pleine et en-

1. Vol. 16, 21, 46 et 47 des papiers conservés aux Affaires étrangères (aujourd'hui *France* 171, 176, 201 et 202). De plus, il avait copié de sa propre main, en douze grandes feuilles, un *Mémoire historique du gouvernement de la France par les Conseils sous la troisième race*, fait en 1713 par les abbés d'Estrées, de Thésut et de Longepierre (vol. *France* 1195).

2. Jusque-là, dit M. Georges Picot, « de toutes les institutions de la monarchie, le Conseil était sans contredit la moins fixe dans sa composition, la plus variable dans sa compétence, la plus soumise aux caprices du Prince, et cependant celle de toutes dont l'influence eût été la plus efficace, si elle avait obéi à des règles et suivi une tradition. » (*Histoire des États généraux*, tome III, p. 421-422.)

3. *Le Conseil d'État avant et depuis 1789*, par Léon Aucoc (1876); *les Secrétaires d'État depuis leur institution jusqu'à la mort de Louis XV*, par le comte de Luçay (1881).

4. Cette publication doit se faire dans la collection ministérielle des *Documents inédits sur l'histoire de France*, avec le concours de M. Moranvillé.

tière satisfaction quant à la chronologie, à la législation et aux détails
d'organisation ou de fonctionnement. De même on verra bientôt les Conseils à l'œuvre dans les inventaires d'arrêts ou de procès-verbaux que
prépare l'administration des Archives nationales.

L'*État de la France* de 1698 s'exprime ainsi au début du chapitre
intitulé : ÉTAT GÉNÉRAL DES CONSEILS DU ROI [1] : « D'autant que les affaires
qui surviennent sont différentes, aussi y a-t-il différents conseils pour
en délibérer. Les conseils que le Roi tient, ou qui se tiennent chez
S. M., ont tous part au nom de *conseil d'État*. Le plus ancien conseil
d'État, et qui depuis plus de temps est en possession de cette qualité,
est le conseil des parties, autrement le conseil d'État et privé. A présent
néanmoins, il semble que l'usage est d'appeler tout court *conseil d'État*
celui que le Roi tient avec les ministres. Tous les arrêts rendus au
conseil des finances et au conseil des dépêches sont aussi intitulés
arrêts du conseil d'État. Nous les arrangerons donc en cette sorte :
　« Le conseil d'État,
　« Le conseil des finances,
　« Le conseil des dépêches,
　« Le conseil des parties. »
Le manque de place à la fin du tome IV des *Mémoires* et la nécessité
de donner immédiatement les détails promis sur le conseil privé ou
conseil des parties et sur le corps des conseillers d'État ne m'ont pas
permis de suivre l'ordre indiqué par l'*État de la France*, et qui d'ailleurs n'était pas universellement adopté, puisque l'*Almanach royal* et
la plupart des auteurs font passer le conseil des dépêches avant celui
des finances. Si les articles sur les autres conseils ne viennent qu'après
le conseil privé dans les quelques exemplaires de cette notice que j'ai
été autorisé à faire tirer à part, c'est parce qu'ils ne trouveront place
que dans l'Appendice du futur tome V des *Mémoires*.

LE CONSEIL PRIVÉ OU DES PARTIES.

C'est dans cette section du Conseil du Roi, où siège en assemblée
plénière tout ce qui a titre de conseiller d'État, que réside la juridiction suprême en matière civile; c'est le Conseil par excellence [2].
« Quand on dit : avocat, greffier au Conseil, se pourvoir au Conseil, être

1. Tome III, p. 5-6. De même dans l'édition de 1702.
2. Voyez ci-dessus la citation de l'*État de la France*.

à la suite du Conseil, on entend toujours le conseil des parties[1]. » — « Ce qu'on appelle conseiller d'État, dit le duc de Luynes[2], c'est celui qui a séance, non au conseil d'État, car il seroit alors ministre, ni au conseil de finances ou de dépêches, mais au conseil privé ou conseil des parties. »

L'appellation de conseil *privé* est plus ancienne que celle de conseil *des parties*[3]. Elle remonte au temps où tous les conseils, étroitement unis à la personne même du souverain, représentaient sa juridiction personnelle, *privée*, par opposition, dit l'*Encyclopédie méthodique*[4], au conseil *commun*, qui était tantôt le Parlement, tantôt une commission mixte de membres du Parlement et de membres du Conseil. Mais, tandis que, dans la plupart des États de l'Europe, le nom de conseil privé a continué d'appartenir au cercle le plus intime et le plus étroit des conseillers du souverain, chez nous, au contraire, à partir du seizième siècle, il a servi de plus en plus exclusivement à désigner la partie du Conseil dont les attaches avec le Roi étaient devenues moins directes et les relations moins immédiates que les attaches et les relations du conseil d'État[5].

Quant à l'appellation secondaire de conseil *des parties*, elle est beaucoup plus juste et facilement intelligible : c'est là que les particuliers viennent chercher un recours à la justice suprême, que les *parties* sont jugées ou par le Roi lui-même, ou par son représentant immédiat. Voici d'ailleurs quelques définitions tirées des règlements du seizième siècle :

21 décembre 1560. « Pour ce que, des choses que S. M. a plus à cœur et en desire plus gratifier ses sujets, c'est la justice, a ordonné que, le mardi et vendredi de chacune semaine, sera tenu conseil pour les parties, où toutes requêtes seront ouïes, et pourvu aux suppliants en toutes bonnes et brèves expéditions de justice et équité; et, le jeudi, s'assemblera le conseil où se traitera le fait des finances et autres choses concernant les affaires d'État du Royaume.... »

23 octobre 1563. « Le jeudi se tiendra un conseil de la guerre;... et cependant M. le Chancelier, à la même heure, et tous ceux du Conseil qui sont de robe longue tiendront conseil pour les parties, comme l'on fera le samedi, où tous ceux dudit conseil se trouveront. »

18 février 1566. « Tous les mercredis et vendredis de chacune semaine, les gens du Conseil s'assembleront pour ouïr toutes plaintes et

---

1. *Dictionnaire de Trévoux*, *Dictionnaire universel* de Furetière, etc.

2. *Mémoires du duc de Luynes*, tome XVI, p. 208.

3. Sur le nom de conseil privé, voyez J. du Tillet, *Recueil des rois de France*, p. 422-424; Pasquier, *Recherches de la France*, livre II, chapitre vi; le traité manuscrit de Marillac sur le *Conseil du Roi*[a], dans la copie du temps conservée aux Archives nationales, U 945, fol. 60-63, etc. Pardessus l'a trouvé dès 1349 : préface du tome XXI des *Ordonnances*, p. lxx.

4. *Jurisprudence*, tome II, p. 212; *Recueil des rois de France*, p. 423.

5. Nous retrouverons le conseil privé dans le conseil d'État, des ministres ou d'en haut.

[a] Les volumes 46 et 47 des Papiers de Saint-Simon sont deux copies de ce traité, continué jusqu'en 1674.

requêtes de justice, et pourvoir aux parties, sans vaquer à autre chose. »

24 octobre 1572. « Conseil privé ordonné pour les parties et personnes privées[1]. »

5 octobre 1579. « Les mercredis et vendredis, après dîner, seront employés, comme de coutume, à tenir le conseil privé pour les parties, pour y vider tous procès, requêtes et autres affaires de justice, sans qu'ils puissent être traités aux autres jours et conseils. Les matinées, le mardi et samedi, seront employées aux affaires d'État, comme à voir les cahiers, requêtes et remontrances des provinces, villes et communautés, les états et lettres qui seront envoyés par les trésoriers généraux de France[2], et y faire les réponses, et autres affaires. Les après-dînées seront employées aux affaires des particuliers.... »

31 mai 1582. « .... Et quant aux deux autres jours de mercredi et vendredi, S. M. entend que ledit conseil expédie les matières contentieuses, procès et différends d'entre les parties dont la connoissance est retenue et réservée au Conseil de Sadite Majesté, et lesquelles n'auront été renvoyées aux cours de Parlement, Grand Conseil, et autres juges ordinaires. »

8 janvier 1585. « S. M. veut et entend que dorénavant il se tienne trois conseils, où se traiteront les affaires ainsi qu'il sera dit ci-après : l'un desquels s'appellera le conseil d'État, le second le conseil privé, et le troisième le conseil de finances[5]. »

Sous Henri IV[4], « trois jours de la semaine, l'on tenoit conseil des parties, s'y faisant peu de rétentions de causes, et quantité de renvois aux juges ordinaires. »

Comme on le voit par plusieurs de ces textes, et d'ailleurs nous le constaterons en parlant du conseil des dépêches et de celui des finances, c'était, au seizième siècle et au commencement du dix-septième, le même corps, le même personnel, qui, alternativement et selon les jours, s'occupait de l'administration intérieure ou financière et du jugement des affaires contentieuses d'ordre administratif concernant les communautés et les particuliers, ou de celles d'ordre privé que l'intérêt de l'État, comme celui de la justice et de l'ordre public, faisaient réserver à la personne même du Roi[6].

---

1. Ceci implique une fausse étymologie de *privé*, mieux expliqué page 4.

2. Les trésoriers de France avaient alors les attributions administratives dévolues plus tard aux intendants.

3. Il est dit que le conseil d'État et le conseil privé se réuniront dans le même endroit du logis royal, le premier les lundis, mardis, jeudis et samedis, le second les mercredis et vendredis.

4. *Mémoires de Sully*, éd. 1745, tome III, p. 277; *OEconomies royales*, tome II, p. 483. Le premier de ces deux textes, tout différent du second, qui est reproduit ci-dessus, assigne le lundi, le mercredi et le vendredi pour jours de séance.

5. Après avoir soigneusement distingué les séances, le règlement du 5 octobre 1579 ajoute : « Afin qu'èsdits conseils les affaires soient toujours maniés et conduits par un même ordre avec la dignité et sincérité requise, S. M. veut et entend que MM. les Chancelier, Garde des sceaux, et le sieur

La séparation qui s'est produite peu à peu par l'organisation en « corps fermés » des trois conseils d'État ou d'en haut, des dépêches et des finances, a laissé au conseil des parties, avec le nom générique et primitif de conseil *privé*, toutes les attributions de juridiction suprême, soit en matière civile, soit en matière administrative, et ce n'est plus que par exception que certaines affaires lui échappent et sont réservées par le Roi à l'un des trois premiers conseils. Un mémoire reproduit par Guillard[1] distingue deux parties dans cette juridiction : la première, comprenant « les évocations du pur mouvement et autorité du Roi, les évocations fondées sur parentés et alliances, les évocations sur ports et faveurs, les évocations du consentement avec exception des cours les plus prochaines, les évocations par privilège avec renvoi, les règlements de juges sur conflit, ou pour cause de récusation ou suspicion de juges[2] ; » la seconde, « plus hétéroclite, mais autant ordinaire que la première, » comprenant « les oppositions au titre ou pour deniers où le Roi n'a aucun intérêt, les exécutions d'édits, déclarations et arrêts, et contraventions à iceux, les cassations des arrêts des Cours quand ils sont contraires aux ordonnances, à eux-mêmes, et attentatoires à la jurisdiction du Conseil. » Ces attributions, d'ordre exclusivement judiciaire, représentent donc à peu près notre juridiction moderne de la cour de cassation statuant au civil[3] ; c'est moins un conseil qu'un tribunal « établi pour juger les justices, tenir en bride et en respect les juges des premiers tribunaux, et réformer les jugements quand il y a raison de le faire[4]. » Et cependant, quand il a à connaître des appels de jugements d'intendants ou des contestations relatives à la manutention des lois, à l'exécution des édits, ordonnances, arrêts, etc., son rôle se rapproche de celui de notre conseil d'État statuant en contentieux administratif.

On s'imagine aisément que certaines de ces attributions étaient fort mal vues du corps judiciaire, les évocations surtout[5]. Les États géné-

de Bellièvre, surintendant des finances, y assistent ordinairement, ensemble quatre autres de ses conseillers d'État, savoir : deux de robe longue, et deux de robe courte, tant seulement, lesquels y serviront par semaines, durant les quartiers qui leur ont été ci-devant ordonnés, sans que les autres conseillers qui ne seront en quartier soient tenus y assister. MM. les cardinaux, princes et officiers de la couronne s'y pourront trouver quand bon leur semblera, comme aussi les secrétaires d'État.... »

1. *Histoire du Conseil du Roi*, p. 88. Comparez Lebret, *Souveraineté du Roi* (1632), p. 157 ; R. Dareste, *la Justice administrative en France* (1862), p. 59-65 et 74-85, et *Richelieu et la monarchie absolue*, par le vicomte d'Avenel (1884), tome I, p. 50 et 53-55.

2. Voyez un règlement de juges dans notre tome II des *Mémoires*, p. 76-77.

3. Cette cour se sert encore de la procédure du conseil des parties.

4. Saint-Simon, *Projets de gouvernement du duc de Bourgogne*, p. 52.

5. Voyez ce qu'en disent Marillac, dans le traité ms. des Archives U 945, fol. 35, et Olivier d'Ormesson, dans son *Journal*, tome I, p. 245-246. M. Noël Valois a expliqué comment le besoin de retenir ces évocations au conseil

raux à plusieurs reprises[1], et, en tout temps, les Parlements ou autres compagnies supérieures avaient demandé que le Roi cessât d'é-
voquer ainsi des affaires de toute nature, *de proprio motu*[2], au détriment
des justices réglées[3]. Louis XIV, tout au contraire, voulut faire au Conseil
une part aussi large que possible dans le domaine de la justice. Les Compagnies, dit-il en ses *Mémoires pour l'instruction du Dauphin*[4], « passoient outre tous les jours et en toutes sortes d'affaires, nonobstant les
défenses du Conseil, jusqu'à dire assez souvent qu'elles ne reconnois-
soient pour volonté du Roi que celle qui étoit dans les ordonnances et
dans les édits vérifiés. Je leur défendis à toutes, en général, par un
arrêt solennel de mon conseil d'en haut, d'en donner jamais de contraires à ceux de mon Conseil, sous quelque prétexte que ce pût être,
soit de leur juridiction, soit du droit des particuliers. » Et quant aux évocations et règlements de juges entre les Cours : « Il est bien vrai que ces
Compagnies n'ont rien à ordonner l'une à l'autre dans leurs divers ressorts
réglés par les lois et par les édits ; et cela suffisoit autrefois pour les
faire vivre en paix, ou, s'il survenoit quelques différends entre elles, surtout dans les affaires des particuliers, ils étoient si rares et si peu em-
barrassés de procédures, que les Rois eux-mêmes les terminoient d'un
seul mot, le plus souvent en se promenant, sur le rapport des maîtres
des requêtes, alors aussi en très petit nombre, jusqu'à ce que, les
affaires s'augmentant dans le Royaume, et la chicane encore plus que
les affaires, ce soin a été principalement confié au Chancelier de France
et au conseil des parties..., qui doit nécessairement être bien autorisé
pour régler ces Compagnies entre elles sur leur juridiction, et même pour
les autres affaires dont nous jugeons quelquefois à propos, par des raisons d'utilité publique et de notre service, de lui attribuer extraordinairement la connoissance du fond, en l'ôtant à ces Compagnies.... »

Ainsi soutenu et encouragé, le Conseil ne s'en tint plus au rôle de
régulateur souverain des juridictions ordinaires, d'interprète suprême

---

étroit, plutôt que de les laisser aller au Grand Conseil, fit former une section
spéciale, le conseil privé (*le Conseil du Roi.... Charles VIII*, p. 37-38 et 64).

1. *Collection des procès-verbaux du clergé*, tome II, p. 162 ; *Histoire des
États généraux*, par M. Georges Picot, tome III, p. 425-426.

2. Les évocations se faisaient par lettres signées d'un secrétaire d'État.
Voyez, dans les *Lettres de Colbert*, tome I, p. 252-258, un intéressant mé-
moire dressé pour Mazarin en 1656 ; l'article de Merlin sur le Conseil dans le
Répertoire de Guyot, tome II, p. 207-209 ; le livre de M. R. Dareste, p. 64-67, etc.

3. On lui eût laissé l'examen des requêtes de particuliers à fin d'évocation,
les demandes en règlement de juges, le jugement des conflits entre Parlements, les requêtes contre les arrêts du Conseil lui-même, les oppositions
aux provisions d'offices. Comparez un projet d'organisation des Conseils
de 1625 (?) dans les *Lettres de Richelieu*, tome II, p. 169, et, dans les *Mémoires d'Omer Talon*, p. 135-138, les remontrances présentées par le Parlement en 1645, et, p. 296, la déclaration restrictive du 22 octobre 1648.

4. *Œuvres de Louis XIV*, tome I, p. 48-50 ; *Mémoires de Louis XIV*,
éd. Dreyss, tome II, p. 438-440 ; R. Dareste, *la Justice administrative*, p. 68-69.

des lois quant à la lettre et quant à l'esprit[1]. Lui aussi voulut juger au fond, même sur des demandes en première instance[2], même en matière criminelle[3], et l'insuffisante délimitation des rôles facilita ces empiètements de tous les jours. De là un arbitraire vexatoire et nuisible à tous les intérêts, de là des conflits fréquents[4]. Aussi Saint-Simon a-t-il demandé quelque part qu'on fût « bien plus retenu à évoquer des ordres et d'autres affaires pareilles de particuliers avec leurs créanciers, et à en charger les bureaux du Conseil, qui sont par là fort détournés de l'expédition de leurs affaires naturelles[5]. » De même, il eût voulu qu'on ne reçût les requêtes en cassation que pour de bonnes raisons : « Le mérite du fond y doit être considéré, et doit désormais être matière principale du jugement des affaires dont l'introduction en cassation d'arrêt a été admise[6]. »

De tout ce qui vient d'être dit il résulte qu'une définition exacte des attributions du conseil privé, une détermination précise de son ressort seraient impossibles à donner, puisque, tour à tour, et en mettant même à part l'arbitraire et l'omnipotence royale, sa juridiction représente celle de notre cour de cassation moderne, celle du conseil d'État tel que le Premier Consul le reconstitua en 1799, et même celle des hautes cours de justice ou tribunaux extraordinaires que certaines époques ont vus encore revivre[7].

1. Tocqueville a remarqué que l'influence des intendants avait beaucoup contribué à étendre l'emploi des évocations (*l'Ancien régime*, p. 104 et suiv.).

2. M. Rod. Dareste, p. 82-89 ; M. Aucoc, p. 56 ; le vicomte d'Avenel, tome I, p. 53-55 ; Tocqueville, *l'Ancien régime et la Révolution*, p. 76. L'objet de ce conseil n'est point, comme celui des tribunaux, la distribution de la justice, mais seulement la manutention de l'ordre établi pour la rendre, et l'administration de l'État, dit l'*Encyclopédie méthodique — Jurisprudence*, tome III, p. 212.

3. François Duchesne, *Nouveau style du Conseil* (1662), p. 218 et suivantes. D'après les *Mémoires d'Omer Talon*, que cite M. d'Avenel, les cas de matière criminelle étaient tout à fait exceptionnels.

4. C'est ce que Monteil a fait ressortir dans un de ses chapitres sur le dix-s[...]tième siècle (*Histoire des Français des divers états*, tome VIII, p. 296) : « De quoi s'occupe ce conseil ? — Des évocations, des cassations d'arrêts, des contentions, des conflits. — Est-ce que le Grand Conseil est dissous ? — Non. — Mais ces matières sont dans ses attributions ! — Sans doute, mais non pas exclusivement, et les habiles avocats savent très bien vous dire à quel des deux conseils il faut s'adresser. » En effet, le Grand Conseil, nous avons déjà eu occasion de le dire (tome II des *Mémoires*, p. 76, note 2), connaissait des évocations, des règlements de juges, des contrariétés d'arrêts, etc. Voyez Rod. Dareste, *la Justice administrative*, p. 63 et 66.

5. *Projets de gouvernement du duc de Bourgogne*, p. 53.

6. *Ibidem*, p. 52.

7. M. Rod. Dareste, dans l'ouvrage cité ; M. Maury, dans la *Revue des Deux Mondes*, 15 octobre 1873, p. 847-848 ; M. Aucoc, dans *le Conseil d'État*, p. 57 et suivantes ; M. le comte de Luçay, dans *les Secrétaires d'État*, p. 448-452 ; M. le vicomte d'Avenel, dans *Richelieu et la monarchie absolue*, tome I, p. 53-55, ont fait ressortir les attributions du conseil privé. Il reste d'ailleurs, sur ce même conseil, nombre de traités, de « styles » ou de règlements, imprimés ou manuscrits, dont la bibliographie a été faite par M. Aucoc.

Les conseillers d'État.

Le personnel du conseil privé comporte des membres de droit, des membres titulaires pourvus par commission, et des officiers.

En première ligne des membres de droit devraient figurer les ducs et pairs, puisqu'ils sont juges-nés dans tous les tribunaux suprêmes, spécialement dans les Conseils du Roi, et ont le droit d'y siéger au-dessus de tous autres conseillers ; mais, depuis longtemps, ils ne paraissent plus au conseil privé. C'est la conséquence rationnelle de la substitution des « légistes » aux conseillers de robe courte.

Saint-Simon s'indignait fort que ses confrères en pairie laissassent de tels privilèges tomber en prescription[1]. Il prétendait même que les simples ducs à brevet eussent dû réclamer ce droit, comme les ducs et pairs, et ne blâmait pas moins aigrement le duc de Vitry que l'archevêque-duc de Reims et l'évêque-comte de Noyon d'avoir accepté des brevets de conseillers d'Église ou d'épée, alors que leur seule dignité pouvait leur ouvrir toutes grandes les portes du Conseil, avec la préséance[2].

Les ministres aussi et les secrétaires d'État ont de droit l'entrée au Conseil, sans même prêter serment ; mais ils n'en usent guère davantage que les pairs[3], sans doute parce qu'ils perdraient toute préséance au milieu des simples conseillers, comme l'exigent l'usage et les règlements[4]. Notre auteur aurait voulu pourtant que ce droit leur fût bien reconnu et confirmé : « L'être de secrétaire d'État est conseiller d'État…. Si, par la puissance de leurs charges, ils (les secrétaires d'État) ont regardé les places de conseillers d'État au-dessous d'eux, c'est une idée qui a pu entrer dans leur tête, mais qui n'a pas changé l'essence de leurs charges et de leur condition, qui…. est homogène aux places de conseillers d'État, et ne peut être incompatible avec elles[5]. » Ils devraient donc, selon lui, assister au Conseil en costume ordinaire, avec le manteau court, sans prétendre d'ailleurs au décanat et en ne prenant place qu'entre le dernier conseiller d'État et les intendants des finances[6].

De même encore, le Contrôleur général, de par sa commission et en vertu de l'article 1ᵉʳ du règlement de 1673, a droit de siéger au conseil

---

1. Les ducs avaient été omis dans le règlement de 1673 : voyez les *Écrits inédits*, tome VI, p. 246.

2. *Mémoire sur les changements arrivés à la dignité de duc et pair*, dans le tome III des *Écrits inédits*, p. 137-139, et *Notes sur les duchés et comtés-pairies éteints*, dans le tome V, art. d'ÉPERNON, p. 332.

3. *Journal de Dangeau*, tomes VII, p. 151, XIV, p. 34, et XVII, p. 476.

4. *Mémoires du duc de Luynes*, tomes I, p. 187, et XIV, p. 11, note.

5. *Mémoires de Saint-Simon*, tome XII, p. 427.

6. *Projets de gouvernement du duc de Bourgogne*, p. 53 et 73-74. Comparez les *Écrits inédits*, tome VI, p. 250.

des parties[1]. Il y jouit d'un privilège particulier : « Lorsque M. [le] Peletier, contrôleur général, se fut démis de cet emploi, il ne laissa pas
d'aller au Conseil comme ministre et conseiller d'État. La première fois,
M. le chancelier Boucherat ne lui ôta point le chapeau en lui deman-
dant son avis. M. [le] Peletier se plaignit au Roi. M. le Chancelier ne se
rendit point, prétendant que le chapeau n'étoit dû qu'au doyen et au
Contrôleur général. Le Roi, qui ne vouloit pas diminuer cette distinction à M. [le] Peletier, consulta M. de Pontchartrain, devenu contrôleur
général, qui ne trouva point de meilleur expédient que de donner à
M. [le] Peletier des lettres de contrôleur général honoraire[2]. »

Il est d'usage qu'un conseiller d'État nommé secrétaire d'État, ministre ou contrôleur général abandonne immédiatement sa place de
conseiller titulaire ; et de fait, advenant une disgrâce, pourrait-il « d'é-
vêque devenir meunier[3] ? » Pomponne, Croissy, le Peletier[4] se sont
donc démis purement et simplement. Voysin fera de même en 1709 ;
mais, en 1716, pourvu de la charge de secrétaire d'État des affaires
étrangères (momentanément sans fonctions), M. d'Armenonville restera
conseiller d'État, et il parviendra même peu après au décanat, non sans
rencontrer, il est vrai, une vive opposition de la part des autres conseillers[5]. En janvier 1718, d'Argenson, prenant les sceaux, se réservera
sa place de conseiller d'État jusqu'en 1720, pour faire entrer alors au
Conseil son fils aîné, âgé de vingt-cinq ans[6]. Orry, n'étant encore que

1. D'après l'état de 1658, ni le Surintendant, ni les contrôleurs généraux,
ni les intendants des finances, tout-puissants dans le conseil des finances
(voyez le *Journal d'Ol. d'Ormesson*, tome I, p. 159-162, etc.), n'entraient au
conseil privé. Sous Louis XIII, chaque surintendant avait besoin d'un brevet
pour y siéger après les officiers de la couronne et au-dessus des conseillers.

2. Note de Gaignières, dans le ms. Clairambault 647, fol. 501 ; *Journal de
Dangeau*, tome III, p. 54, et Addition de Saint-Simon, p. 55.

3. *Mémoires de Saint-Simon*, tome XII, p. 425-426.

4. Celui-ci eut une nouvelle commission, en 1689, pour rentrer au Conseil comme ministre et contrôleur général honoraire, ainsi qu'on l'a vu dans
la citation de Gaignières.

5. *Mémoires de Saint-Simon*, tome XII, p. 425-426 ; *Journal de Dangeau*,
avec une Addition, tome XVI, p. 318-319, 322, 323, 331 et 335 ; ms. Clairambault 648, fol. 1-36 ; *Histoire du Conseil du Roi*, par Guillard, p. 132. En
1722, le même d'Armenonville, devenu garde des sceaux, conserva encore sa
place. « Faisant le philosophe, il disoit que, les sceaux étant trop passa-
gers..., il se vouloit garder la première place du Conseil par son ancienneté,
et ne se pas enterrer tout vif comme avoit fait d'Argenson, et tous ceux
à qui on les avoit ôtés ; et, le décanat ayant vaqué, d'Argouges, gendre de
sa sœur, le lui disputa fort et ferme, comme la place de président d'un tribunal étant incompatible avec celle de premier conseiller de ce même
tribunal. De cela on fit une cote mal taillée.... Sa philosophie ne lui servit
de rien, non plus que son décanat, et..., avec raison, il n'a jamais retourné
au Conseil depuis avoir rendu les sceaux, et s'enterra tout autant que ceux
qu'il avoit blâmés. » (*Écrits inédits de Saint-Simon*, tome VI, p. 250-251.)

6. *Journal de Dangeau*, tome XVIII, p. 200 ; *les Correspondants de la marquise de Balleroy*, par le comte Éd. de Barthélemy (1883), tome II, p. 99.

contrôleur général, refusera d'être fait ministre jusqu'à ce qu'on lui ait donné une place de conseiller avec permission exceptionnelle de la garder, et, renversé du ministère en 1745, il se montrera très heureux de rester simple conseiller d'État [1]. MM. des Forts et de Séchelles garderont quelque temps leurs places de conseiller, et de même M. de Moras, jusqu'à ce qu'il devienne ministre d'État; mais M. de Boulogne, en prenant possession du contrôle général, rendra une expectative de conseiller dont il avait été gratifié précédemment [2].

Il n'y a donc pas incompatibilité entre les charges de ministre, de secrétaire d'État ou de contrôleur général et la place de conseiller d'État; on ne demande la démission des titulaires que pour avoir des places de plus à donner au Conseil, ou pour éviter qu'un trop grand nombre de conseillers d'État soient retenus loin des séances [3].

Les intendants des finances, on l'a vu à propos de l'affaire Caumartin [4], ont aussi entrée, séance et voix délibérative au Conseil [5]; mais ils ne sont parvenus à cela qu'en 1657, après une énergique résistance des conseillers d'État, et surtout des maîtres des requêtes, qui voyaient en eux, avec grande raison, autant de rivaux tout-puissants et d'intrus assez forts pour les réduire « aux seules affaires de la justice. » Le chancelier Séguier écrivait à ce propos [6] : « Si l'on considère quelle a été la fonction des intendants des finances en leur origine, l'on trouvera qu'ils étoient simplement des commis, et qu'ils n'avoient aucune entrée dans les Conseils, sinon lorsqu'on les appeloit pour rendre compte du travail dont ils avoient été chargés, et l'on ne verra point dans les anciens registres du Conseil que leurs noms soient compris dans les résultats, ni leur qualité. Au contraire, l'on trouvera que les maîtres des requêtes ont rapporté toutes sortes d'affaires et qu'ils sont dès longtemps en cette possession. Quant à la séance des Conseils, ils n'en ont jamais eu, et, lors de M. le chancelier de Sillery, j'ai vu qu'ils avoient séance seulement dans le conseil de direction : encore étoient-ils assis sur un banc séparé de la séance des conseillers d'État; et, quand je suis entré dans la charge, j'ai vu M. le président de Chevry, comme intendant des finances, les jeudis, debout derrière ma chaise [7]; depuis, étant contrôleur général, il prit sa séance dans le conseil des finances, mais jamais dans le conseil des parties. Ils ont été assis derrière la chaise du Roi quand on fit la création des quatre, et n'ont point eu séance ni dans le

1. *Mémoires du duc de Luynes*, tomes I, p. 123, II, p. 55, et VII, p. 135.

2. *Ibidem*, tomes XIV, p. 475, XV, p. 411, et XVI, p. 189-190.

3. *Écrits inédits de Saint-Simon*, tome VI, p. 250, et *Mémoires*, tome XII, p. 425-426.

4. *Mémoires*, tome IV, p. 8-10. Comparez le tome VI des *Écrits inédits*, p. 248-249.

5. « Ils s'assoient, jugent, ont rang de conseillers d'État, et, quand ils le deviennent, en fixent l'ancienneté à leur date d'intendant des finances. » (*Mémoires*, tome V, p. 395.)

6. Lettre du 9 octobre 1657, à M. le Tellier : ms. Fr. 6894, fol. 58-59.

7. Voyez le *Journal d'Ol. d'Ormesson*, tome I, p. 259-260.

conseil des parties ni des finances. Il y avoit un conseil de direction dans lequel ils avoient séance, où se traitoient les affaires des traités et l'exécution des conditions accordées aux traitants ; mais il n'y avoit aucun de MM. les maîtres des requêtes et conseillers d'État. Ainsi ils ne peuvent pas dire avoir acquis jusques ici aucun rang de séance dans les Conseils ; et néanmoins l'on leur accorde séance du jour de leur brevet, qui est une chose extraordinaire et qui n'a jamais été observée que pour les évêques, la noblesse et MM. les maîtres des requêtes, par le règlement fait à Compiègne, S. M. déclarant les uns, par leur dignité, les autres, par la fonction de leur charge, être tenus présents dans les Conseils ; et cet ordre a été si exactement observé, que les présidents de la grand'chambre du parlement de Paris obtinrent, en six cent vingt-cinq, un brevet pour être tenus présents dans les Conseils. »

Comme le gouvernement de Louis XIV a fini par ne prendre que des maîtres des requêtes pour intendants des finances, cette hostilité n'a plus tout à fait la même raison d'être ; mais la différence de costume, qui fait des intendants une sorte de caste intermédiaire entre les secrétaires d'État et la robe du Conseil[1], et surtout ce rang conservé à jamais du jour de leurs provisions d'intendant[2], préoccupaient Saint-Simon et ses amis, car il dit dans les *Projets de gouvernement du duc de Bourgogne* que le prince entendait « supprimer l'entrée de ce conseil (privé) aux intendants des finances, qui n'y sont d'aucune utilité, dont la séance en manteau y est fort baroque, [et encore[3]] plus leur nouveau droit, en devenant conseillers d'État, d'y prendre place du jour qu'ils ont acheté leur charge d'intendant des finances, laquelle les occuperoit assez sans plus entrer dans ce conseil[4]. »

Comme les intendants, à la différence des conseillers d'État en titre, ne reçoivent point de commission et ne prêtent pas serment, ils pourraient perdre l'entrée au Conseil par le seul fait d'une révocation ou du remboursement de leur charge[5], et, dans ce cas, ils ne retrouveraient même pas leur ancien rang de maître des requêtes : aussi l'empressement est-il grand parmi eux pour demander, au bout de quelques années de service, cette place de conseiller d'État qui ne se perd jamais. Mais tous n'y arrivent pas : M. Heudebert du Buisson, après avoir servi

---

1. En 1643, l'intendant le Charron n'allait qu'aux Finances en habit court, et il prenait la robe pour siéger aux Parties (*Ormesson*, tome I, p. 60).

2. *Mémoires*, tome IV, p. 8. En 1685, M. de Breteuil, intendant des finances depuis la fin de 1683, et nommé conseiller semestre huit jours après l'abbé le Peletier, avait déjà obtenu de garder la place qu'il occupait comme intendant (*Journal de Dangeau*, tome I, p. 110, 113 et 114 ; mémoire conservé dans les mss. Clairambault 647, fol. 503-519, et Moreau 1282, fol. 176 et suivants).

3. Ces deux mots, ajoutés par M. Mesnard, sont-ils nécessaires?

4. *Projets de gouvernement*, p. 53.

5. *Mémoires du duc de Luynes*, tomes II, p. 55, V, p. 454, et XV, p. 132-133. C'est ainsi que, sous Louis XV, M. Poulletier ayant remis sa charge d'intendant des finances pour prendre l'intendance de Lyon, il n'eut plus de place au Conseil tant qu'on n'eut pu le nommer conseiller semestre.

cinquante ans comme secrétaire du Roi, comme maître des comptes, comme maître des requêtes, et comme intendant des finances depuis la création, ne pourra obtenir le Conseil en quittant sa charge en 1714[1].

Ont encore l'entrée au Conseil, avec un brevet de conseiller d'État, les deux agents généraux du clergé, qui peuvent y venir faire toutes représentations et réquisitions dans l'intérêt de leur corps ; mais ils doivent se retirer avant que les opinions soient ouvertes[2].

Jadis le premier président et les présidents ou gens du Roi du parlement de Paris, ainsi que les premiers présidents ou même les simples présidents des autres cours souveraines, avaient entrée et voix délibérative dans les affaires concernant leur compagnie[3].

Le nombre et la qualité des conseillers d'État titulaires n'ayant pas varié moins souvent que la forme et les attributions des divers conseils, nous n'entreprendrons pas de suivre ici ces modifications successives, dont il faudra d'ailleurs parler à propos du conseil des finances. Ce qui caractérise la composition du corps au seizième siècle, c'est, d'une part, la multiplicité des titulaires, d'autre part la prédominance des gens de robe courte sur ceux de robe longue, ces derniers se trouvant comme perdus au milieu de noms absolument étrangers aux lois et à la justice. Ainsi le règlement du 4 mai 1584 fixa le nombre des conseillers ordinaires à six conseillers d'Église et six de robe longue seulement, contre vingt et un d'épée ou de robe courte[4] ; et à ces trente-trois titulaires venaient s'adjoindre une foule de hauts fonctionnaires de la cour ou de dignitaires de l'Église et de l'État, tous se qualifiant « conseillers du Roi en ses conseils d'État et privé et direction de ses finances, » tous prétendant également à la préséance, qu'ils eussent ou non des brevets[5]. Comme dans l'ordre de Saint-Michel, c'était une conséquence des guerres civiles, de la nécessité de donner satisfaction à toute sorte de gens, et il en résultait un fâcheux discrédit.

Quelque trente ans plus tard, lors de la réunion des États de 1614, l'ordre du clergé demande au jeune Roi[6] « qu'il lui plaise de régler son Conseil et ôter la confusion qui y est, tant pour la multitude effrénée des personnes qui y ont été introduites, que pour l'extrême chicane qui s'y est mêlée,... de réduire le nombre de ceux qui y seront employés,

---

1. Papiers du Contrôle général, G⁷ 1841. Il mourut le 11 octobre 1715, n'étant que maître des requêtes honoraire.

2. *Encyclopédie méthodique — Jurisprudence*, tome III, p. 214.

3. Règlement de 1644 : voyez le *Journal d'Ormesson*, tome I, p. 178 et 180.

4. Guillard, *Histoire du Conseil du Roi*, p. 41-42. Dans les cérémonies, chaque robe avait sa place à part.

5. Voyez ci-dessus, p. 5, note 5, une citation du règlement de 1579. Ceux de 1585, de 1624, etc., conservèrent également l'entrée au Conseil à presque toute la cour, comme on le verra dans l'article CONSEIL DES FINANCES.

6. « Règlement et réduction des conseils du Roi, èsquels il y a greffier et on prononce arrêt, communément appelés les conseils d'État ou de finance et le conseil des parties. »

comme source de tout le bien et de tout le mal qui s'étend en toutes les provinces et endroits du Royaume.... Quant au conseil des parties, tous ceux auxquels Votre Majesté a fait l'honneur de donner l'entrée en son Conseil pourront y assister, qui seront, s'il plaît à Votre Majesté, constitués et distribués par quartiers, les réduisant au nombre de vingt-quatre, qui sont six par chacun quartier[1].... »

Ce fut une des grandes pensées de Richelieu de viser à restreindre peu à peu une affluence si contraire à la dignité et au bon fonctionnement de la première compagnie du Royaume ; les divers règlements rendus sous son ministère, en 1622, 1624, 1626 et 1628, surtout celui du 18 janvier 1630, que rédigea Michel de Marillac, forment en quelque sorte la charte fondamentale du Conseil[2], et un conseiller de cette époque, André d'Ormesson, transcrivant dans ses *Mémoires*, en 1649, une vieille liste du Conseil de 1586[3], constatait le progrès acquis en ces termes : « On peut remarquer comme le Conseil étoit presque tout composé d'ambassadeurs, de grands seigneurs, de maréchaux de France, gouverneurs de provinces, gens d'épée, et de cardinaux, de prélats, évêques et archevêques, et peu de gens de robe longue.... Force requêtes s'y rapportoient, et fort peu d'instances. Maintenant l'ordre du Conseil est bien différent presque en toutes choses. Ce sont toutes robes longues qui tiennent le Conseil ; aucun homme d'épée et fort peu d'évêques y entrent. J'entends parler du conseil des parties, des Finances et de la Direction[4]. » Mais les réformes n'eurent qu'un temps, et le mal reparut avec une nouvelle régence. « En l'année 1643, 1644 et suivantes, dit encore le même André d'Ormesson[5], la grande porte du

1. *Collection des procès-verbaux des assemblées générales du clergé de France*, tome II, p. 122-124 et 162. Comparez les *Mémoires de Pontchartrain*, en 1616, p. 364, et les *Mémoires de Mathieu Molé*, tome I, p. 173-175.

2. Caillet, *l'Administration sous le ministère du cardinal de Richelieu*, tome I, p. 26-32 ; Guillard, *Histoire du Conseil*, p. 41-50. Ces ordonnances sont réunies dans le traité de Marillac, ms. des Archives U 945, fol. 180-192, et ont été en partie publiées par M. Chéruel à la fin du tome I de l'*Histoire de l'administration monarchique*. Le projet d'organisation préparé en 1625 (*Lettres du cardinal de Richelieu*, tome II, p. 170) attribuait, comme composition, au quatrième conseil, chargé de « prendre connoissance des cahiers des provinces, des évocations, et de ce que nous estimerons plus utile au bien de notre État, » deux conseillers ordinaires d'Église, deux d'épée, deux de robe longue, et neuf conseillers servant par quartier, sous la présidence du Chancelier ou du Garde des sceaux. Le vicomte d'Avenel (*Richelieu*, tome I, p. 42-44 et 46), qui reproche au Cardinal d'avoir rejeté du Conseil les éléments aristocratiques et indépendants, pour en faire « une assemblée de commis, conduite par quelques jurisconsultes laborieux et soumis, » fait très justement observer que la plupart de ses règlements restèrent à l'état de lettre morte. On va voir qu'il en fut souvent ainsi.

3. *Histoire de l'administration monarchique*, tome I, p. 354. Un autre rôle de 1587 est dans le ms. U 945, fol. 201.

4. La séparation n'était pas faite entre les Finances, la Direction et les Parties.

5. *Journal d'Ol. d'Ormesson*, tome I, p. 77, note, et p. 176-177.

Conseil a été ouverte, et y sont entrés tous ceux qui l'ont desiré, tant la facilité y a été grande de la part de la Reine régente et de M. le Chancelier : de manière que le nombre de ceux qui avoient droit d'y prendre place montoit, en 1647, à plus de six-vingts conseillers d'État…. Et c'étoit une grande confusion[1]…. » Il est juste d'ajouter que la plupart des conseillers de robe courte considéraient leur titre comme purement honorifique et s'abstenaient de prendre part aux travaux judiciaires[2] ; mais ils n'en touchaient pas moins les appointements attachés au brevet[3].

Sous Mazarin, un important règlement du 1er mai 1657[4] fixa le nombre des conseillers titulaires à douze ordinaires, quatorze semestres, trois d'Église et trois d'épée ; mais il laissa subsister en grand nombre des conseillers par brevet qui surchargeaient les cadres sans utilité, et plusieurs années furent encore nécessaires pour arriver à la réforme définitive, dont Saint-Simon parle en ces termes dans son mémoire sur les *Changements arrivés à la dignité de duc et pair* (1711)[5] : « Il s'étoit glissé un abus excessif au Conseil, par la facilité que les troubles de la Minorité avoient introduite de donner des brevets de conseiller d'État, et que le cardinal Mazarin continua, parce que ces grâces ne coûtoient rien. Après sa mort, cette même facilité dura encore quelque temps, et le Conseil, augmenté sans mesure, se trouva rempli de conseillers d'État ou personnellement indignes, ou par le petit état de magistrature d'où ils étoient subitement montés à ce comble de cette profession. On cessa donc de faire des conseillers d'État si librement ; mais, la mort ne pouvant sitôt épurer ce tribunal suprême, le chancelier Séguier dressa, par ordre du Roi, en 1673, un règlement qui fit une réforme du Conseil en fixant le nombre des conseillers d'État et les nommant sans égard à l'ancienneté, privant ce qui n'étoit pas nommé de toute fonction et séance, et comprenant, ou personnellement ou génériquement, tous ceux qui devoient avoir voix et séance au conseil des parties. »

1. En marge de la formule finale du règlement du 31 mai 1582, par laquelle Henri III avait déclaré d'avance nul « tout ce qui se ferait désormais autrement, » un annotateur de notre manuscrit des Archives U 945 a écrit (fol. 89) : « Jugez en quel état sont tant de conseillers d'État faits sans volonté expresse du Roi pendant la régence d'Anne d'Autriche, notre très honorée dame et reine, dont S. M. même ne sait les noms ni les services. » Il en avait été de même sous la précédente régence : voyez les *Mémoires de Bassompierre*, éd. Chantérac, tome II, p. 65-66.

2. Rapports des ambassadeurs vénitiens Contarini, Badoer, Gussoni et Nani dans la première série des *Relazioni*, tome IV, p. 252-253, et dans la série Francia du recueil Berchet et Barozzi, tome I, p. 113 et 463.

3. *Journal d'Ol. d'Ormesson*, tome I, p. 424 : « Il n'y avoit presque personne du Parlement à qui M. le Surintendant ne donnât les quinze cents livres de conseiller d'État. »

4. Original aux Archives nationales, K 118, nos 88 3 et suiv. ; Guillard, *Histoire du Conseil*, p. 56-57.

5. *Écrits inédits*, tome III, p. 137-138. Comparez un passage des *Duchés-pairies*, art. Coislin, dans le tome VI, p. 246.

La masse des conseillers à simple brevet que « la licence des guerres civiles avoit introduits dans le Conseil sans qualité et sans mérite » fut donc supprimée d'un trait de plume[1], et les vaudevillistes célébrèrent la *Défaite de six mille conseillers d'État par le général Pussort*[2]. Restèrent seuls autorisés à prendre le titre purement honorifique de « conseiller du Roi en ses Conseils[3] » : les officiers de la couronne, les grands officiers de la maison du Roi, les chevaliers de l'Ordre, les gouverneurs et lieutenants généraux de provinces, les secrétaires du cabinet et le premier médecin du Roi, les premiers présidents des Parlements, les présidents et gens du Roi du parlement de Paris, le premier président de la Chambre des comptes de Paris, et les prélats ou maîtres des requêtes que le Roi avait gratifiés de lettres de conseiller d'État[4].

Comme le dit Saint-Simon, le nombre des conseillers d'État titulaires fut définitivement fixé par le règlement du 3 janvier 1673[5] à vingt-quatre conseillers de robe, dont douze ordinaires, c'est-à-dire servant toute l'année, et douze semestres (au lieu de quatorze), trois conseillers d'Église et trois d'épée[6].

Chaque ordre se trouvait encore représenté dans cette image en réduction des anciennes assemblées nationales ; mais, par un renversement complet du primitif état de choses aristocratique, la robe du tiers

---

1. A la fin de 1660, Gourville, fraîchement nommé conseiller d'État, écrit : « Cela n'étoit pas alors de beaucoup de considération, et ne l'est devenu que quelque temps après, parce qu'on en fit un nombre (c'est-à-dire qu'on les réduisit à un nombre fixé) pour entrer dans les Conseils. Tous les conseillers d'État qui avoient été faits auparavant n'y avoient point d'entrée, et cette qualité n'étoit utile qu'à ceux qui avoient assez de crédit pour se faire payer des appointements qui y étoient attachés. » (*Mémoires de Gourville*, p. 531.)

2. *Mémoires de Mathieu Marais*, tome III, p. 278. Sur Pussort, voyez notre tome IV des *Mémoires de Saint-Simon*, p. 13-15.

3. Vain titre, qui ne donnait aucune entrée (Guillard, *Histoire du Conseil du Roi*, p. 113). En outre, il ne faut pas confondre cette qualification avec celle de « conseiller du Roi », attribuée à une foule d'officiers de la dernière catégorie. Olivier d'Ormesson donne beaucoup de détails sur cet abus des brevets dans la dernière période (tome I, p. 64, 65, 70, 120, 178-180, etc.).

4. Articles v à viii du règlement du 3 janvier 1673. Parmi les ecclésiastiques, nous avons vu que les agents du clergé, intermédiaires obligés entre leur ordre et le Conseil, avaient titre et place de conseillers d'État.

5. Il a écrit, au lieu de 1673, la date de 1664 dans le tome XIII des *Mémoires*, p. 278, et celle de 1666 dans une Addition à Dangeau, tome III du *Journal*, p. 288. Sur ce règlement de 1673, voyez l'*Histoire du Conseil*, par Guillard, p. 92-93. On trouve la liste des conseillers en fonctions au mois de décembre 1672 dans le registre de la Maison du Roi O¹ 16, fol. 221-222.

6. Certains textes imprimés portent que le Conseil sera composé de *vingt* conseillers ordinaires, dont trois d'Église, trois d'épée, le Contrôleur général et les deux intendants des finances : ce qui ne ferait que onze conseillers de robe longue, en dehors de ces trois derniers membres de droit. Il faut lire : *vingt et un*, comme dans l'original (Arch. nat., E 1770, fol. 3-21). — Le nombre des conseillers ordinaires avait été mis à douze en 1626.

état y était quatre fois plus nombreuse que les représentants de l'Église
et que ceux de la noblesse militaire.

Les trois conseillers d'Église étaient déjà nommés depuis 1658[1]. Ces
places restèrent longtemps réservées aux prélats les plus considérables
ou les plus éminents[2] ; ce fut en 1701 que, pour la première fois et par
le fait du chancelier de Pontchartrain, un simple abbé put parvenir au
Conseil. Saint-Simon le raconte en divers endroits[3], notamment dans
ce passage d'une notice inédite sur le Chancelier[4] : « L'amour de sa
famille, et qui, pour le sujet, pouvoit être mieux placé, fit à la dignité
du conseil des parties une plaie qui s'est toujours approfondie depuis.
Jusqu'alors les trois places ecclésiastiques du Conseil n'avoient été
remplies que par des prélats très distingués, et jamais que par des archevêques et des évêques ou des plus grands sièges ou des talents les
plus reconnus, ou dans les emplois les plus considérables, et souvent
plusieurs de ces choses à la fois. Le Chancelier avoit tendrement aimé
Mme Bignon, sa sœur, femme du conseiller d'État, et servoit de père
aux enfants de cette sœur. L'abbé Bignon, riche en savoir, en talents,
en bénéfices, ne l'étoit qu'en cela. Il avoit prêché fort bien, et ses ser-
mons eussent fort édifié dans la bouche d'un autre, et, quoi qu'il eût
fait dans le chemin de l'Église, il étoit hors d'espérance de l'épiscopat. Un abbé qui vieillit, un maître des requêtes demeuré[5], un ancien
mousquetaire, un vieux page, une fille ancienne, deviennent de tristes
personnages. Ce fut un opprobre que le Chancelier voulut ôter à son
neveu. Monsieur de Noyon.... mourut, et l'abbé Bignon eut sa place de
conseiller d'État. Le contraste étoit extrême : aussi en cria-t-on beaucoup. Le pis fut qu'après aucun évêque ne voulut être conseiller d'État,
parce qu'au Conseil l'abbé Bignon cédoit bien aux deux qu'il y trouvoit
avant lui, mais auroit précédé sans difficulté ceux qui y seroient entrés
après lui, à moins qu'ils n'eussent été pairs, et précédant par là le doyen
du Conseil[6]. Ainsi ces places ecclésiastiques si illustrées ne furent plus
que pour le second ordre, et sont tombées depuis on ne peut pas plus

1. Brevet original du 22 février 1658 : Arch. nat., K 118, n° 88[8]. Il y avait
quatre évêques en 1628 ; voyez l'*Histoire de l'administration monarchique*,
par M. Chéruel, tome I, p. 365 et 370.

2. Première place : M. Séguier, évêque de Meaux (1658) ; M. de Villeroy,
évêque de Chartres (1659) ; M. d'Aubusson, archevêque d'Embrun et évêque
de Metz (1690) ; J.-B. Bossuet, évêque de Meaux (1697) ; M. de la Hoguette,
archevêque de Sens (1704-1715). Seconde place : M. de Médavy, évêque de
Seez, puis archevêque de Rouen (1658) ; M. de Clermont-Tonnerre, évêque-
comte de Noyon (1691) ; l'abbé Bignon (1701-1743). Troisième place : Jean-
Baptiste de Comtes, doyen de l'église Notre-Dame de Paris, qui était conseiller d'État depuis vingt-trois ans (1658) ; M. le Tellier, archevêque-duc de
Reims (1679) ; l'abbé de Pomponne (1711-1756).

3. Additions à Dangeau, tomes IV, p. 208, et VIII, p. 39 ; *Mémoires*, tome II,
p. 438.

4. Vol. 45 de ses Papiers : OFFICIERS DE LA COURONNE.

5. C'est-à-dire n'ayant pu passer conseiller d'État : ci-après, p. 36.

6. Voyez un cas de ce genre dans le *Journal d'Ormesson*, tome I, p. 115-116.

bas dans ce second ordre, au grand scandale de l'abbé de Pomponne[1], qui, n'ayant nulle autre exclusion à l'épiscopat, de l'aveu même du Roi, que de s'appeler Arnauld, reçut, onze ans après, la même consolation après son ambassade de Venise. »

Outre que l'un des trois titulaires de 1658 n'était que doyen de Notre-Dame, notre auteur semble oublier qu'en 1704 Bossuet eut pour successeur au Conseil le respectable archevêque de Sens, Fortin de la Hoguette, qui resta en fonctions, au-dessous de l'abbé Bignon, jusqu'à la fin du règne[2], mais fut alors remplacé par l'abbé Dubois. Saint-Simon refusa de concourir à la nomination de celui-ci, « considérant pour qui ces places avoient été faites, et par qui jusqu'alors remplies[3]. »

Il arriva mainte fois qu'une ou deux des places de conseiller d'Église restassent vacantes quelque temps[4].

Quant aux conseillers d'épée, ceux du seizième siècle devaient faire preuve de plusieurs degrés de noblesse paternelle[5]. Sous Louis XIV, cette condition n'existe plus ; mais on ne choisit jamais que des courtisans ayant à la fois servi dans l'armée et rempli des missions diplomatiques à l'étranger[6]. Il est même d'usage, dit l'*État de la France*[7],

1. Nommé le 27 novembre 1711, en place de l'archevêque de Reims.

2. Voyez les *Écrits inédits*, tome VI, p. 262.

3. Addition de Saint-Simon au *Journal de Dangeau*, tome XVI, p. 288. — En 1747, le Chancelier, voulant avoir immédiatement au-dessous de lui un pair de France, fit donner à l'archevêque de Sens de ce temps-là la place occupée par le défunt abbé de Ravannes ; mais ce ne fut que moyennant assurance de la succession pour l'abbé de Marbeuf, qui passa au bout de six ans (*Mémoires du duc de Luynes*, tomes VIII, p. 351-352, X, p. 53, et XII, p. 450). L'abbé de Pomponne eut pour successeur, aussi par expectative, l'abbé de Bernis.

4. *Journal de Dangeau*, tome XIII, p. 464.

5. Règlements du 4 mai 1584 et du 8 janvier 1585.

6. Delisle de Hérissé cite comme conseillers d'épée trois diplomates bien connus : le marquis de Sourdis († 21 décembre 1666), le comte de Béthune-Selles († 24 septembre 1665), et le marquis de Fontenay-Mareuil, dont on a des mémoires importants, qui furent annotés par Saint-Simon († 25 octobre 1665) ; Delisle porte aussi le maréchal de Villeroy († 1685) parmi les conseillers d'épée. Mais il se passa plusieurs années après la réorganisation de 1673 sans que les trois places fussent remplies. La première fut donnée en 1677 au duc de Vitry, qui mourut en 1679 ; la seconde à Feuquière (17 janvier 1678-1688) ; la troisième à Saint-Romain (24 mai 1683-1694). Puis vinrent : le marquis de Villars (1683-1698), la Vauguyon (1688-1693), d'Arcy (janvier à juin 1694), Dangeau (1696-1720), Briord (1701-1703), Phélypeaux (1704-1713), Puysieulx (1707-1719), etc. Dangeau raconte ainsi une de ces nominations : « Le Roi, après son dîner, entrant chez Mme la duchesse de Bourgogne à son ordinaire, me dit : « Je viens de vous donner un con-« frère. Phélypeaux m'a demandé une place de conseiller d'État d'épée ; il « m'a très bien servi dans mes armées et dans les ambassades, et je lui ai « accordé de bon cœur la grâce qu'il m'a demandée. » (*Journal*, tome X, p. 50.) Sous la Régence, le duc d'Orléans nomma ainsi Canillac, Brancas, Cheverny, Saumery, Bonrepaus.

7. Années 1663, tome I, p. 5, et 1698, tome III, p. 39. Comparez l'*État*

que les ambassadeurs revenus à la cour reçoivent la qualité et la pension
de conseiller d'État, mais « sans avoir tous l'entrée du Conseil. » En
sa qualité de conseiller d'État d'épée, Dangeau a naturellement exagéré
l'importance de ces trois places[1]. Ce qui montre leur peu d'utilité,
c'est qu'après être demeurées bien du temps sans titulaires, elles restèrent souvent vacantes, que l'auteur du *Journal* fut seul pourvu pendant plusieurs années[2], que jamais conseiller d'épée ne participait au
travail intérieur des bureaux et des commissions[3], et qu'on ne prenait
point parmi eux les secrétaires d'État[4], tandis que les conseillers de
robe longue en étaient comme la pépinière. D'ailleurs, les charges
d'épée ne valaient pas plus que celles de robe[5].

Les vingt-quatre conseillers de robe se recrutent parmi les maîtres
des requêtes[6] (et par conséquent les intendants de provinces), les présidents des cours supérieures, les avocats généraux ou procureurs généraux ayant des services bien établis. C'est aussi le « débouché ordinaire » des prévôts des marchands de Paris[7]. Les uns et les autres
doivent préalablement se démettre de leurs charges vénales, à moins
d'obtenir une dispense[8], qui est renouvelable de trois en trois ans.

Pour les hauts magistrats, c'est le « bâton de maréchal de France du
métier[9], » le but suprême de toutes les visées[10] : la robe du Conseil est
une robe à part, qui, donnant un commerce quotidien avec la cour,
assure à jamais le repos pour ceux qui sont satisfaits ou fatigués[11], car
le caractère de conseiller d'État est indélébile et ne peut se perdre, ou
bien ouvre l'accès aux emplois brillants et aux plus hautes dignités pour
ceux que pousse encore l'ambition[12].

de 1648-1649 reproduit dans les *Archives curieuses de l'histoire de France*,
2ᵉ série, tome VI, p. 438.

1. Addition de Saint-Simon au *Journal*, tome XVII, p. 403.

2. *Journal*, tomes V, p. 341, VI, p. 314, et XI, p. 304. Il y avait deux places
vacantes depuis près de deux ans quand Dangeau fut nommé.

3. Ci-après, p. 58 et 60.

4. La première exception à cette règle ne se fit qu'en 1747, pour le marquis de Puysieulx, et encore celui-ci, nommé secrétaire d'État des affaires
étrangères, n'eut-il ni département de provinces, ni place, par conséquent,
au conseil des dépêches (*Mémoires de Luynes*, tome VIII, p. 83 et 89-94).

5. Environ cinq mille livres (*Mémoires de Luynes*, tome II, p. 249) : voyez
ci-après, p. 23-24. C'est évidemment par erreur qu'on a imprimé dans le *Journal de Dangeau* (tome IV, p. 439-440) : « Ces charges valent 500,000 livres. »

6. Ci-après, p. 36.

7. *Saint-Simon*, tome IV, p. 259 ; *Luynes*, tome IV, p. 442.

8. Comme les deux Lebret père et fils, à la fois intendants et premiers
présidents du parlement de Provence (Arch. nat., O¹ 276¹, fol. 102 v°).

9. *Mémoires de Saint-Simon*, tome V de 1873, p. 70.

10. Guillard, *Histoire du Conseil du Roi*, p. 108 et suivantes.

11. Tout au contraire des gens d'épée, qui n'aspirent jamais qu'à l'action,
dit M. de Sourches (tome II, p. 183) ; comparez un passage des *Mémoires
d'André d'Ormesson*, dans le tome II du *Journal d'Olivier*, p. 661-662.

12. *Mémoires de Saint-Simon*, tome VIII, p. 209.

Le conseiller d'État, *comes consistorianus, Regis a sanctioribus consiliis*, est présenté à la cour[1], et ses fonctions l'appellent fort souvent à siéger, non seulement dans le conseil des parties, mais dans les trois autres conseils que le Roi préside. Il l'accompagne aux lits de justice et à l'ouverture des États généraux, où sa place est marquée derrière les ministres[2]; il le représente même et porte la parole en son nom lorsque les princes du sang vont notifier la volonté souveraine à des cours supérieures[3], ou quand il s'agit de demander le don gratuit à l'assemblée quinquennale du clergé[4]. Dans les cérémonies officielles, il fait cortège au Chancelier ou au Garde des sceaux, chefs de la magistrature[5]. Parfois il est chargé, comme l'étaient les anciens *missi dominici*, d'aller faire des tournées d'enquête[6] ou « réformer la justice » dans les provinces[7].

L'entrée au Conseil le met à jamais hors de pair; il jouit de la noblesse transmissible au premier degré; il ne cède la préséance qu'aux princes du sang, cardinaux, officiers de la couronne, ducs et pairs[8]; il prend le pas sur les gens de qualité « non titrés, » ou du moins il en a la prétention, et plusieurs fois il y a réussi : grand sujet d'indignation pour Saint-Simon[9]. Quant au Parlement, dont il revise chaque jour les sentences, sans que jamais le Parlement puisse discuter un arrêt du Conseil[10], le conseiller d'État n'a plus le droit d'y aller siéger, comme

1. Sa femme aussi, comme les femmes des présidents à mortier et des intendants des finances. Elles sont présentées dans la galerie seulement, et vont faire leur cour à la toilette, au dîner, au jeu, au grand couvert, mais non aux audiences, cercles et comédies, et elles ne sont point *baisées* (*Mémoires de Luynes*, tomes X, p. 234, et XIII, p. 323).

2. *Journal d'Ol. d'Ormesson*, tomes I, p. 50, et II, p. 650-651; Godefroy, *le Cérémonial françois*, tome II, p. 258, 262, 309, 395; *Mémoires de Luynes*, tome XV, p. 202. Ce dernier auteur (tomes XV, p. 424, et XVI, p. 55) rapporte que Louis XV se fit assister par des conseillers d'État pour tenir le sceau, mais que cette fonction était remplie ordinairement par des maîtres des requêtes.

3. *Ormesson*, tome II, p. 502-503; Fr. Duchesne, *Style du Conseil*, p. 489.

4. *Sourches*, tome III, p. 245; *Luynes*, tome VI, p. 302, etc.

5. *Journal d'Ol. d'Ormesson*, tome II, p. 485 et 693; *Mémoires du marquis d'Argenson*, tome I, p. 177; *Mémoires de Luynes*, tome XIV, p. 325-326.

6. Commissions d'enquête de 1687-1688. Celle de 1663-1664 avait été confiée par Colbert à des maîtres des requêtes; mais les conseillers d'État eurent les premières places, en 1665, dans la commission qui réforma les codes.

7. Chambre souveraine pour la réformation de la justice envoyée à Limoges et à Poitiers en 1688.

8. Article IX du règlement de 1673; Addition au *Journal de Dangeau*, tome VIII, p. 290. Le premier duc de Créquy ne put prendre rang au Conseil parce qu'il n'avait qu'un brevet de duché non enregistré au Parlement (Arch. nat., U 945, fol. 52).

9. Additions au *Journal de Dangeau*, tomes XV, p. 107 et 109, XVI, p. 499, et XVII, p. 350; *Écrits inédits*, tome VI, p. 251-252; *Mémoires*, tomes X, p. 143-144, XII, p. 255-256, et XIII, p. 191; *Dangeau*, tome VIII, p. 41.

10. Ci-dessus, p. 7. Du Tillet (*Recueil des rois de France*, p. 425) conteste cette supériorité.

au seizième siècle[1]; mais on lui accorde partout la préséance sur les simples conseillers, et même il la dispute aux présidents à mortier; il passe, sur les rôles de la capitation, avant le procureur général[2], et le doyen du Conseil se pose comme l'égal du premier président[3]. De son côté, le Parlement est obligé de donner du « Monsieur » aux conseillers d'État, aussi bien qu'aux ducs et pairs[4].

Même avec les ministres et secrétaires d'État, le conseiller d'État prend son rang d'ancienneté dans le Conseil, sans tenir compte des charges[5].

La dignité de conseiller d'État n'étant pas un office, elle ne comporte point de provisions. Jusque sous Louis XIII, les nominations se faisaient par simples brevets[6], quoique le règlement du 8 janvier 1585 exigeât des lettres scellées, signées et contresignées. C'est le garde des sceaux Marillac qui a introduit l'usage des lettres de commission scellées et rédigées en forme directe[7]. Leur formule n'offre rien de remarquable; en voici une prise au hasard[8] : « Voulant reconnoître les grands et recommandables services qui nous ont été par vous rendus, etc..., nous vous avons élu et élisons par ces présentes, signées de notre main, pour l'un de nos conseillers ordinaires semestres dans nos conseils d'État, privé, finances et direction[9], au lieu et place de N***, pour y servir

1. Du Tillet, *Recueil des rois*, p. 424; Pasquier, *Recherches de la France*, livre II, chapitre VI; *Mémoires d'O. Talon*, p. 512; ms. Marillac U 945, fol. 56-57.

2. Dans la quatrième classe de la capitation, à cinq cents livres.

3. « Le conseil privé, qui casse ses arrêts (du Parlement), dont les conseillers, qui sont connus sous le nom de conseillers d'État, le disputent partout aux présidents à mortier, et leur doyen au premier président, et dont les maîtres des requêtes, qui n'y sont jamais assis, viennent, quand il leur plaît, à titre unique de maîtres des requêtes, s'asseoir et juger à la grand'-chambre et y précéder le doyen du Parlement.... » (*Mémoires de Saint-Simon*, tome X, p. 474; comparez l'Addition au *Journal de Dangeau*, tome XVI, p. 468.) On voit cependant, dans la relation d'un *Te Deum* de 1628, les conseillers d'État forcés de céder au Parlement la place qu'ils avaient prise (*Cérémonial françois*, tome II, p. 998). En 1665, pour la réforme des codes, Pussort et Colbert ne se servirent d'abord que de conseillers d'État; ce fut plus tard seulement que le Parlement s'ingéra dans ce travail.

4. Guyot, *Traité des droits attachés aux offices*, tome II, p. 231.

5. *Journal d'Ormesson*, tome II, p. 671; *Journal de Dangeau*, tomes VIII, p. 41, et XVII, p. 404; *Mémoires de Luynes*, tomes I, p. 187, et XIV, p. 11, note.

6. Le brevet d'André d'Ormesson (1615) est reproduit dans l'introduction du *Journal d'Ol. d'Ormesson*, tome I, p. CIV, note 2.

7. Marbault, *Remarques sur les Mémoires de Sully*, p. 28; voyez le *Journal d'Ol. d'Ormesson*, tomes I, p. CVI, et II, p. 419.

8. Commission de M. de Caumartin, 21 mars 1672 (Arch. nat., registre O¹ 16, fol. 101). Le même volume renferme plusieurs autres commissions, et il s'en trouve de plus anciennes, ainsi que des brevets, dans le registre O¹ 7. Un texte de lettre annonçant à un conseiller d'Église sa nomination, en 1658, est dans le registre O¹ 12, fol. 98 v°. Cette série de registres de la maison du Roi contient toutes les nominations de 1672 à la fin de la monarchie.

9. Dans la commission donnée à M. de la Gallissonnière, l'expression est : « en tous nos conseils et direction de nos finances. » (O¹ 16, fol. 25-26.)

au semestre de ***, y avoir entrée, séance et voix délibérative et jouir des honneurs, autorités, prérogatives, immunités, gages et appointements dont jouissent nos autres conseillers en nosdits conseils de pareille qualité.... Mandous à notre cher et féal ***, chancelier de France, que, pris de vous le serment..., il ait à vous installer en nosdits conseils. »

Depuis 1653, ce serment se prête au Conseil même, entre les mains du Chancelier[1] : après quoi, le nouveau titulaire prend rang du jour de son installation[2]. Entre deux collègues du même jour, la priorité est pour le plus ancien maître des requêtes[3]. Oiseuses en apparence, ces questions de rang ne laisseront pas d'avoir leur valeur lorsque le Conseil ira aux opinions, ou quand le décanat deviendra vacant.

Comme l'indique la commission donnée tout à l'heure, on débute toujours par le service de semestre[4]; mais la séparation en conseillers ordinaires et conseillers semestres, qui remonte à 1624[5] et qu'a consacrée le règlement de 1673[6], n'est plus que fictive, tandis qu'autrefois « il y avoit effectivement douze conseillers d'État qui ne servoient que six mois, de manière que des présidents ou procureurs généraux

1. *Journal d'Ol. d'Ormesson*, tome II, p. 670-671; *Journal de Dangeau*, tome V, p. 345-346; Guillard, *Histoire du Conseil du Roi*, p. 113-115. Les deux textes de serment qui servaient au dix-septième siècle se trouvent dans Guillard, dans le *Cérémonial françois* de Godefroy, tome II, p. 682-683, etc.

2. C'est toujours dans cet ordre d'ancienneté que l'*État de la France* et l'*Almanach royal* donnent la liste du Conseil. André d'Ormesson a raconté comment, en janvier 1623, les conseillers d'État obtinrent que le rang se prendrait du jour même de l'entrée effective au Conseil, et non de celui de la prise de possession d'une charge ou fonction antérieure comportant le brevet de conseiller. Cette décision fut consacrée par les règlements du 1er juin 1624, du 3 mai 1657 et de 1673 (art. ix), le dernier étant fait à la considération de Pussort, qui ne voulait pas céder le pas à des maîtres des requêtes plus anciens en date (*Histoire de l'administration monarchique*, tome I, p. 362 et suivantes; *Journal d'Ol. d'Ormesson*, tome II, p. 504; voyez ci-après, p. 52).

3. *Journal de Dangeau*, tome XVIII, p. 208.

4. Selon Dangeau (tome V, p. 205), M. d'Aligre, abbé de Saint-Riquier, fut le dernier homme de robe nommé conseiller ordinaire sans avoir été semestre; il entra au Conseil en 1672, lorsque son père devint chancelier, et étant alors conseiller clerc au Parlement.

5. Les règlements de 1571, 1582 et 1585 avaient divisé le service annuel en trois périodes de quatre mois; dans le dernier, chaque conseiller avait sa province, ses attributions et son jour pour rapporter (Arch. nat., U 945, fol. 71 v°, 82, 100, 104, 108 v° à 111). Marillac, dans son règlement du 1er juin 1624, combina le service de quatrimestre avec celui de semestre; voyez le texte donné au tome I de l'*Histoire de l'administration monarchique*, p. 363-366.

6. L'article xvi de ce règlement défendait aux semestres de venir au Conseil en dehors de leur temps, à moins qu'ils ne fussent mandés par le Chancelier, et néanmoins bien des conseillers (à brevet) qui servaient depuis trente ou quarante ans s'estimèrent heureux, dans la réforme, d'être conservés comme simples semestres (*Mémoires de l'abbé de Choisy*, p. 579).

d'autres parlements du Royaume obtenoient de ces places et venoient faire leur semestre à la suite du Roi[1]. » Peu à peu les conseillers semestres ont eu l'entrée et le service d'un bout à l'autre de l'année, et, comme ils prennent rang d'ancienneté concurremment avec les ordinaires, la distinction qui subsiste encore entre eux est plutôt un nom qu'une chose ; mais, dit Saint-Simon, « les semestres sont touchés de monter à ordinaires, et le Roi avoit toujours coutume de faire monter l'ancien[2]. » Ce dernier détail manque d'exactitude, car Dangeau cite plusieurs cas d'avancement au choix, non à l'ancienneté, et il répète à diverses reprises que Louis XIV ne s'astreignait pas à faire monter le plus ancien semestre[3]. Aussi les promotions de conseillers ordinaires étaient-elles l'occasion de bien des brigues[4].

Le passage d'une classe à l'autre se constate par la délivrance de nouvelles lettres de commission et entraîne en même temps une augmentation d'appointements, quoique le service reste le même en réalité. Ces appointements sont d'ailleurs peu considérables. Jadis on les faisait aller jusqu'à six mille livres : en 1657, ils ont été réduits, pour tous les conseillers uniformément, à deux mille livres, qui n'en font même que quinze cents par suite du retranchement d'un quartier de tous les gages[5] ; mais, à titre de commensal de la maison du Roi, chaque

---

1. *Mémoires du duc de Luynes*, tome V, p. 455.

2. *Mémoires de Saint-Simon*, tome V, p. 394. Voyez un fragment des *Mémoires d'André d'Ormesson* placé par M. Chéruel dans l'introduction du *Journal d'Ol. d'Ormesson*, tome I, p. cv-cvi.

3. *Journal de Dangeau*, tomes IX, p. 7, 61-62, et XIV, p. 238.

4. M. d'Armenonville, depuis longtemps intendant ou directeur des finances (voyez ci-dessus, p. 10), et conseiller semestre depuis le mois de mai 1705, fut dépassé, en mars 1708, par M. Voysin, avant lequel il était entré au Conseil comme intendant, mais qui était, il est vrai, plus ancien que lui comme titulaire d'une place de conseiller semestre (*Journal de Dangeau*, tome XII, p. 92-93 ; *Mémoires de Saint-Simon*, tome V, p. 394). En 1716, le même d'Armenonville, quoique possédant une charge de secrétaire d'État, ne put obtenir une place d'ordinaire, qu'eut Rouillé du Coudray, et ce fut seulement en juillet 1717 qu'il fut nommé (*Journal de Dangeau*, tome XVI, p. 493). — En juin 1709, Desmaretz reçoit cette lettre de son parent l'intendant Jubert de Bouville : « J'apprends, Monsieur, dans ce moment, la mort de M. de la Reynie, et, comme M. Amelot a monté à l'ordinaire à la place de M. Voysin, il me seroit bien triste qu'étant devenu le premier montant, M. d'Armenonville ou quelque autre montât à l'ordinaire à ma place. Je sais bien que le Roi fait cette grâce à qui il lui plaît ; mais, MM. Voysin, Phélypeaux, d'Argouges, Amelot et autres ayant monté à leur rang, il sembleroit que S. M. ne seroit pas contente de mes services, si elle ne me faisoit pas la même grâce. Je crois que la chose est déjà faite, et c'est à tout hasard que je me donne l'honneur de vous prier de ne me pas oublier dans cette occasion. » (Papiers du Contrôle général, G[7] 421.) M. de Bouville fut nommé tout aussitôt, tandis que l'intendant Bouchu n'y arriva jamais (*ibidem*, G[7] 545).

5. Ce retranchement était une mesure d'économie prise par le surintendant Bouthillier en 1642 : *Histoire de l'administration monarchique*, tome I, p. 364.

conseiller reçoit une somme de trois cents livres par mois de service officiel : soit, pour les conseillers ordinaires, un total de cinq mille cent livres, et, pour les semestres, trois mille trois cents livres[1]. Tous frais faits, chaque place d'ordinaire ne rapporte guère que deux mille cent livres[2] ; mais on verra plus loin qu'à cette somme minime viennent s'ajouter les produits assez considérables des « bureaux[3]. »

Seul, le doyen du Conseil[4] a une double part, dix mille deux cents livres, et il jouit en outre d'honneurs et de privilèges qui font fort rechercher cette dignité : à la table du Conseil, sa place est marquée vis-à-vis du Chancelier[5] ; il reçoit de celui-ci, lorsqu'on prend les voix, le « salut entier du chapeau ; » il a même droit à une visite de cérémonie lorsqu'un chancelier nouveau entre en fonctions ; il préside des « bureaux » nombreux et de bon rapport ; il ne cède le pas à personne qu'aux ducs et pairs ; enfin il ne perd jamais son titre, alors même que l'âge ou les infirmités ne lui permettraient plus de servir[6].

C'est André le Fèvre d'Ormesson, père d'Olivier, qui a inauguré le titre de doyen, en 1665, au lieu de celui de « plus ancien conseiller. » Depuis, le décanat a été occupé par MM. d'Aligre, de Lézeau, Poncet, de Villayer, Pussort[7] et Courtin. Celui-ci aura pour successeur, en décembre 1703, l'archevêque-duc de Reims[8].

En 1680, après une longue contestation, le titre a été partagé exceptionnellement, par semestres, entre MM. de Villayer et Poncet[9]. Nous

1. *Mémoires du duc de Luynes*, tome V, p. 455 ; *Journal de Dangeau*, tome XVIII, p. 163 ; *Histoire du Conseil*, par Guillard, p. 57 ; ms. Lancelot 100, fol. 61-62.

2. *Mémoires du duc de Luynes*, tome IV, p. 198.

3. « La place de conseiller d'État est la plus grande récompense qu'un homme de robe puisse espérer, à l'exception des charges ; elle est plus honorable qu'utile, à moins qu'on n'ait des bureaux. » (*Ibidem*, tome XV, p. 432.)

4. Voyez notre tome IV des *Mémoires*, p. 13, note 4.

5. En 1672, pendant les trois mois qui s'écoulèrent entre la mort du chancelier Séguier et son remplacement par M. d'Aligre, celui-ci, qui était doyen des Conseils, eut la présidence et la signature, avant même d'être garde des sceaux. (Règlement du 9 février 1672, Arch. nat., O¹ 16, fol. 51.) Il en avait été de même pour M. de Caumartin, après la mort du garde des sceaux de Vic, en 1622. Le doyen pouvait aussi suppléer le Chancelier en cas de récusation (*Journal d'Ol. d'Ormesson*, tome II, p. 494).

6. *Journal de Dangeau*, tomes III, p. 295, VII, p. 152, IX, p. 386-387, avec Addition de Saint-Simon, et XVIII, p. 126 ; *Mémoires de Saint-Simon*, tomes IV, p. 41, XI, p. 53, et XII, p. 425 ; *Mémoires du duc de Luynes*, tome IV, p. 198 et 439.

7. Voyez notre tome IV, p. 14-15.

8. Il y a une liste des doyens dans le manuscrit de Delisle de Hérissé, ms. Lancelot 100, fol. 194-204.

9. Ms. Clairambault 647, fol. 385 et suivants ; Guillard, *Histoire du Conseil*, p. 177-204. Même partage eut lieu, sous la Régence, entre M. d'Argouges et son oncle d'Armenonville ; le neveu eut titre de sous-doyen.

verrons, en 1704, les conseillers d'Église faire reconnaître leur droit au décanat[1]. En 1665, M. de Chaumont-Boisgarnier, ancien bibliothécaire du roi Henri IV et conseiller d'État depuis 1628, a été évincé par M. de Machault, quoique plus ancien que celui-ci, sous prétexte qu'il n'avait jamais été magistrat et que le doyen du Conseil devait être de robe. A la suite du conflit Poncet et Villayer, il a été arrêté que, si désormais un semestre se trouvait le plus ancien du Conseil au jour de la vacance, il deviendrait *ipso facto* conseiller ordinaire pour passer doyen.

Les secrétaires d'État, qui, comme on l'a vu plus haut, deviennent conseillers d'État en surnombre du jour même de leur réception, prétendent aussi avoir droit au décanat, bien qu'ils ne siègent que très rarement ou jamais au conseil privé[2]. Il en doit être de même pour le Contrôleur général des finances.

Les conseillers d'État sont tenus de « se rendre et demeurer à la suite du Roi et de M. le Chancelier, et d'assister assidûment aux Conseils, » et ils n'en peuvent « partir sans permission de S. M. ou de M. le Chancelier, à peine de radiation de leurs gages[3]. » Néanmoins le corps ne se trouve jamais au complet, et c'est à peine si l'on peut compter sur une quinzaine de travailleurs assidus[4] : les autres sont retenus par leurs intendances de province[5], par leurs fonctions d'intendants des finances, de prévôts des marchands, d'ambassadeurs[6]. Saint-Simon aurait voulu que la place de conseiller d'État fût incompatible avec tout autre emploi[7].

1. *Journal de Dangeau* et Addition, tome IX, p. 386-387, et p. 434-435; *Mémoires de Saint-Simon*, tome IV, p. 41-42; *Écrits inédits*, tome VI, p. 247; ms. Clairambault 647; recueil Cangé, vol. 71, pièces 92-94; Guillard, *Histoire du Conseil*, p. 204-264, etc.

2. *Journal de Dangeau*, tome IV, p. 151. Voyez ci-dessus, p. 9, et les *Écrits inédits*, tome VI, p. 248.

3. Article XXIII du règlement de 1673. Comparez les *Mémoires du duc de Luynes*, tome VII, p. 135. Le règlement du 31 mai 1624 pour les logements de la cour en voyage ordonnait que les conseillers de robe longue et des finances fussent logés auprès du Chancelier.

4. Le cas de M. de Fieubet fut tout à fait particulier : en se retirant aux Camaldules, il demanda qu'on ne remplît pas la place qu'il laissait vacante, et le Roi n'y nomma Henri Daguesseau que quand Fieubet mourut, trois ans plus tard (*Mémoires de Sourches*, tome III, p. 448-449; *Journal de Dangeau*, tomes III, p. 381, et V, p. 76-77).

5. M. du Gué, père de Mme de Coulanges, devenu sous-doyen du Conseil, ne quitta pourtant pas son intendance de Lyon (*Sourches*, tome II, p. 122, note 2). Bâville, conseiller ordinaire, resta constamment en Languedoc de 1685 à 1716, c'est-à-dire depuis sa nomination au Conseil jusqu'à sa démission d'intendant. On comptait alors six intendants sur les douze conseillers semestres.

6. En 1695, le Roi nomma deux ambassadeurs à la fois, l'un, d'Avaux, conseiller ordinaire, l'autre, Amelot, conseiller semestre, disant « qu'il falloit songer aux absents » (*Journal de Dangeau*, tome V, p. 261-262).

7. *Mémoires de Saint-Simon*, tome XII, p. 426; *Projets de gouvernement du duc de Bourgogne*, p. 52. Comparez les *Mémoires de Luynes*, tome IV, p. 198.

Si strictement fixé que soit le nombre des conseillers titulaires, tantôt le désir de récompenser sans retard des services éminents, tantôt la nécessité d'assurer au Conseil le concours de tel ou tel personnage font recourir à des expédients divers. Ou bien on accorde des lettres de surnuméraire, avec les mêmes honneurs, appointements et gages, « en attendant qu'on puisse effectivement donner une place vacante par mort, démission ou autrement, » comme à Desmaretz en 1674[1], à Rouillé du Coudray en 1703, à M. de Bernage et à M. de Cheverny (conseiller d'épée) en 1718, au fils de Fagon en 1720[2], ou encore au ministre Claude le Peletier, lorsqu'il a quitté les finances[3]; ou bien on délivre des brevets purement honorifiques, qui permettent de « se dire et qualifier conseiller d'État ordinaire, et jouir de tous les titres, rang, séance, etc., appartenant à la dignité de conseiller d'État, » mais ne donnent que des privilèges personnels, non transmissibles, sans fonctions ni service[4]; ou enfin on délivre des « expectatives, » dont Dangeau nous fournit plusieurs exemples[5]. La Régence et le règne de Louis XV mul-

1. Desmaretz, alors maître des requêtes, avait eu, le 27 avril 1672, des lettres concédant l'entrée, séance et voix délibérative au Conseil, avec gages et émoluments. Le 17 février 1674, il obtint de nouvelles lettres de conseiller d'État en surnombre de la liste de janvier 1673 (ms. Clairambault 648, p. 351-352).

2. *Mémoires de Saint-Simon*, tome IV de 1873, p. 3; *Journal de Dangeau*, tome XVI, p. 215; ms. Clairambault 648, fol. 111 et suivants.

3. Commission publiée dans l'Appendice du tome I de la *Correspondance des contrôleurs généraux*, p. 553. En devenant contrôleur général, le Peletier avait rendu sa place de conseiller d'État, qu'on donna à Fieubet. — Sous Louis XV, en 1766, on créa, mais provisoirement, six places de surnuméraire.

4. Brevets pour M. de Barrillon, évêque de Luçon (1673), pour M. de Sourches, grand prévôt de l'hôtel (1679), pour l'abbé d'Hervault, auditeur de rote, pour le traitant Berthelot, secrétaire des commandements de la Reine (1681), pour Bonrepaus (1718), comme conseiller d'État d'épée, pour Samuel Bernard (1730), etc. Le brevet de M. de Sourches (Arch. nat., O¹ 23, fol. 97 v°) est ainsi conçu : « Voulant admettre dans nos Conseils des personnes de vertu, probité et suffisance, nous avons fait choix de vous, dont la fidélité et le zèle pour notre service nous sont connus, espérant que vous nous y servirez utilement. A ces causes, nous vous avons élu et ordonné.... conseiller en nos conseils d'État, privé et finances, pour nous y servir à l'avenir, y avoir entrée, séance et voix délibérative, et jouir en cette qualité des honneurs, autorités, prérogatives, prééminences et exemptions dont jouissent nos autres conseillers en nosdits Conseils. Voulons, à cet effet, que vous prêtiez le serment en tel cas requis. » Il n'est point question d'appointements ni de gages, non plus que de service semestriel ou ordinaire. Les prédécesseurs de M. de Sourches avaient eu aussi entrée et séance au Conseil, et il en était de même pour quelques autres charges.

5. *Journal*, tomes XVI, p. 496, XVII, p. 145, et XVIII, p. 33 et 36. Comparez le *Journal de l'avocat Barbier*, tome I, p. 334, et les *Mémoires de Luynes*, tome XIII, p. 329. Un passage des *Mémoires de Sourches*, tome II, p. 31 et 38, prouve qu'on n'en usait point ainsi sous Louis XIV.

tiplieront les expectatives[1]. Le duc de Luynes dit à ce propos[2] : « Autrefois, l'usage étoit de donner des survivances[3], et alors le survivancier avoit un brevet et prenoit séance ; mais les expectatives sont très différentes : il n'y a ni brevet ni séance. » Et ailleurs, parlant d'un conseiller d'épée en expectative : « Il n'entrera pas au Conseil jusqu'à ce qu'il y ait une place vacante. Autrefois, cela n'étoit pas de même ; ils y entroient, et passoient même leur vie sans avoir une véritable place. M. d'Argenson a été le dernier qui ait joui de cette prérogative[4]. »

On faisait encore emploi de lettres antidatées, afin d'assurer la préséance au titulaire[5].

Sous Louis XV, il y eut plusieurs survivances accordées à des fils d'intendants des finances ou de conseillers titulaires, et ces survivanciers avaient immédiatement séance au Conseil[6].

Une liste officielle du Conseil était donnée dans chaque édition de l'*Almanach royal* (à partir de 1699) et de l'*État de la France*; de plus, l'Administration la faisait imprimer annuellement[7]. Les vingt-quatre titulaires y sont rangés comme ils siègent autour de la table du Conseil, sans distinction de classe, mais par ordre d'ancienneté, à l'exception des conseillers d'Église qui se trouvent être pairs ecclésiastiques.

Outre ces documents, nous avons une chronologie incomplète des conseillers d'État jusqu'à l'année 1702, à la fin du travail de Delisle de Hérissé sur les Conseils conservé au Cabinet des manuscrits[8], et un mémoire généalogique que d'Hozier fit, vers 1706, pour le Roi et Mme de Maintenon, sur les personnages qui composaient alors les Conseils[9].

La transmission de la place d'un père à son fils était chose fort rare. Dangeau, citant le cas des deux Marillac, en 1682, dit que « cela n'avoit jamais été pratiqué[10]. » Louis XIV craignait jusqu'à la moindre appa-

1. *Les Correspondants de la marquise de Balleroy*, tome I, p. 139 ; *Mémoires de Villars*, p. 301 ; Arch. nat., O¹ 64, 65, etc. Le brevet d'expectative délivré à l'intendant Harlay le 8 février 1721 lui donnait immédiatement entrée, séance, voix et opinion délibérative, moyennant prestation de serment ; aussi fut-il porté sur la liste de 1722, semestre en blanc.

2. *Mémoires de Luynes*, tomes XV, p. 134, et XVI, p. 189-190 et 208.

3. Olivier d'Ormesson avait obtenu la survivance « verbale » de son père, qui était doyen, « le Roi ayant dit qu'il ne vouloit point donner de brevet, pour la conséquence, mais que sa parole valoit mieux que du parchemin. » (*Journal*, tome II, p. 303-306, 309, 419 et 422.)

4. *Luynes*, tome XII, p. 73. Le comte d'Argenson eut une expectative lorsqu'il quitta la police en 1724, et prit aussitôt place au Conseil, mais pour un jour seulement, n'y devant rentrer qu'à son tour d'expectative, car il était le huitième (*Mathieu Marais*, tome III, p. 77). Il n'avait que vingt-sept ans.

5. *Journal de Dangeau*, avec Addition de Saint-Simon, tome XVII, p. 53, et *Mémoires de Saint-Simon*, tome XIII, p. 278.

6. *Mémoires de Luynes*, tomes XV, p. 433, et XVI, p. 189-190 et 208.

7. La Bibliothèque nationale possède un recueil factice de ces listes.

8. Ms. Lancelot 100, fol. 89-193. — 9. Ms. Clairambault 664, p. 726-741.

10. *Journal*, tome I, p. 77 ; *Mémoires de Sourches*, tomes I, p. 74, et II, p. 44 ; ms. Lancelot 100, fol. 174 v° et 183 v°. Le père était devenu aveugle.

rence d'hérédité[1], et, quand le vieux Bâville se démit en 1716, on se félici-
cita de ce qu'il y eut aussitôt une seconde vacance, par la mort d'Henri
Daguesseau, pour faire profiter de celle-ci le fils de Bâville, et M. de
Saint-Contest de celle du célèbre intendant[2]. C'est aussi le seul exemple
de démission que nous ayons avec celui de Marillac ; mais on en trouve-
rait d'autres, ainsi que des concessions de survivance du|père au fils,
sous le règne de Louis XV, et sans même aller bien loin : quand d'Argenson, étant garde des sceaux, abandonna sa place de conseiller ordinaire pour faire entrer au Conseil son fils aîné, M. Bignon de Blanzy
passa ordinaire, mais la place de semestre fut donnée au jeune marquis,
« en considération des services de son père[3]. »

Il ne semble pas que la proche parenté créât aucune incompatibilité,
puisque l'on voyait côte à côte trois ou quatre frères le Peletier, trois
Bignon[4], etc.

L'âge *minimum* n'était point fixé : si le marquis d'Argenson fut
nommé conseiller semestre à vingt-cinq ans, Louvois avait eu un brevet d'ordinaire à quinze ans (décembre 1655), avant d'avoir fini ses
études, mais possédant déjà la survivance de la charge de son père[5].

Un costume uniforme fut imposé pour la première fois aux conseillers
d'État par le règlement de janvier 1585, déjà cité plusieurs fois[6]. C'est
durant un séjour assez long à Saint-Germain[7] que le roi Henri III fixa
tout à la fois ce costume et les entrées à la cour. Le règlement s'exprime ainsi : « S. M., considérant de quel poids et importance sont les
affaires qui se traitent ordinairement en ses conseils d'État et privé,
comme étant les premiers lieux et compagnées de son Royaume, pour
daigner quelquefois Sadite Majesté y assister et présider elle-même, où
les affaires d'État, de justice et de finances se traitent ainsi qu'elle l'a
ordonné, et jugeant Sadite Majesté qu'il est très honnête et requis que
ceux qui en sont soient reconnus et remarqués de quelque différence des
autres qui sont constitués en autre degré moindre en charge et autorité, et tenus d'un chacun en telle dignité, honneur et révérence que le
lieu où ils sont employés le mérite ; et d'autant que ceux qui ont l'honneur d'être desdits conseils sont choisis et nommés du propre mouvement
de S. M., sans que le rang et le lieu qu'ils tiennent d'ailleurs leur puisse

1. Voyez notre tome IV des *Mémoires*, p. 4, note 3.
2. *Journal de Dangeau*, tome XVI, p. 494, 496 ; *Mémoires de Saint-
Simon*, tome XIII, p. 191.
3. *Journal de Dangeau*, tome XVIII, p. 200 et 205 ; Arch. nat., O¹ 64,
fol. 3, 6 janvier 1720. Voyez ci-dessus, p. 10.
4. L'aîné conseiller ordinaire, le second conseiller d'Église, le troisième
intendant des finances (*Dangeau*, tome VIII, p. 38). Il y avait la même différence entre les titres des Peletier.
5. Autrefois le règlement du 8 janvier 1585 exigeait trente-cinq ans au
moins (ms. Marillac, Arch. nat., U 945, fol. 99 v°).
6. Ms. Marillac, U 945, fol. 105-108 ; Guillard, *Histoire du Conseil*, p. 42-48,
avec un aperçu rétrospectif, etc.
7. *Mémoires de Cheverny*, p. 483.

acquérir ni faire prévaloir de cette dignité, ains qu'ils n'y sont tous qu'en qualité de conseillers desdits conseils de S. M., aussi veut et ordonne Sadite Majesté que tous ceux qui auront cet honneur d'être desdits conseils d'État et privé soient désormais vêtus, avant qu'il leur soit permis d'entrer ni assister auxdits conseils, et durant iceux, de la façon et habits que s'ensuit ; et sans lesquels habits S. M. déclare qu'ils n'auront entrée, séance ni voix délibérative auxdits conseils, en aucune sorte.... »

L'étoffe de la robe variait suivant les saisons : en hiver, elle était de velours violet-cramoisi « de haute couleur, » doublé de taffetas cramoisi ; en été, de satin pareil ; pour les laïques, les manches larges, le collet carré, semblable à celui des gens de justice, et la cornette de taffetas noir ; pour les conseillers d'Église, les manches étroites, et la cornette de même couleur que la robe[1]. Les ministres d'État, et aussi les secrétaires d'État, conservaient le costume de courtisan ; mais ils devaient y ajouter un long manteau de velours violet, fendu jusqu'au bas sur la droite, attaché par un cordon de soie violette, et retroussé à gauche par-dessus le coude.

Le costume violet dura un siècle à peu près ; des auteurs[2] disent que ce furent MM. d'Estampes et de Lézeau, morts en 1671 et 1680, qui le conservèrent les derniers.

La couleur noire prédominait déjà quand l'article XIII du règlement de 1673 fixa ainsi les choses : « Les conseillers d'État n'entreront au Conseil qu'en robe de soie à collet carré et manches pendantes, si ce n'étoit qu'ils fussent en deuil, auquel cas ils pourront porter la robe d'étoffe de laine, néanmoins avec le collet carré et les manches pendantes. » C'est ce costume qu'ont transmis jusqu'à nous tant de portraits de Nanteuil, de Rigaud, de Mignard, de Largillière, de de Troy, etc., et qui, actuellement encore, reste à peu près l'habillement de la magistrature.

Au sacre du Roi, on avait vu, par exception, les conseillers d'État porter la robe de satin ou de velours noir avec une ceinture à glands d'or, des gants à frange d'or également, et un cordon d'or au chapeau.

Hors du service, comme nos conseillers ont été présentés au Roi lors de leur nomination, ils se considèrent en droit de figurer à la cour sur le même pied que les courtisans ; mais leur costume doit être sévère, d'étoffe noire[3], et se compléter par le manteau. Saint-Simon nous a déjà dit que Courtin et le Peletier de Souzy étaient les seuls hommes de robe qui eussent permission de venir chez le Roi sans manteau, avec canne et rabat : « En ces temps-là, et jusqu'à la mort du Roi, nul homme du Parlement ne paroissoit à la cour sans robe, ni du Conseil sans manteau, ni magistrat ni avocat nulle part dans Paris sans manteau, où

1. Le *Répertoire de jurisprudence* de Guyot (tome IV, p. 514-515) dit que les évêques ont le manteau long pour venir au Conseil, les abbés la robe en forme de simarre.

2. Piganiol, *Description de la France* (1722), tome I, p. 267; Expilly, *Grand dictionnaire de la France*, tome II, p. 459.

3. « Il ne pourra y avoir d'habit noir à l'appartement que Messieurs du Conseil. » (*Mémoires de Luynes*, tome XI, p. 326.)

même beaucoup du Parlement avoient toujours leur robe[1].... » Et cet autre passage encore est bon à citer ici en entier : « D'Avaux le neveu[2] avoit été conseiller au Parlement, maître des requêtes, enfin conseiller d'État.... Il.... avoit passé par les différentes magistratures jusqu'à être conseiller d'État, de robe aussi ; mais, accoutumé à porter l'épée et à être *le comte d'Avaux* en pays étranger, où ses ambassades l'avoient tenu bien des années à reprises, il ne put se résoudre à se défaire, en ses retours ici, ni de sa qualité de comte, ni à reprendre l'habit de son état. Il étoit donc, à son grand regret, vêtu de noir, n'osant hasarder l'or ni le gris, mais avec la cravate[3], et le petit canif à garde d'argent au côté ; et le cordon bleu qu'il portoit par-dessus en écharpe[4] lui contentoit l'imagination en le faisant passer pour un chevalier de l'Ordre en deuil au peuple et à ceux qui ne le connoissoient pas. Il n'alloit jamais à aucun des bureaux du Conseil, non plus que les conseillers d'État d'épée. La douleur étoit qu'il falloit pourtant aller au Conseil, y être en robe de conseiller d'État comme les autres, et porter l'Ordre au col, y voir cependant les [secrétaires[5]] d'État en justaucorps gris ou d'autre couleur, en un mot en épées et avec leurs habits ordinaires. Cela faisoit un fâcheux contraste avec Courtin et Amelot, conseillers d'État de robe et longtemps ambassadeurs comme lui, et qui toujours, à leur retour, avoient repris tout aussitôt leur habit et toutes leurs fonctions du Conseil, sans en manquer aucune[6]. »

Il vient également de nous dire, en 1697, que l'intendant des finances Caumartin essaya d'introduire l'usage des habits de velours et de soie parmi ses collègues du Conseil ; mais ce ne fut que peu à peu que les magistrats prirent le velours, « qui, d'eux, a gagné les avocats, les médecins, les notaires, les marchands, les apothicaires, et jusqu'aux gros procureurs[7]. »

Le Conseil ne paraissait jamais nulle part en corps[8] ; il n'était représenté que par une députation dans les cérémonies publiques, aux lits de justice, etc., et, lorsque la cour entière venait saluer le Roi, à l'occasion d'un deuil par exemple, chaque conseiller se présentait individuellement, dans la foule des courtisans, avec le même manteau que ceux-ci ; toutefois cette question d'étiquette n'était pas exactement réglée[9].

1. *Mémoires de Saint-Simon*, tome IV de 1873, p. 38-39 ; comparez tomes II, p. 222, et III, p. 54, et notre tome III, p. 281-282. On citait comme exception le président de Novion, qui, hors du Palais, se montrait presque toujours habillé de court, peut-être pour mieux faire paraître son Saint-Esprit (Fléchier, *Mémoires sur les Grands jours d'Auvergne*, p. 315).

2. Voyez ci-dessus, p. 25, note 6. — 3. Au lieu de rabat.

4. Comme grand maître des cérémonies de l'Ordre.

5. Le texte porte *conseillers* ; mais c'est un *lapsus* évident.

6. *Mémoires de Saint-Simon*, tome VI, p. 262 et 267 ; Addition au *Journal de Dangeau*, tome XII, p. 330.

7. Notre tome IV, p. 7, et tome XVII des *Mémoires*, éd. 1873, p. 155.

8. Appendice du tome XVIII du *Journal de Dangeau*, p. 354.

9. *Luynes*, tomes VII, p. 369-370, VIII, p. 163-164, et XI, p. 422-423.

Les maîtres des requêtes.

Immédiatement après le corps des conseillers d'État vient celui des « maîtres des requêtes ordinaires de l'hôtel du Roi[1]. » Dans le temps passé, au quatorzième siècle[2], ces magistrats avaient pour fonction de recevoir les requêtes et placets présentés au Roi, ou d'aller recueillir à travers les provinces les plaintes et réclamations de ses sujets[3]. Quoique, sous Louis XIV, le secrétaire d'État de la guerre leur ait enlevé le service des placets[4], il subsiste encore un souvenir, purement honorifique, de cette origine : deux maîtres des requêtes doivent suivre le Roi à la messe chaque dimanche ou jour de fête et de grande cérémonie, puis le reconduire à son cabinet, comme si, dans ce trajet, ils avaient à recevoir des placets et suppliques. De même, quand le Roi va à l'armée, deux maîtres des requêtes sont désignés pour l'accompagner et travailler sous la direction des ministres[5].

Avec le temps, et à mesure que l'Administration a perfectionné les rouages de son mécanisme central, les fonctions des maîtres des requêtes se sont étendues et nettement déterminées. Actuellement leur attribution principale est d'étudier avec les conseillers d'État chaque affaire introduite devant la juridiction suprême, et d'en faire le rapport soit dans les directions des finances, soit au conseil des parties, soit même dans les conseils que préside le Roi en personne.

De plus, ils aident le Chancelier à tenir le sceau, lui font le rapport des lettres à sceller et donnent leur avis sur les lettres de grâce et de rémission[6]. Ils constituent aussi, à eux seuls, une juridiction spéciale,

---

1. Guillard, *Histoire du Conseil*, p. 115-125 et 303-305 ; Guyot, *Traité des.... offices*, tome II, p. 238-251 ; Pasquier, *Recherches de la France*, livre II, chapitre III; *Dictionnaire du Conseil*, ms. Fr. 7495, fol. 160-184, etc.

2. Ils n'étaient que trois à l'origine. Plus tard, on les appela *maîtres ordinaires*, pour les distinguer des *maîtres extraordinaires* nommés en surnombre de temps en temps jusqu'en 1560 (Pasquier, *Recherches de la France*).

3. « Toutes requêtes communes, tant de la chose publique de notre Royaume comme autrement, qui se peuvent passer hors notre Conseil, se feront par les maîtres des requêtes de notre hôtel.... » (Règlement de 1413.)

4. Deux fois la semaine, ou au moins chaque lundi, ce secrétaire d'État doit se tenir dans l'antichambre du Roi, derrière une table sur laquelle chacun vient déposer requêtes et placets (*État de la France*, 1698, tome I, p. 284-285). C'est passagèrement que l'ancien ordre de choses reparaîtra en 1715 : nous verrons alors Saint-Simon, membre du conseil de régence, faire le service des placets du *commun* ou de l'*ordinaire* entre deux maîtres des requêtes chargés de recevoir les pièces et de lui en rendre compte avant qu'elles aillent au Régent (*Mémoires*, tomes XII, p. 273-274, et XVII, p. 108).

5. Usage rétabli sous Louis XV (*Luynes*, tome VI, p. 435).

6. *Journal d'Ol. d'Ormesson*, tome II, p. 428, 818 et 872. C'est le meilleur texte pour étudier les maîtres des requêtes à l'œuvre.

dite des Requêtes de l'hôtel, où se portent les causes des officiers de la
couronne, des commensaux du Roi et de tous autres officiers ou personnages ayant le privilège de *committimus*, et les contestations relatives
à l'exécution des arrêts du Conseil[1]. Ils ont en outre le droit de siéger
au Parlement et au Grand Conseil[2], et sont appelés fréquemment, par
arrêt d'attribution et par commission particulière, soit à constituer des
juridictions spéciales, soit à présider, pour l'instruction et le jugement
d'une cause, des tribunaux de sénéchaussée et de bailliage. Souvent aussi
on leur donne commission pour aller faire de grandes enquêtes sur l'état
des provinces ou sur des points déterminés dans lesquels la politique
se trouve intéressée en même temps que la jurisprudence[3] ; mais ils
ne font plus les « chevauchées » ou tournées annuelles d'inspection qui
étaient, jusque dans la première partie du dix-septième siècle, la principale fonction de ces héritiers des anciens *missi dominici*[4].

Il y en a toujours quelques-uns attachés au Conseil de la Reine, à
celui des enfants de France, des princes, etc.

Enfin c'est exclusivement parmi eux, sauf de très rares exceptions,
que se choisissent « les intendants de justice, police et finances, commissaires départis dans les généralités du Royaume pour l'exécution des ordres du Roi. » Si leur droit n'est point formel et écrit dans la loi, comme
le dit Saint-Simon[5], l'usage n'en est pas moins constant[6]. Par contre, on
n'a plus l'habitude de rappeler un intendant de sa province quand il

1. Les jugements des Requêtes de l'hôtel vont en appel au Parlement, à
moins qu'un arrêt du Conseil n'ait attribué la juridiction souveraine aux
Requêtes mêmes. Sur la différence des Requêtes de l'hôtel et des Requêtes
du Palais, voyez Gauret, *Style du Conseil du Roi* (1700), section II, et, quant
à leur origine, l'étude sur les finances sous *Philippe le Bel.... et les trois
premiers Valois*, par M. Vuitry, tomes I, p. 298-299, et II, p. 401-407.

2. Ils se font tous recevoir au Parlement et y prennent une fois séance ;
mais, depuis 1600, ils n'y viennent plus en corps et n'y siègent qu'au nombre de quatre : voyez *Ol. d'Ormesson*, tomes I, p. 48-49, et II, p. 869. Quant
au Grand Conseil, ils y ont présidé jusqu'en 1690, et ils rentreront en possession de cette fonction en 1738.

3. Par exemple, l'enquête si importante de 1663-1665.

4. *Journal d'Ol. d'Ormesson*, tome I, p. 169. — 5. *Mémoires*, tome XIII, p. 251.

6. Voyez les commencements de cet usage dans le *Journal d'Olivier
d'Ormesson*, tome I, p. 200-202. L'article III de l'ordonnance de 1674 dit :
« Les maîtres des requêtes seront envoyés dans toutes les provinces et armées, et rapporteront, à l'exclusion de tous autres, à la personne de S. M. »
— Il n'y avait d'exception que pour les provinces frontières dépendant du
secrétaire d'État de la guerre ; mais encore Colbert de Croissy, nommé à
l'intendance de Lorraine, se hâta-t-il d'acheter une charge, ainsi que Chauvelin de Crisenoy, conseiller au Parlement, nommé en Franche-Comté en
1675. Seul, le Peletier de Souzy, aussi conseiller au Parlement, parvint
au conseil d'État, après avoir eu les intendances de Franche-Comté et de
Flandre, sans être maître des requêtes. En 1688, M. de Châteaurenard, fils
du premier médecin d'Aquin et simple conseiller au Parlement, ayant été
nommé intendant à Moulins, le corps des maîtres des requêtes protesta.

passe conseiller d'État semestre ou vend son office de maître des requêtes[1]. Naturellement l'intendant, éloigné de Paris et y revenant très rarement en congé, ne sert ni au Conseil ni dans les bureaux[2].

C'est ce service du Conseil, je l'ai déjà dit, qui est la plus belle, la plus importante, la plus avantageuse fonction des maîtres des requêtes; il a été réglé par les ordonnances d'octobre 1644 et 1674, et j'en ai indiqué en divers endroits les principaux caractères. S'ils n'ont plus ces brevets qui jadis leur donnaient le droit de siéger au Conseil[3], si les intendants des finances se sont emparés des affaires où la finance est intéressée, il reste cependant aux maîtres des requêtes le droit exclusif de rapporter les affaires de justice et d'introduire toutes les instances au conseil des parties[4] ou devant le Roi lui-même, lorsqu'il a évoqué l'affaire à sa personne[5]. Aussi ce corps est-il, selon l'expression du marquis d'Argenson[6], la « vraie pépinière des administrateurs, » où les ministres, secrétaires d'État et contrôleurs généraux, surtout le Chancelier, trouvent des auxiliaires et des disciples jeunes, actifs, instruits, ambitieux, mais généralement dociles, car, aspirant toujours à prendre place parmi les conseillers d'État ou les intendants, c'est chose bien rare qu'ils ne fassent pas des rapports conformes à l'avis du Gouvernement. Le chancelier Daguesseau a cité, comme un cas exceptionnel, que son père, étant simple maître des requêtes, osât, sans souci de l'avenir, défendre contre un ministre les principes du droit et de la justice[7].

Par des créations successives de nouvelles charges, le nombre des maîtres des requêtes avait été considérablement augmenté pendant les seizième et dix-septième siècles. Une dernière création, du mois de février 1689, l'a porté de quatre-vingts à quatre-vingt-huit[8]; les huit dernières charges seront supprimées en 1751, et le nombre ramené définitivement à quatre-vingts[9].

Leurs charges (c'est ce qui constitue une différence essentielle avec les commissions des membres du Conseil) sont vénales, et, moyennant payement du prêt annuel, elles deviennent une propriété transmis-

---

1. *Journal de Dangeau*, tome XII, p. 292.

2. Le duc de Luynes cite (tome VIII, p. 429) comme une exception que M. Moreau de Beaumont soit venu de son intendance de Poitiers pour rapporter devant le Roi une affaire préparée par lui. En raison de cette difficulté de quitter la province, l'intendant nommé conseiller semestre pouvait obtenir un brevet pour avoir rang et séance du jour de sa nomination, quoique non installé, ni reçu à serment.

3. J'expliquerai ce qu'étaient ces brevets en parlant du conseil des finances.

4. Guillard, *Histoire du Conseil*, p. 53-54, 62 et 303-305; Dubuisson-Aubenay, *Journal des guerres civiles*, tome I, p. 88; *Journal d'Ol. d'Ormesson*, tomes I, p. 106, 180, 181, 189 et 295, et II, p. 418, 646, 838 et 839.

5. *Journal d'Ol. d'Ormesson*, tomes I, p. 180-181, et II, p. 838.

6. *Mémoires du marquis d'Argenson*, tome VII, p. 46.

7. Vie d'Henri Daguesseau, au tome XIII des *Œuvres du Chancelier*, p. 15.

8. *Dangeau*, tomes II, p. 332, et XII, p. 129 et 141; *Sourches*, tome III, p. 47.

9. *Mémoires du marquis d'Argenson*, tome VII, p. 45 et 234.

sible aux héritiers[1]. Le prix *maximum* est réglé officiellement, comme celui des autres offices de magistrature. Il était de cent quatre-vingt mille livres sous la régence d'Anne d'Autriche : ramené à cent cinquante mille par l'édit de décembre 1665, et successivement élevé à cent quatre-vingt mille, puis à cent quatre-vingt-dix mille, il sera enfin porté à deux cent mille en juin 1708[2]. A ces chiffres il faut ajouter le montant des arrangements particuliers qui se font entre le vendeur et l'acquéreur, ainsi que les frais accessoires : la charge de la Reynie ne coûta pas moins de trois cent mille livres en 1661[3].

Le traitement[4] n'est que de mille livres ; mais le produit des bureaux du Conseil, pour un maître des requêtes actif ou favorisé, peut former un total à peu près égal au rapport des places de conseiller d'État[5], qui, il est vrai, ne représentent point une « finance » et ses intérêts.

Le Roi, qui s'intéresse beaucoup aux maîtres des requêtes, n'entend pas qu'ils se fassent payer des vacations[6].

Pour acquérir une charge de maître des requêtes, il faut avoir au moins trente et un ans d'âge et six ans de service dans une cour supérieure, sauf à obtenir une dispense moyennant finance[7]. De plus, pour prendre séance au Parlement, celui-ci exige que le maître des requêtes ait dix ans de service sur les bancs d'une cour ou au Conseil.

Les quatre-vingt-huit maîtres des requêtes, partagés par quartiers de vingt-deux, ne servent que trois mois par an au Conseil[8], et, selon l'article XVII du règlement de 1673, ils ne devraient y avoir entrée que pendant leur quartier, à moins d'être mandés spécialement par le Chancelier ; mais, dans l'usage, ils y servent toute l'année, si ce n'est qu'ils ne peuvent avoir part à la distribution des instances que dans leur quartier.

1. Fénelon (*Plans de gouvernement*, tome XXII des *Œuvres*, p. 592) eût voulu des « gens choisis *gratis* dans tous les tribunaux du Royaume. »

2. Cependant Dangeau parle, en 1710 (tome XIII, p. 81), d'une charge payée seulement cent soixante mille livres. Le prix baissa beaucoup sous Louis XV ; il n'était que de quatre-vingt-dix mille livres en 1747 (*Luynes*, tome VIII, p. 224).

3. *Journal d'Ol. d'Ormesson*, tomes I, p. 2-6, et II, p. 522-523, 807-812 ; Guillard, *Histoire du Conseil*, p. 319-321 et 759 ; O'Reilly, *Mémoires sur la vie publique et privée de Claude Pellot*, tome I, p. 132. Olivier d'Ormesson, qui avait payé cent quatre-vingt-quatre mille livres, revendit, en 1667, avec un pot-de-vin, et eut un bénéfice de cinquante mille livres.

4. Règlement du 27 octobre 1674.

5. Barbier (*Journal*, tome V, p. 18) dit que les bureaux peuvent rapporter à un maître des requêtes dix-huit mille livres.

6. *Journal d'Ol. d'Ormesson*, tome II, p. 399 et 403. Il y avait cependant un « commun des distributions » (*ibidem*, tome I, p. 24).

7. Déclarations de 1596 et de 1684. Henri Daguesseau eut une dispense pour se faire pourvoir à vingt-quatre ans, et Foucquet à vingt ans ; mais Louis XIV se montrait très rigoureux sur l'âge (*Ormesson*, tome II, p. 615).

8. C'est un souvenir de l'ancien temps où trois trimestres étaient réservés pour les chevauchées.

Chaque quartier a un doyen, appointé à quinze cents livres, au lieu de mille. Le doyen des doyens touche les mêmes appointements que les conseillers d'État ordinaires[1]. Ces doyens portent le titre de conseiller d'État[2]; mais le doyen des doyens jouit seul du privilège de venir au Conseil en tout temps et de s'asseoir à la table, au-dessous des conseillers, tandis que les maîtres des requêtes rapportent et opinent debout aux côtés du Roi ou du Chancelier, et se tiennent à part, pendant le reste des séances, sur des bancs ou des chaises ordinaires[3].

J'ai déjà dit que les maîtres des requêtes étaient désignés pour le rapport au choix de la partie, et nommés par le Chancelier. La partie adverse peut récuser le rapporteur nommé, et, dans ce cas, le Chancelier en choisit un autre au mieux de l'affaire[4].

En matière de contentieux financier, c'est le Contrôleur général qui désigne les rapporteurs au Chancelier. Voici ce que dit, à ce sujet, l'*État des Conseils du Roi* de 1658 déjà cité[5] : « Les contrôleurs généraux[6] et les intendants des finances rapportent, assis et couverts, les affaires qui regardent purement les finances ou qui touchent les personnes qui ont traité avec le Roi ; car, pour les affaires des particuliers qui demandent des décharges ou qui ont eu des différends pour affaires qui regardent les finances, c'est à MM. les maîtres des requêtes à les rapporter, lesquels, auparavant que d'en faire leur rapport au Conseil, il[s] communiquent les affaires à leur assemblée, qui se tient au Palais, dans une chambre proche celle des Requêtes de l'hôtel[7] ; et, en faisant leur rapport, ils disent que l'affaire a été vue à leur assemblée, qui est de cet avis : suivant lequel le Conseil donne souvent des arrêts, mais aussi quelquefois juge autrement, sur des avis contraires et à la pluralité des opinions. »

Aux conseils des finances ou des dépêches, devant le Roi lui-même, un rapport remarquable peut décider de l'avenir d'un maître des requêtes, attirer sur lui l'attention du souverain, le faire choisir pour les

---

1. *Journal de Dangeau*, tome XVII, p. 289.

2. Règlements de 1628, 1644 et 1673. C'est ainsi que Jacques Amelot de Chaillou, qui mourut doyen le 19 décembre 1699, portait le titre de conseiller d'État ordinaire (*Gazette* du 2 janvier 1700, et *Almanach royal* de 1699, p. 34). Les doyens conservent leur rang alors même qu'ils se démettent ou vont en intendance ou en ambassade.

3. *État de la France* de 1722, tome IV, p. 46 ; *Mémoires du duc de Luynes*, tome XVI, p. 208 ; *Encyclopédie méthodique — Jurisprudence*, tome III, p. 215. Sous la Régence, les maîtres des requêtes eurent un instant la prétention de rapporter assis (*Journal de Dangeau*, Addition de Saint-Simon, tome XVI, p. 192 ; *Mémoires de Saint-Simon*, tome XII, p. 260-263 ; *Écrits inédits*, tome VI, p. 253-254).

4. Depping, *Correspondance administrative sous Louis XIV*, tome II, p. 401 ; Guillard, *Histoire du Conseil*, p. 306 ; règlement du 2 juillet 1676.

5. *État*, p. 6-7. Ce texte est presque textuellement emprunté à l'*État de la France* de 1648.

6. Au temps de la surintendance.

7. Sur ces assemblées, voyez le *Journal d'Ormesson*, tome II, p. 824 et 837.

intendances, les ambassades, le Conseil, les grands emplois[1], et cette émulation entretient une ardeur soutenue dans le corps. « Les maîtres des requêtes, a dit quelque part le chancelier Daguesseau[2], ressemblent aux desirs du cœur humain : ils aspirent à n'être plus ; c'est un état qu'on n'embrasse que pour le quitter, un corps où l'on n'entre que pour en sortir, et quiconque y vieillit se sent tous les jours dépérir et tomber dans l'oubli, pendant que le magistrat qui s'est fixé au Parlement vit content dans son état, parce qu'il ne veut être que ce qu'il est, toujours sûr, s'il a du mérite, de voir croître sa considération avec le nombre de ses années et de recevoir des mains de la vieillesse, suivant l'expression de l'Écriture, cette « couronne de dignité qui ne se trouve « que dans les voies de la justice. »

Saint-Simon a employé ce dicton dans le portrait inédit du chancelier de Pontchartrain[3] : « Un abbé qui vieillit, un maître des requêtes demeuré, un vieux page, une fille ancienne, deviennent de tristes personnages.... » Chacun, dans le corps, est donc attentif aux occasions d'avancement. Les intendances de province sont le débouché le plus ordinaire, comme nous l'avons vu[4] ; quelques années de travail peuvent ensuite valoir une place de conseiller d'État semestre[5], et garantir par conséquent l'intendant contre les éventualités de rappel, ou même de révocation : aussi est-il rare que, par désir de ne point quitter Paris ou d'obtenir quelque poste dans la magistrature assise, une intendance soit refusée. Mais bon nombre ne parviennent pas jusqu'à la terre promise. Parmi les maîtres des requêtes « demeurés, » comme dit Saint-Simon, citons son beau-frère Frémont d'Auneuil, qui exerça de 1690 à 1748 et mourut en fonctions[6] ; Lebret, intendant et premier président de Provence pendant près de vingt ans[7], et, plus anciennement, Olivier d'Ormesson, qui, malgré des promesses formelles et les meilleurs services, échoua dans toutes ses tentatives[8]. Son fils cadet, maître des requêtes pendant plus de vingt-cinq ans, dont vingt passés dans les intendances ou en mission, mourra aussi en février 1712 sans avoir obtenu une place au Conseil[9].

Au bout de vingt ans de service[10], le maître des requêtes peut, en vendant sa charge, recevoir l'honorariat et les privilèges qui y sont attachés[11].

---

1. *Mémoires de Louis XIV*, tome II, p. 431 ; *Journal d'Ormesson*, tome II, p. 399.

2. Vie de son père, dans le tome XIII de ses *Œuvres*, p. 9.

3. Ci-dessus, p. 17. — 4. Ci-dessus, p. 32-33.

5. Les maîtres des requêtes ne passent pas conseillers d'État à l'ancienneté : leur promotion dépend de la volonté du Roi ou de celle du Chancelier ; ils font la demande par placets, et, aussitôt nommés, doivent vendre leur charge (*Ormesson*, tomes I, p. 70-71, et II, p. 530 ; *Sourches*, tome I, p. 175).

6. *Mémoires de Luynes*, tome IX, p. 108.

7. *Correspondance des Contrôleurs généraux*, tome II, n° 940.

8. *Ormesson*, tome II, p. 419, 422, 493, 516-522, 590-592, 599-600, etc.

9. Papiers du Contrôle général, G⁷ 514, 11 juillet 1709.

10. Quelquefois le Roi donne une dispense de temps ; voyez des cas divers dans *Ormesson*, tomes II, p. 116, 142, 148, et II, p. 21, 617, et *Sourches*, tome II, p. 150.

11. On trouve une série de lettres d'honneur, ainsi que des provisions,

En service, le costume est une robe de soie noire à grandes manches et un rabat plissé; dans les grandes assemblées du Parlement, les quatre représentants du corps revêtent la robe rouge. Aux occasions solennelles, on prend le même costume que les conseillers d'État, satin ou velours noir et or. Comme ces conseillers aussi, et en souvenir des anciennes prérogatives, les maîtres des requêtes ont le droit de paraître devant le Roi, non en corps ou en députation, ni avec la robe, mais séparément, en courtisans, et avec le simple manteau; cependant ils ne sont présentés qu'en devenant intendants ou conseillers d'État, et ne peuvent être connus de S. M. que pour avoir fait des rapports devant elle[1].

Outre les listes des maîtres des requêtes que donnaient les publications périodiques telles que l'*État de la France*, l'*Almanach royal*, ou celles que le Conseil faisait imprimer chaque année, on possède un grand ouvrage généalogique sur les maîtres des requêtes, celui de François Blanchard, imprimé en 1670. Il ne va que de 1226 à 1575; mais un secrétaire du Roi fort savant, Chassebras de Bréau, le reprit plus tard et le mena jusqu'à la fin de la régence du duc d'Orléans[2], au moins pour la filiation immédiate, ascendance et descendance, de chaque titulaire. Malheureusement, cette continuation, extrêmement précieuse pour la biographie et la chronologie, et d'ailleurs faite avec soin, d'après les meilleurs documents, est restée manuscrite[3]. Une autre continuation, également inédite, préparée par le président Durey de Noinville, associé libre de l'Académie des inscriptions et belles-lettres, va jusqu'en 1768[4]. C'est le même ouvrage dont un prospectus parut en 1765, avec le titre d'*Histoire du Conseil et des maîtres des requêtes de l'hôtel du Roi depuis le règne de saint Louis, en 1226, jusqu'à présent, avec leurs généalogies et armoiries gravées*, et qui ne devait pas former moins de huit volumes in-quarto[5].

On connaît les « Portraits des maîtres des requêtes » qui furent faits vers 1662, pour le service de Colbert, et qui ont été imprimés plusieurs fois[6]. Il y a, de l'année 1706, un rapport, à peu près équivalent, sur les

dans le carton K 656, aux Archives nationales. Les lettres de Jean-Baptiste de Pomereu, qui se démit en 1713, après vingt-sept ans de service, au profit de son fils, sont dans le ms. Clairambault 648, p. 361-363.

1. *Mémoires de Luynes*, tome XI, p. 422-424; Guyot, *Traité des.... offices*, tome II, p. 251; *Répertoire de jurisprudence*, tome XI, p. 205.

2. Les derniers pourvus dont il parle sont de 1722; mais il cite, en maint endroit, des dates de 1725, 1726.

3. On en a des exemplaires au Cabinet des manuscrits et dans beaucoup de bibliothèques. L'original est peut-être le ms. Fr. 14018 de la Bibliothèque nationale. Chassebras dut se servir des matériaux que Blanchard, puis son fils, avaient réunis en abondance.

4. Bibl. de l'Arsenal, mss. 4967, 5039 et 5041.

5. Il avait été annoncé, dès le mois d'août 1753, dans le *Journal de Verdun*.

6. Il en existe des exemplaires manuscrits, plus corrects, en général, que les textes édités. L'édition la plus récente est, je crois, celle de M. Duleau,

origines des maîtres des requêtes de cette époque, qui fait partie des mémoires dressés par d'Hozier, d'après l'ordre de Chamillart, pour le Roi et Mme de Maintenon. Ces documents seront très probablement publiés un jour ou l'autre ; nous aurons souvent l'occasion d'en faire usage.

Le portefeuille n° 21 de Saint-Simon[1], consacré aux Ministres, Conseils, etc., renferme aussi un certain nombre de pièces relatives aux maîtres des requêtes, de 1531 à 1648.

Les maîtres des requêtes subsistèrent jusqu'à la Révolution ; mais le règlement de réformation des bureaux du Conseil (27 octobre 1787)[2] supprima leurs commissions fixes et ne leur permit plus d'être nommés commissaires appointés avant trois années révolues du jour de leurs provisions, ni de faire partie de plus de deux bureaux ou d'avoir plus d'une commission de procureur général.

Le personnel secondaire et le budget du Conseil.

Le Conseil privé a quatre secrétaires-greffiers[3], lesquels ont leurs commis, et autant de greffiers gardes-sacs. Il se sert des dix « huissiers ordinaires des conseils d'État et privé du Roi et gardes-meubles desdits conseils, » ces huissiers *à la chaîne* que Saint-Simon mentionnera en 1698[4], et dont l'*État de la France* énumère les privilèges et attributions et décrit le costume[5] : ce sont eux qui ont charge de signifier les procédures, arrêts ou jugements du Conseil et de ses commissions, et de les faire exécuter dans tout le Royaume par les particuliers, les communautés ou les Compagnies ; ils suivent aussi les membres du Conseil envoyés en mission dans les provinces[6].

Il n'y a point de gens du Roi, tous les membres du Conseil étant « domestiques » du prince.

Enfin nous ne devons pas oublier les avocats aux Conseils[7] du Roi, qui présentent et défendent les instances[8]. La création de leurs offices re-

dans le tome I de la *Revue nobiliaire, héraldique et biographique*, année 1862.

1. Vol. *France* 176. — 2. *Anciennes lois françaises*, tome XXVIII, p. 464.

3. Voyez beaucoup de documents sur leurs charges dans le ms. Clairambault 647, p. 223 et suivantes. La plupart des titulaires furent des financiers, comme Bordier, Forcoal, Galland, etc. Le fermier général Jacques de Mons acheta une des charges vers 1697, au prix de deux cent quarante mille livres, ne rapportant que deux et demi pour cent d'intérêt. En 1710, Bourvallais donna deux cent mille écus pour une nouvelle charge, avec titre de garde des archives et minutes.

4. Tome II de 1873, p. 98. — 5. Tome III de 1698, p. 17-18, 53 et 55.

6. Duchesne, *Nouveau style du Conseil*, p. 700 ; Tolozan, *Règlement du Conseil*, p. 28-30 et 47 ; ms. Clairambault 648, fol. 275-317 ; *Mémoires d'Omer Talon*, p. 93-102, etc.

7. Ou *au Conseil* ; on trouve l'un et l'autre.

8. Sont seuls dispensés de se servir du ministère de ces avocats les procureurs généraux des Cours, qui ne donnent que de simples mémoires sur leurs instances (Papiers du Contrôle général, G[7] 937, 9 septembre 1710).

monte au mois de septembre 1643. L'*Almanach royal* donne leurs noms et adresses[1]. Leur « collège » a été réduit au nombre de cent soixante-dix, au lieu de deux cents, par le règlement du 3 janvier 1673[2].

Le Conseil possède un aumônier, commis par le Chancelier, et qui, en 1698, est l'abbé Lempereur, docteur en théologie, chanoine de l'église cathédrale d'Amiens[3]. Cette fondation remonte sans doute à l'ordonnance du 31 mai 1582, aux termes de laquelle un des chapelains du Roi devait dire la messe chaque jour, entre six et sept heures du matin, dans le voisinage du Conseil, les conseillers d'État étant tenus, sous peine de piqûre, d'y assister régulièrement, « pour servir d'exemple et miroir de piété non moins que d'intégrité et justice. » Longtemps suspendu, cet usage a été rétabli par le chancelier Séguier, et le chapelain revêtu du titre d'aumônier du Conseil, avec deux mille livres de gages et de beaux ornements donnés par le Roi[4].

Le budget général du Conseil est assez variable et difficile à établir[5]. Il se compose : 1° des gages du Conseil (deux mille livres par an, réduites à quinze cents livres par le retranchement d'un quartier[6]) que touchent les titulaires des charges diverses comportant le titre de conseiller du Roi en ses conseils d'État et privé ou se rattachant au service du Conseil, c'est-à-dire les quatre premiers gentilshommes de la chambre, les maîtres de la garde-robe, le capitaine des Cent-Suisses, le premier président, les présidents à mortier, les trois avocats généraux et le procureur général du parlement de Paris, le premier président, le procureur général, le doyen et dix-sept conseillers maîtres de la Chambre des comptes de Paris, le premier président, le doyen, les trois avocats généraux et le procureur général de la Cour des aides de Paris, le prévôt des marchands, les deux agents généraux du clergé, le lieutenant civil et le lieutenant général de police, les quatre secrétaires d'État, les deux conseillers au conseil royal et le contrôleur général des finances, les intendants des finances, les premiers commis, le secrétaire du cabinet, les gardes du Trésor royal[7] ; 2° des appointements du personnel effectif, c'est-à-dire du Chan-

1. Leur histoire vient d'être écrite tout dernièrement par un de leurs successeurs : *les Avocats aux Conseils du Roi*, étude sur l'ancien régime judiciaire de la France, par M. Émile Bos (1881) ; ouvrage couronné par l'Institut.

2. *Histoire du Conseil*, par Guillard (qui était de l'ordre des avocats), p. 149-169 ; Duchesne, *Nouveau style*, p. 505-696, etc.

3. *État de la France*, année 1698, tome III, p. 55.

4. Arch. nat., traité de Marillac, U 945, fol. 85 v° et 86.

5. Voyez les états du Roi et projets conservés dans le carton G7 973 des Papiers du Contrôle général.

6. Ce retranchement d'un quartier était général, comme je l'ai dit plus haut (p. 23) ; mais on le compensait par une indemnité de pareille somme pour les conseillers d'État et magistrats particulièrement favorisés (*Lettres de Colbert*, tome V, p. CLXXXV-CLXXXVII).

7. Voyez le budget de 1699 dans le *Bulletin du Comité des travaux historiques*, 1883, p. 217-218.

celier, du chef du conseil royal, des conseillers d'État ordinaires et semestres, des quatre secrétaires, des huissiers à la chaîne, des garçons de la chambre qui entretiennent la salle du Conseil, et des deux gardes de la prévôté ou *hoquetons* qui sont de service auprès du Chancelier.

La dépense totale oscille entre deux millions et deux millions trois cent cinquante mille livres sur les tableaux budgétaires de 1683 à 1707[1]; mais, à examiner de près ce chiffre, on voit qu'il comprend une grande quantité d'articles additionnels, absolument étrangers au Conseil, qu'on ne pourrait guère détacher de l'ensemble. Par contre, celui de un million quatre-vingt-deux mille livres que Saint-Simon donnait, en 1714, dans ses *Projets de gouvernement*[2], et en regard duquel il établissait le projet de budget de ses neuf conseils, s'élevant, selon lui, à moins d'un million, ce chiffre ne comprend pas les trente conseillers d'État, ni les officiers du Conseil, tandis que les quatre secrétaires d'État y sont portés avec leurs bureaux. Du reste, la dépense s'accrut beaucoup avec le temps, car on voit, dans la *Collection de comptes rendus des finances depuis 1758 jusqu'en 1787*, le dernier article d' « appointements des ministres, frais de bureaux (hors les affaires étrangères) et gages des conseils royaux » figurer[3] pour quatre millions trois cent soixante mille livres, le conseil privé pour trois cent soixante-trois mille livres, et les commissions du Conseil pour quatre cent trente mille livres. Ce dernier article, comme bien on pense, était le plus variable de tous : en 1712, pour quatorze bureaux de commissions extraordinaires, les frais furent de deux cent douze mille livres.

Les séances du Conseil.

Le Roi est toujours censé présider les séances du conseil privé. Louis XIV y a effectivement siégé dans ses premières années[4], et, en un endroit de ses mémoires pour le Dauphin, il dit : « Je voulus assister quelquefois au conseil des parties, que le Chancelier tient ordinairement pour moi, et où il ne s'agit que de procès entre les particuliers sur les juridictions; et si des occupations plus importantes vous en laissent le temps, vous ne ferez pas mal d'en user ainsi quelquefois[5]... » Dans ces occasions, on ajouterait à la formule ordinaire des

1. *Correspondance des Contrôleurs généraux*, tomes I, Appendice, p. 598-599, et II, p. 600.

2. *Projets*, p. 81. M. Mesnard (p. 238-239) a fait remarquer des erreurs évidentes. Sur le budget de 1699, les « appointements, gages du Conseil et pensions des officiers du Parlement, du conseil royal, secrétaires d'État, conseillers d'État et autres officiers, » forment un total de un million cinquante-quatre mille huit cent quarante-six livres, plus le quartier retranché.

3. *Collection de comptes rendus*, p. 214.

4. *Journal de Dangeau*, tome XVI, p. 199 ; *Mémoires de l'abbé de Choisy*, p. 579.

5. *Mémoires de Louis XIV*, tome II, p. 431.

arrêts : « Le Roi en son Conseil, » celle-ci : « Sa Majesté y étant[1]. » Mais le cas ne s'est pas présenté une seule fois, si je ne me trompe, pendant la dernière partie du règne de Louis XIV, et il sera extrêmement rare sous son successeur[2].

Le Roi étant absent, et son fauteuil de velours rouge, bordé d'or et d'argent, restant toujours vide au haut bout de la table du Conseil, la présidence revient au Chancelier, de qui c'est une des principales attributions depuis le temps de Charles VI[3]. Le cérémonial, en ce qui le concerne, nous est donné par Saint-Simon[4].

A Versailles, la salle des séances est située au rez-de-chaussée de l'aile gauche, entre la cour Royale et la cour des Princes, à côté de la salle où les ambassadeurs étrangers se réunissent le mardi[5]. L'ameublement est le même depuis longtemps[6] : une table longue, couverte d'un tapis de velours violet à bordure d'or fleurdelisée ; au haut bout, le fauteuil royal ; sur les côtés en retour, des fauteuils[7] de maroquin noir, dont le premier, à la gauche du Roi, « qui est le côté plus honorable, » est réservé pour le Chancelier, et celui qui fait face, du côté droit, pour le doyen du Conseil ou le plus ancien des conseillers ordinaires présents[8] ; les autres sont occupés par les conseillers d'État, selon leur rang d'ancienneté[9], avec cette distinction toutefois que les semestres n'ont que des chaises à bras sans dos[10]. Tous les sièges sont pliants,

1. *Grand dictionnaire* d'Expilly, tome II, p. 459. Cette formule était spéciale aux conseils présidés par le Roi : voyez, p. 46, celle du conseil privé.

2. Ce fut un véritable événement quand on vit, le 3 mai 1762, Louis XV et son fils assister à une séance (*Journal de l'avocat Barbier*, tome VIII, p. 42).

3. C'est le seul endroit, dit Saint-Simon, où il ait forcément la préséance, même sur les ducs (*Écrits inédits*, tome V, p. 338-339 et 346-347). M. d'Avenel (*Richelieu et la monarchie absolue*, tome I, p. 39) considère ce fait comme le triomphe de la robe et de l'administration civile.

4. *Mémoires*, tome XI, p. 53. S'il y avait un garde des sceaux, il prendrait partout séance après le Chancelier ou à sa place : voyez les *Écrits inédits*, tome V, p. 349-352, et le livre cité de M. d'Avenel, p. 38.

5. Salles cotées N dans le plan n° 6 qui est annexé au tome I du livre de M. Dussieux. Saint-Simon a déjà parlé de la salle du Conseil, en 1695, tome II, p. 348. Il y avait en outre une antichambre. L'ancienne salle du Conseil, au Louvre, avait été donnée à l'Académie, pour ses séances, en 1672.

6. Règlement du 8 janvier 1585 ; *Journal d'Ol. d'Ormesson*, tome I, p. 21 ; *Mémoires de Luynes*, tomes V, p. 48, et XVI, p. 208 ; *État des Conseils du Roi* de 1658, p. 5-7 et 14 ; *État de la France* de 1663, tome I, p. 492.

7. Le duc de Luynes (tome XV, p. 424 et 432) fait observer que, malgré la présence du fauteuil du Roi, les conseillers ont aussi des fauteuils, mais qu'on les qualifie de « sièges à bras. »

8. S'il y eût eu un duc et pair, un maréchal de France ou un surintendant, cette place lui eût appartenu.

9. *Mémoires de Luynes*, tome I, p. 187.

10. Anciennement les intendants des finances se tenaient sur de petites chaises sans bras, rangées en demi-cercle derrière le fauteuil royal, depuis le Chancelier jusqu'à son vis-à-vis.

« comme des chaises d'armée, pour marquer que le Conseil est ambulant et doit être partout où est la cour [1]. » Le doyen et les sous-doyens des maîtres des requêtes se tiennent à part, au-dessous des conseillers d'État, et les maîtres des requêtes derrière. Le rapporteur seul est découvert ; il se place à la gauche du fauteuil royal et adresse la parole au Chancelier [2].

La police des séances est fixée sévèrement et minutieusement par les anciens règlements, tels que celui de 1585 ou l'ordonnance du 16 juin 1644.

Quand, chaque été, la cour va s'installer à Fontainebleau, le Conseil, qui doit suivre le Roi dans toutes ses résidences, s'y transporte aussi, avec tout son personnel, jusqu'aux avocats [3]. Cependant, en cas de voyage lointain, un pareil déplacement devenant impossible, surtout dans l'intérêt des parties, il y a dispense pour tenir les séances chez le Chancelier, de même d'ailleurs que lorsqu'une maladie empêche celui-ci de se transporter au château [4].

On a vu plus haut (p. 4 et 5) que, dans le temps passé, les jours fixés pour les affaires des parties avaient très souvent varié ; l'ordonnance de 1673 a établi, en principe, qu'il y aurait deux séances par semaine, ou plus, au gré du Chancelier. Du temps de M. le Tellier, on siégeait le mardi matin, ce qui l'empêchait d'assister au conseil des finances [5] ; un passage du *Journal de Dangeau* [6] indique que cette séance réglée avait lieu le mercredi en 1700, et que Pontchartrain la rejeta à l'après-dînée, pour ne pas manquer le conseil d'État du matin [7].

On entre à huit heures ; seuls, les quatre conseillers anciens ont une heure de répit. Personne ne s'assoit avant que le Chancelier soit en place, et, l'heure passée, il n'est plus permis de déplacer les conseillers assis [8].

Personne n'est admis dans la salle du Conseil à l'exception des conseillers d'État, des maîtres des requêtes, du greffier et des deux huissiers de service, et des deux premiers secrétaires du Chancelier.

Il n'y a de vacances que du lundi saint au dimanche de Quasimodo [9].

1. *Mémoires du duc de Luynes*, tome XVI, p. 208.

2. *Ibidem*, tome III, p. 427.

3. *Journal d'Olivier d'Ormesson*, tome I, p. 360 ; *Journal de Dangeau*, tome XIV, p. 195 ; *Gazette d'Amsterdam*, année 1699, n° LXXIII.

4. *Écrits inédits de Saint-Simon*, tome VI, p. 253 ; comparez les *Mémoires d'Omer Talon*, p. 54.

5. *Journal de Dangeau*, tome I, p. 89.

6. *Ibidem*, tome VII, p. 151.

7. Sous la Régence, l'abondance des affaires força souvent à tenir une séance le jeudi (*Dangeau*, tome XVIII, p. 1 et 2).

8. *Journal d'Ol. d'Ormesson*, tomes I, p. 79 et 92, et II, p. 844 ; Guillard, *Histoire du Conseil*, p. 51, et règlement du 16 juin 1644.

9. *Mémoires du duc de Luynes*, tome IX, p. 2.

La procédure et les arrêts du Conseil.

La procédure du Conseil étant longuement étudiée et exposée dans bien des auteurs, comme Ducrot, Duchesne, Gauret, Guillard, Tolozan, etc., il suffira d'indiquer quelques points caractéristiques de l'introduction des affaires, de la délibération et du jugement.

« Je me jetterois, dit Guillard lui-même[1], dans un trop grand détail, si je voulois expliquer ici de quelle manière l'on s'y pourvoit sur les différentes matières ; il sera facile de s'en instruire par les règlements qui ont été faits pour cela[2] et par les *Styles du Conseil* qui ont été donnés au public. Il suffit de dire qu'on ne s'y pourvoit ordinairement que par requêtes ou par lettres du grand sceau, et qu'en l'un et en l'autre cas il faut justifier, par pièces en bonne forme, les faits qu'on avance pour faire sceller les lettres, ou pour faire admettre la demande par le Conseil, qui permet d'y assigner la partie ou qui ordonne que la requête sera communiquée, quand on la trouve juste.

« On se pourvoit cependant quelquefois par de simples placets au Roi, qui, quand les matières le permettent, donne des arrêts sur le rapport de celui de ses ministres à qui S. M. a renvoyé le placet et les pièces pour lui en rendre compte. Quelquefois, sur le rapport du ministre, S. M. renvoie les parties en son conseil privé d'État, et, en ce cas, elles y procèdent à l'ordinaire.

« Il ne s'introduit aucune instance au Conseil autrement, et l'introduction, surtout en matière de cassation d'arrêts des Cours, y est d'autant plus difficile, comme je le viens de dire, que, sans cette précaution, il se trouveroit chargé de la revision de presque toutes les affaires qui se jugent dans les Cours, parce que la partie condamnée ou abonde dans son sens, ou se flatte qu'en fatiguant sa partie elle en aura meilleure composition ; c'est pourquoi les derniers règlements portent que toute requête en cassation d'arrêts des Cours sera consultée et signée par deux anciens avocats au Conseil outre celui qui l'aura dressée, et que le rapporteur qui en sera chargé en communiquera à un bureau de conseillers d'État établi pour examiner ces sortes de requêtes et rejeter celles qui paroîtront sans aucun fondement, laissant cependant aux maîtres des requêtes la liberté de rapporter au Conseil celles qu'ils croiront le mériter[3]. »

Le Chancelier fait la distribution des instances aux maîtres des requêtes, en tenant compte des préférences manifestées par les parties, et des récusations, qui peuvent aussi frapper les commissaires conseillers d'État, désignés en même temps que le maître des requêtes rapporteur[4].

1. *Histoire du Conseil*, p. 94-95.

2. Ordonnances du 27 février 1660 et du 17 juin 1687, reprises et complétées, sous Louis XV, par les ordonnances de 1737 et 1738.

3. Ci-après, p. 49.

4. Ordonnance de 1673. Voyez un mémoire de 1700, sur la distribution des instances, aux Affaires étrangères, vol. *France* 1081.

Toutes les affaires doivent être mises en délibération, à moins que le Chancelier et le bureau ne jugent qu'elles ne le méritent pas, ou qu'il n'y ait quelque difficulté particulière [1]. Même après le vote, le Chancelier peut juger l'affaire de telle conséquence que l'avis du Conseil doive être communiqué au Roi [2].

Personne ne prend la parole, ni n'interrompt le rapporteur ou les opinants sans la permission du Chancelier. Celui-ci recueille les opinions [3] en commençant par le bas bout de la table, et le cérémonial règle le degré de déférence qu'il doit témoigner à chacun, ne levant son chapeau ni pour les conseillers, ni même pour les ministres, mais seulement pour les ducs, si, par hasard, il en assiste à la séance, pour les officiers de la couronne, le doyen et le Contrôleur général [4]. Les conseillers opinent assis et couverts, en signe d'indépendance; mais, nous l'avons déjà dit, le maître des requêtes rapporteur se tient debout et découvert [5].

Défense expresse de révéler les opinions et résolutions, à peine de privation d'entrée pour un an la première fois, et pour toujours en cas de récidive. Au contraire de ce qui se passe en présence du Roi, les résolutions sont prises à la « pluralité » des voix, et une seule voix de majorité fait arrêt [6].

---

1. Je citerai, comme exception, l'arrêt rendu contre le *Projet de dîme royale*, qui dut évidemment être condamné sans que le nom de Vauban, quoique bien connu, eût été prononcé, sans qu'il y eût eu aucune délibération. La minute de l'arrêt est corrigée de la main du chancelier de Pontchartrain. (*La Proscription du* PROJET DE DÎME ROYALE *et la mort de Vauban*, par A. de Boislisle, 1875, p. 14–15.)

2. Règlement de 1644.

3. Ms. Lancelot 100, fol. 46-48 ; Arch. nat., U 945, fol. 53.

4. *Journal de Dangeau*, tome III, p. 54-55, avec Addition de Saint-Simon.

5. Voyez le *Journal d'Ol. d'Ormesson*, tomes I, p. 105-106, 184-185 et 378, et II, p. 844, 861, 868, 870; *Mémoires d'Omer Talon*, p. 157.

6. Règlements du 8 janvier 1585 et du 18 janvier 1630. L'auteur des *Mémoires du maréchal de Vieilleville* dit en un endroit (p. 122-123) : « Si ce conseil se fût tenu pour les parties, M. de Vieilleville l'emportoit, parce que dix-sept conseillers avoient suivi son opinion, et quatorze seulement celle de M. le Connétable. Mais, en matière d'État, principalement pour la guerre, et le Roi présent, tous les résultats dépendent de la conclusion de S. M., par laquelle bien souvent il renverse toutes opinions, ou n'en prend sinon ce qu'il lui en plaît. » Ainsi cette différence entre les conseils existait déjà sous Henri II. Les Notables de 1617 demandèrent que le système de la simple majorité des voix fût suivi rigoureusement pour les affaires des particuliers, au contraire des affaires du Roi, où la voix de celui-ci était prépondérante (Picot, *Histoire des États généraux*, tome III, p. 424 ; *Mémoires de Mathieu Molé*, tome I, p. 169). En 1644, Monsieur le Prince, qui figurait depuis la mort d'Henri IV à la tête des Conseils, disait « qu'il y avoit deux sortes d'arrêts d'État, les uns signés du secrétaire d'État, sans que le Roi en eût connoissance, mais pour leur donner plus de force dans les provinces; que, de ceux-là, l'on en prenoit connoissance dans le Conseil ; mais que ceux qui étoient donnés en présence du Roi, il n'y avoit

Il ne doit d'ailleurs jamais y avoir partage : à égalité de voix, l'avis du Chancelier est prépondérant [1].

Le rapporteur prépare lui-même et écrit à l'avance, ou du moins avant que la séance ne cesse, les extraits de l'instance et le dispositif de l'arrêt [2]. Souvent, comme le dit Saint-Simon [3], et ainsi qu'on peut bien le présumer, il est assisté et guidé dans cette besogne par le représentant de la partie appelée à bénéficier du rapport ; mais l'interdiction est absolue, pour les parties, d'assister aux séances [4].

On ne trouve guère d'arrêts où il y ait des considérants et des motifs juridiques [5], tandis que l'exposé complet de la requête, des pro-

que lui qui y pût toucher ; que c'étoit marque de sa souveraineté ; que néanmoins les rois avoient toujours apporté cette modération qu'ils se réservoient à eux seuls la connoissance des affaires d'État, mais que celles des particuliers, qui consistoient en justice distributive, depuis le temps qu'ils ne rendoient plus eux-mêmes la justice à leurs sujets au pied des arbres et avoient commis des juges, ils laissoient passer les affaires à la pluralité des voix ; qu'il avoit vu la feue reine mère donner exactement cette liberté, et même ne vouloit pas dire son avis ; qu'il ne falloit pas dire que le Roi étoit mineur, parce que la Reine a l'autorité souveraine comme le Roi s'il étoit majeur, avec cette restriction qu'elle est obligée de prendre l'avis de Monsieur et le mien, et néanmoins peut ne le pas suivre, si bon lui semble ; que c'étoient les lois de l'État, auxquelles ils s'étoient soumis et qu'ils devoient entretenir ; qu'il étoit d'avis que cette affaire fût rapportée devant la Reine, et que, si elle avoit agréable de la renvoyer au Conseil, comme il ne croyoit pas qu'elle voulût retenir cette affaire, alors ils auroient le pouvoir de faire ce qu'il faudroit. Monsieur fut du même avis. Chacun blâmoit fort M. d'Estampes de s'être chargé d'une requête en cassation d'un arrêt donné à son rapport. » (*Journal d'Olivier d'Ormesson*, tome II, p. 843.)

1. Ce cas était fort rare : M. de Luynes cite une occasion où le Chancelier fut obligé d'user de son droit à propos d'un curé et d'un vicaire accusés tous deux de la même paternité (*Mémoires*, tome XI, p. 69). La princesse de Carignan, en 1748, perdit un procès contre son mari, sur appel d'un arrêt du Parlement, par vingt voix contre vingt et une (*ibidem*, tome VIII, p. 474).

2. M. d'Avenel a très bien examiné ce point dans *Richelieu et la monarchie absolue*, tome I, p. 47-48.

3. *Mémoires*, tome V, p. 77 ; comparez l'*État de la France* de 1648-1649, dans les *Archives curieuses*, 2ᵉ série, tome VI, p. 438-439.

4. D'Ormesson rapporte un cas de ce genre où le rapporteur fut vivement blâmé (*Journal*, tome I, p. 295). Le 7 février 1685, le Conseil rendit son arrêt dans une affaire de Béchameil contre les Galland, où il s'agissait de sept cent mille livres. Béchameil, qui avait trouvé moyen de s'introduire dans la buvette, passa par d'affreuses transes quand il entendit le rapporteur et trois premiers opinants conclure pour ses adversaires ; mais Fieubet, parlant ensuite en sa faveur, ramena au nouvel avis les cinq conseillers qui n'avaient pas encore opiné, ainsi que le Chancelier, et Béchameil gagna (*Mémoires de Sourches*, tome I, p. 180-181 ; *Journal de Dangeau*, tome I, p. 118-119). Il arrivait toutefois que le Conseil voulût entendre les parties (*Ormesson*, tome II, p. 445).

5. Comme exception à cet usage, je citerai un arrêt portant règlement, qui est reproduit dans un appendice des *Mémoires de Luynes*, tome X, p. 65.

ductions et des degrés de procédure est de rigueur, à peine de nullité[1].

La formule initiale des arrêts rendus sur requête par le conseil des parties est : « Vu au conseil d'État privé du Roi la requête présentée à S. M. en sondit conseil par N***.... », ou : « Vu.... l'instance des requêtes respectives » ; la formule de jugement : « Le Roi, en son Conseil, faisant droit sur l'instance, a ordonné.... », et la formule finale : « Fait au conseil d'État des parties tenu à.... le.... [2] »

Réformé après le vote, s'il y a lieu, l'arrêt est lu par un greffier et signé, sans désemparer, par le Chancelier, le rapporteur et les conseillers commissaires, avec approbation de toutes ratures, modifications, interpolations, etc. C'est ce qu'on appelait « avoir la plume[3]. »

L'exécution ne peut être faite que par les huissiers à la chaîne, à moins qu'on n'ajoute une commission pour exécuter en tous lieux par les autres huissiers ou sergents[4].

Préalablement, l'arrêt est porté au sceau chez le Chancelier, et, en outre, quoique le Conseil ait toujours proclamé la suprématie de son pouvoir et ne reconnaisse pas pour ses arrêts la nécessité d'un enregistrement dans les cours compétentes, il est rare que la Chancellerie ne les fasse pas corroborer par l'adjonction de « lettres patentes sur arrêt, » qui reçoivent l'enregistrement[5].

Souvent il est utile de faire imprimer les textes d'arrêts, pour leur assurer publication et notoriété : un grand nombre de ces pièces se retrouve aujourd'hui dans les collections d'imprimés législatifs et judiciaires des Archives nationales[6] ou de la Bibliothèque. Ces imprimés ne portent que la signature du Chancelier, seule ou avec celle d'un secrétaire d'État, mais point celles des commissaires. La date et le lieu de séance sont ajoutés à la fin. Les formules doivent être complètes pour que la publication ait toute sa valeur[7].

Ces règles sont les mêmes pour les arrêts de tous les Conseils.

Quant aux minutes originales, les greffiers ont défense de s'en dessai-

1. Guillard, *Histoire du Conseil*, p. 58.

2. Aucoc, *le Conseil d'État*, p. 63-64 ; Luçay, *les Secrétaires d'État*, p. 463. Il y a un recueil imprimé en 1750, sous le titre de : *Formules des arrêts du Conseil, des jugements qui se rendent dans les commissions du Conseil*.

3. *Mémoires de Bassompierre*, éd. Chantérac, tome II, p. 67-71.

4. *État de la France* de 1648-1649 déjà cité, p. 438-439.

5. M. de Luçay donne les formules et les procédures (p. 464-465). Au dix-huitième siècle surtout, le Parlement refusait de recevoir un arrêt non muni de ces lettres patentes : voyez le *Traité des.... offices*, tome II, p. 200-206.

6. Notamment dans la collection achetée au libraire Rondonneau.

7. En 1751, on fut étonné de voir un arrêt relatif à la contribution du clergé paraître « dans une petite forme, et non pas dans la forme ordinaire des arrêts du Conseil » (*Mémoires de Luynes*, tome XI, p. 375). En effet, il y a une petite édition in-18, de sept pages, où manque la formule finale de quatre lignes ; mais l'Imprimerie royale fit aussi la publication ordinaire en format in-4. Ces arrêts s'affichaient en divers endroits de Paris, qu'indique M. d'Avenel (*Richelieu et la monarchie absolue*, tome I, p. 50).

sir sans un ordre exprès du Chancelier; mais, le lendemain de chaque séance, ils doivent déposer à la Chancellerie deux « résultats » ou procès-verbaux de tout ce qui a été rapporté au Conseil [1].

Les minutes paraissent avoir été conservées de tout temps avec le plus grand soin, dans un dépôt et par des archivistes spéciaux [2]. Aujourd'hui, aux Archives nationales, cette série ne remplit pas moins de onze cent cinquante-quatre cartons, série V[6], sans compter quatre cents autres cartons ou registres renfermant le plumitif, les procédures, etc. [3]. Ce fonds va de 1579 à 1791.

Quoique rendus en l'absence du Roi, les arrêts du conseil privé avaient même autorité que s'ils eussent été donnés en sa présence, et on les considérait comme le répertoire de la jurisprudence suprême. Aujourd'hui encore, c'est une source inépuisable de renseignements.

Les bureaux du Conseil.

Le véritable travail des conseillers d'État et des maîtres des requêtes ne se fait pas seulement dans les séances plénières, mais aussi dans des bureaux ou commissions, dont il faut expliquer maintenant le mécanisme, les uns recevant les dossiers destinés au conseil privé lui-même, les autres étudiant les affaires pour lesquelles le conseil des finances, celui des dépêches, ou même le conseil d'État d'en haut réclament le concours des conseillers d'État.

On a rattaché cette institution au règlement du 26 juin 1627 [4], qui avait créé dix bureaux et réparti entre eux les affaires du clergé, de la religion réformée, de la police, de la justice, des fermes, gabelles, domaines et offices, des levées de deniers, des provinces, de la guerre, de la marine et du commerce, et enfin de l'extérieur; mais, dès le seizième siècle, Henri III avait prescrit de faire, au commencement de chaque quartier, entre les membres du Conseil, un « département » des provinces et des affaires analogue à celui des secrétaires d'État [5], et analogue aussi à la division en bureaux. Voici quelle était l'organisation vers 1700 [6] :

1. Article LVI du règlement de 1673. Voyez dans notre tome IV, p. 371, note 3, et ci-après, p. 62, ce qu'on entendait par *résultats*. Les règlements rendus par Henri III, en 1579, 1582 et 1585, spécifient la tenue de ces résultats, et Marillac en parle longuement (ms. U 945, fol. 40-43). M. Aucoc a signalé des recueils d'arrêts ou de résultats du temps de Henri II et de Charles IX aujourd'hui conservés au Cabinet des manuscrits. Ce sont des fragments de registres semblables, du quinzième siècle, que M. Noël Valois vient de publier.

2. Voyez le *Traité des droits et dignités* de Guyot, tome II, p. 267-269.

3. *Inventaire méthodique des fonds des Archives nationales*, col. 41-42.

4. M. Caillet, *l'Administration du cardinal de Richelieu*, tome II, p. 28; ms. Lancelot 100, fol. 58 v°-60. Cette organisation correspondait évidemment au plan de conseils auquel M. Avenel a attribué la date de 1625.

5. Ms. Lancelot 100, fol. 57 et 58 v°; ms. Marillac U 945, fol. 94 et 110.

6. *État de la France* de 1698, tome III, p. 10-17 ; *Almanach royal; Guillard, Histoire du Conseil*, p. 142-143, etc.

Sept bureaux, de six conseillers chacun, sont chargés de la « communication des instances, » c'est-à-dire de l'instruction des affaires contentieuses introduites au Conseil par les particuliers[1]. L'un de ces bureaux, composé d'un conseiller d'Église, d'un conseiller au conseil royal et de quatre autres conseillers d'État, s'occupe de tout ce qui est matières ecclésiastiques[2] ; un second, des instances en cassation autres que celles qui concernent les matières ecclésiastiques.

Trois bureaux reçoivent à l'étude les affaires de finances ; ce sont : 1° la direction des finances, dont il sera parlé à part, plus loin[3] ; 2° le bureau des domaines et francs-fiefs, aides, entrées, papier timbré et rentes rachetées ; 3° le bureau des gabelles, cinq grosses fermes, tailles et autres affaires. C'est ce qu'on appelle les « bureaux de MM. les commissaires du Conseil pour les commissions ordinaires des finances[4]. »

D'autres bureaux ou commissions n'ont pas le même caractère de permanence, ou du moins sont considérés comme « commissions extraordinaires. » Ce sont : un bureau pour le huitième denier des communautés ecclésiastiques et laïques ; un bureau pour la vente des domaines et des offices, qui se fait au palais des Tuileries ; d'autres pour les affaires de finances distinctes de celles qui ont été énumérées plus haut, pour l'amortissement des biens ecclésiastiques et de mainmorte, pour les postes et messageries, pour les affaires des vivres, pour la compagnie royale des Assurances, pour le dixième denier, pour la recherche de la noblesse, pour l'enregistrement des armoiries rendu obligatoire en 1696, pour les affaires de chancellerie et de librairie. Il y en a un encore pour les affaires de la marine ; mais j'en parlerai à part comme conseil des

1. Ils examinent, dit Guillard, les dossiers des particuliers qui demandent que leur affaire soit vue des commissaires et souhaitent que leurs avocats soient entendus.

2. C'est le bureau dont Dangeau rapporte la formation en 1684 (tome I, p. 6), et dont les attributions appartenaient auparavant à un bureau tenu chez l'archevêque de Paris. Est-ce le même auquel on adjoignait, sous Louis XV, de hauts prélats désignés par un *bon* royal et pourvus d'un brevet (*Mémoires de Luynes*, tome XI, p. 241)? Il y eut alors un bureau spécial des économats (*ibidem*, tome XVI, p. 474).

3. Ci-après, p. 58.

4. Il y a des différences entre les diverses listes de ces bureaux et des autres commissions, par suite d'inexactitudes ou de modifications. Ainsi l'*Almanach* de 1699, le premier qui donne une liste de ce genre, ne place qu'en troisième lieu, après le bureau des amortissements et celui du huitième denier, le bureau des gabelles et fermes, auxquelles il joint les aides et entrées, mais non les tailles, qui ne figurent nulle part. A partir de 1704, au contraire, il donne en première ligne, après la direction, le bureau des « gabelles, cinq grosses fermes, tailles et autres affaires de finances, » puis celui des domaines et aides et celui de la vente des domaines. D'autres fois, les domaines et aides reprennent la première place. Dans l'*État de la France* de 1698, tous les bureaux figurent au chapitre CONSEIL DES FINANCES. Le passage de Guillard indiqué tout à l'heure (p. 47, note 6) fait saisir beaucoup plus nettement la répartition des affaires.

prises [1]. Le nombre des bureaux de cette seconde catégorie est extrêmement variable [2]; on en crée de nouveaux, ou l'on en supprime,
selon les besoins du jour, comme on constitue des commissions pour
l'examen d'une affaire évoquée à la personne du Roi et destinée à tel
ou tel conseil. Tantôt la matière ou le litige ont trop d'importance pour
les tribunaux ordinaires; tantôt il est urgent d'avoir une solution : tel a
été, par exemple, l'objet d'une commission ou chambre créée en septembre 1693 pour faire venir des blés et remédier à la disette [3].

Présentant un caractère à la fois administratif et judiciaire, ces commissions extraordinaires n'ont rien qui rappelle celles dont le souvenir
tragique reste attaché au nom du cardinal de Richelieu [4], ni les commissions d'enquête envoyées dans certaines provinces du Royaume en 1687
et 1688, ni la chambre souveraine de réformation de la justice qui
fonctionna à Limoges et Poitiers en 1688 [5]; toutefois, tandis que quelques bureaux seulement, celui des instances en cassation ou celui des
postes et messageries, peuvent rendre eux-mêmes des arrêts définitifs [6],
les commissions chargées d'affaires de parties ont plus souvent le droit

1. Dans la dernière partie de cette notice.

2. On peut suivre ces variations sur l'*Almanach royal*. Il y eut jusqu'à
vingt bureaux et commissions. M. de Luçay en a parlé longuement dans ses
Secrétaires d'État, p. 452 et suivantes. Nous voyons dans les *Correspondants de la marquise de Balleroy*, tome I, p. 216, 219 et 227, et dans le document qu'on lira plus loin, p. 51, comment ils se créaient et se formaient.

3. Commission composée de quatre conseillers d'État, du contrôleur général Pontchartrain et de son frère l'intendant de Paris, alors maître des
requêtes (*Journal de Dangeau*, tome IV, p. 351).

4. Celles-là étaient des commissions mixtes, composées de membres du
Conseil et de magistrats du Parlement. Voyez l'anecdote sur le commandeur de Jars, que Saint-Simon a placée dans l'article MONTAUSIER des *Duchés-
pairies éteints* (*Écrits inédits*, tome VI, p. 334), et que j'avais publiée, en
1881, dans la *Revue historique*, tome XV, p. 339. Louis XIV constitua plusieurs commissions de ce genre pour les Grands jours d'Auvergne (1665),
pour le procès des Faussaires (1700), etc. La chambre dite des Poisons
(1680) fut formée de conseillers d'État et de maîtres des requêtes. Sous
Louis XV, la commission extraordinaire qui acquitta Mahé de la Bourdonnais
(1748-1751) n'était composée que de trois conseillers d'État et sept maîtres
des requêtes (*Mémoires du duc de Luynes*, tomes VIII, p. 463, et XI, p. 35-
37). En 1753, ce fut aux deux mêmes corps qu'on emprunta les éléments
d'une commission temporaire nommée à la place du Parlement en exil.

5. Cette chambre n'étant composée que de membres du Conseil, le Parlement protesta vivement (*Mémoires de Sourches*, tome II, p. 191-192).

6. Ms. Lancelot 100, fol. 61; *Mémoires de Luynes*, tomes X, p. 19, XIV,
p. 247-248, et XVI, p. 209. M. de Luynes dit que les requêtes en cassation
étaient si surabondantes et si déraisonnables, que force était au Chancelier d'autoriser les commissaires à en prononcer le rejet, pourvu que ce fût
à l'unanimité. Dès qu'il y avait une voix pour l'admission, le même maître
des requêtes qui avait fait le rapport au bureau devait faire un second rapport, soit au conseil des parties, soit à celui des dépêches, qui maintenaient
l'arrêt, ou, s'il était cassé, renvoyaient le litige devant un autre parlement,

de juger en dernier ressort : dans ce cas, les arrêts sont soumis à la signature du Chancelier ou d'un secrétaire d'État, et expédiés par les greffiers des commissions extraordinaires du Conseil, lesquels en délivrent copie aux intéressés [1].

Voici ce qu'a dit tout récemment, des commissions extraordinaires, l'historien le plus autorisé du conseil d'État :

« Ces commissions, qui formaient autant de juridictions, tantôt souveraines, tantôt de premier ressort, chargées de statuer sur des difficultés administratives, et dont quelques-unes ont duré cinquante ou même cent ans, constituent précisément un des traits caractéristiques de l'organisation du conseil d'État au dix-huitième siècle. C'est par là surtout qu'il ressemble au conseil d'État actuel statuant sur le contentieux administratif, tandis que le conseil privé ou des parties, réuni en assemblée générale, remplissait surtout les fonctions attribuées aujourd'hui à la cour de cassation. On peut le voir facilement en consultant aux Archives nationales les papiers des commissions chargées de vérifier la légitimité des droits de péage sur les ponts, chemins et cours d'eau, des droits exercés sur les ports, les rivages de la mer et les fleuves qui y ont leur embouchure, des droits perçus, dans les marchés ou en dehors des marchés, sur les grains ; ou des commissions appelées à statuer sur les contestations relatives à la fourniture des vivres aux armées de terre et de mer, à la liquidation de la compagnie des Indes, aux postes et aux messageries, etc. [2]. »

En règle générale, bureaux ou commissions ne font qu'examiner et étudier, quelquefois fort longuement [3], les affaires qui leur ont été renvoyées, soit par le Chancelier ou le Contrôleur général, soit par une décision du conseil d'en haut, de celui des dépêches ou de celui des finances, et préparer un rapport pour l'un ou l'autre de ces conseils, ou pour le conseil des parties lui-même [4].

Afin de faire voir comment fonctionnaient les bureaux des affaires de finances et quelle était leur importance, je vais reproduire ici un

sans juger au fond. Les Archives possèdent une centaine de registres des requêtes en cassation. Sur la procédure, voyez le titre v du règlement du 17 juin 1687. M. Rod. Dareste en parle aux pages 76-78 de son livre sur *la Justice administrative*.

1. Papiers du Contrôle général, G[7] 1841.

2. Mémoire communiqué par M. Aucoc à l'Académie des sciences morales et politiques, sur *les Collections de la législation antérieure à 1789 et leurs lacunes* (1883), p. 21-22. Comparez *la Justice administrative*, p. 86-96.

3. Un procès de M. de Nesle contre sa sœur dura ainsi onze ans (*Mémoires de Luynes*, tome XI, p. 243). Olivier d'Ormesson parle aussi (tome II, p. 844) de longueurs interminables, et les frais s'élevaient en proportion : on peut voir un état des dépenses faites pour une instance dans le volume 2184 des *Pièces originales*, dossier Pajot, fol. 146-148.

4. La distribution se fait avec soin : si un bureau recevait quelque dossier destiné par sa nature à d'autres commissaires, il se hâterait de réparer cette erreur.

projet de réorganisation préparé à l'époque même où nous sommes arrivés en ce moment, peu après la mort de Pussort[1], qui avait été si longtemps le véritable directeur, l'âme du Conseil et des principales commissions; on y trouvera en même temps des aperçus utiles sur les temps antérieurs, ainsi que sur plusieurs personnages dont Saint-Simon vient de parler dans l'année 1697[2] :

« Il paroîtroit nécessaire pour l'expédition des affaires de finances qui sont examinées par MM. les conseillers d'État commissaires du Conseil, au rapport de MM. les maîtres des requêtes, soit à la petite direction ou à la grande direction, d'établir quatre bureaux, où on pourroit mettre quatre conseillers d'État ordinaires et semestres, avec deux de MM. les intendants des finances, outre M. le Contrôleur général, qui est commissaire-né quand il veut et a le loisir de s'y trouver[3].

« Cette manière s'est observée de tout temps au Conseil, soit du temps de MM. les chanceliers et gardes des sceaux d'Aligre, de Marillac, Châteauneuf, Séguier et Molé, et de MM. les surintendants d'Effiat, Bullion et Bouthillier, le Bailleul, d'Avaux, de la Meilleraye, de la Vieuville, Servien et Foucquet, de Maisons, et du temps de MM. les contrôleurs généraux d'Hémery et Colbert, lesquels deux derniers eurent grande autorité dans les finances ; et, pendant tous ces temps, on nommoit, tant pour les fermes des gabelles de France, Provence, Dauphiné, Languedoc, aides, convoi de Bordeaux, cinq grosses fermes, patentes, que pour les affaires nouvelles de finances, recettes générales, ponts et chaussées, clergé, extraordinaire et ordinaire de la guerre, artillerie et autres affaires extraordinaires, trois ou quatre conseillers d'État, avec un ou deux intendants des finances, pour tenir à jours réglés des bureaux, et deux ou trois maîtres des requêtes pour rapporter ces sortes d'affaires, savoir MM.*** ; et on mettoit toujours un intendant à chacun de ces bureaux, lorsqu'il n'y avoit que quatre intendants ; et, quand on augmenta, du temps de M. Foucquet, le nombre des intendants, qui étoient lors MM. Tubeuf, de Mauroy, [le Charron] et Malier, et qu'on y mit MM. Bordier, de Bordeaux, du Housset, le Tillier, Foullé et Paget, l'on mettoit deux intendants à chaque bureau ; et, comme les jours de bureau étoient réglés une fois la semaine, MM. les maîtres des requêtes soit nommés ou commis rapporteurs, les affaires se rapportoient après, soit aux petites ou aux grandes directions, selon qu'il étoit ordonné ; et ainsi elles se décidoient promptement ; et, quand MM. les Surintendants ou M. le Contrôleur général jugeoient à propos, on leur en rendoit compte en particulier : ce qui

1. Voyez notre tome IV des *Mémoires*, p. 13-15.
2. Nous avons trois rédactions successives de ce projet, toutes corrigées de la main d'un conseiller d'État, mais informes en plus d'un endroit (Arch. nat., U 945 *b*). En marge est écrit : « Pareil mémoire a été donné à M. de Beauvillier et à M. de Pontchartrain, contrôleur général. »
3. Desmaretz, quoique contrôleur général et ministre, garda sa place dans les deux grands bureaux de finances.

s'est observé jusques en 1666, que M. Pussort fut commis presque dans toutes les affaires de finances. Et comme le choix de sa personne faisoit préjudice aux plus anciens conseillers d'État, qui n'avoient plus presque [été] nommés dans les commissions, et que MM. les maîtres des requêtes pouvoient espérer, par leurs services et capacité, être choisis par S. M. pour être conseillers d'État et contre l'ordre observé, qui étoit que MM. les maîtres des requêtes faits conseillers d'État prenoient leur rang au Conseil du jour qu'ils étoient reçus maîtres des requêtes, comme il a été observé à l'égard de MM. ***; mais, comme M. Pussort voyoit bien que, suivant cet usage, il seroit précédé par plusieurs de MM. les maîtres des requêtes qui pouvoient espérer de la bonté du Roi d'être appelés en ses conseils pour y prendre aussi leur place de conseillers d'État du jour qu'ils auroient été maîtres des requêtes, comme [ils] ont été depuis nommés conseillers d'État, et n'auroit pu être doyen avant eux..., il fut proposé de faire un règlement nouveau au Conseil, par lequel il fut ordonné par S. M. qu'à l'avenir aucun qui seroit par S. M. fait conseiller d'État ne prendroit rang et séance au Conseil que du jour de ses lettres de conseiller d'État. Et ayant été mis et nommé commissaire dans toutes les principales affaires de finances, on y a mis avec lui, pour commissaires, tous MM. les conseillers d'État faits depuis lui, avec tous MM. les intendants des finances, savoir : deux, quand il n'y en avoit que deux, et depuis quatre, et ensuite tous les quatre nouveaux derniers créés, avec plusieurs de MM. les maîtres des requêtes aussi nommés pour les affaires qui se rapportoient en ce bureau les jeudis matin et après dîné, en sorte que ce bureau étoit composé de dix-huit personnes. Et, n'y ayant bien souvent que peu d'affaires qui s'y rapportoient pendant plusieurs séances, les autres affaires rarement s'examinoient qu'après les commencées achevées, et les parties souffroient beaucoup de ce retardement, et les grande et petite directions n'étoient pas remplies, ou, quand une de ces affaires étoit rapportée, [elle] duroit quelquefois deux séances, le grand nombre de MM. les commissaires opinant longtemps.

« Par toutes ces considérations, il conviendroit fort, suivant l'ancien usage, de faire différents bureaux de finances ainsi qu'il sera proposé ci-après, si le rétablissement de l'ancien ordre est jugé bon et avantageux, de concert avec M. le Chancelier, M. de Beauvillier et M. le Contrôleur général.

« Cela n'empêchera pas que M. de Beauvillier et M. le Contrôleur ne continuent leurs assemblées de finances le mardi et vendredi après midi, quand il y aura des affaires qui regardent la direction des finances, avec MM. du conseil royal et MM. les intendants, pour les régler ou en rendre compte au Roi, cette communication ayant toujours été observée pour accélérer les affaires de finances.

« On peut dire qu'outre les anciens conseillers d'État qui étoient à la tête de chaque bureau, MM. de Marillac, de Châteauneuf et Séguier y ont mis encore quelques conseillers d'État moins anciens, leurs parents ou amis, pour leur faire plaisir et leur procurer quelques appointements, comme à MM. Marca, du Bousquet, de la Fosse, Lasnier et autres, qui n'étoient que par augmentation dans chaque bureau. Ce qu'on remarque n'est par aucune autre considération que l'accélération de la justice.

« Il n'y a que depuis M. Pussort, qui étoit un homme de grand mérite, de probité et de capacité, qu'on a mis un si grand nombre de commissaires ; et, comme les grandes directions ne se tiennent que tous les quinze jours, et les affaires ne se jugeant pas si promptement qu'il conviendroit, et dont on ne peut pas quelquefois se ressouvenir, les parties se consomment en frais, en voyages et séjours, et assez souvent on met : *Dépens compensés*[1].

« Par ces considérations, on propose, pour accélérer le jugement des affaires, que celui de MM. les conseillers d'État qui préside à un bureau de finances devroit donner un mémoire à M. le Chancelier des affaires vues et examinées, afin de les faire rapporter aux jours de grande direction, et un pareil à M. de Beauvillier et à M. le Contrôleur général, pour les affaires qui se doivent rapporter à la petite direction, pour, en cas qu'il fût jugé nécessaire à la petite direction de les rapporter à la grande, comme affaires considérables, être rapportées à la grande direction au plus tôt, pour s'en ressouvenir, et les parties intéressées jugées plus promptement, pour éviter les frais, voyages et séjour, qui sont souvent compensés au préjudice de ceux qui les devoient obtenir, M. le Chancelier a fait observer [*mot illisible*] par MM. les chefs des bureaux des parties : ce qui soulage fort les commissaires et les rapporteurs, aussi bien que les parties.

« Dans le premier de ces quatre bureaux de finances, on rapporteroit les affaires du domaine, amortissements, brevets ecclésiastiques, francs-fiefs et noblesse devant ceux de MM. les commissaires de ce bureau, et on pourroit y recevoir les enchères sur le domaine ; et, pour cet effet, MM. les commissaires se transporteroient aux Tuileries quand il conviendroit de faire les adjudications, comme on faisoit du vivant de M. Pussort, dont on informeroit M. le Contrôleur général pour en rendre compte au Roi. Dans ce bureau, outre M. de Pontchartrain, qui peut et doit être censé de tous les bureaux de finances, seroient nommés, avec quatre conseillers d'État, MM. de Caumartin et d'Armenonville, qui ont dans leur département ces sortes d'affaires, et quatre ou cinq maîtres des requêtes pour les rapporter.

« Dans le second bureau, on examineroit les affaires et procès touchant les aides, papier timbré, octrois des villes, les gabelles de France, de Lyonnois, Dauphiné, Provence, Languedoc, de Roussillon, Metz et Franche-Comté, ponts et chaussées, ordinaire et extraordinaire de la

---

1. Il était très rare de voir une condamnation aux dépens (*Journal d'Ol. d'Ormesson*, tome II, p. 526 et 535). Pasquier accuse le chancelier Poyet d'avoir quelquefois laissé taxer des dépens par les maîtres des requêtes, « coutume véritablement indigne de ce grand tribunal de la France. » Voyez R. Dareste, *la Justice administrative*, p. 61-63.

guerre, et les affaires de la Monnoie. On y mettroit quatre conseillers d'État, deux de MM. les intendants, MM. le Peletier et Chamillart, et quatre ou cinq maîtres des requêtes pour rapporter les instances qui regarderoient ces matières soit à la petite ou à la grande direction.

« Dans le troisième bureau, on examineroit les affaires et instances concernant la taille, appels des ordonnances des intendants et des bureaux des finances, des Chambres des comptes et Cours des aides, bons d'États et autres, eaux et forêts, pour être examinées par quatre conseillers d'État et par MM. du Buisson et de Breteuil, et rapportées par quatre ou cinq de MM. les maîtres des requêtes qui seroient nommés pour ensuite les rapporter à la petite ou grande direction.

« Tous MM. les intendants continueront d'examiner seuls et feront les autres affaires suivant leur département, pour en rendre compte à M. le Contrôleur général, ainsi qu'il s'est toujours observé, pour recevoir les ordres et la volonté du Roi.

« M. le Contrôleur général continuera d'examiner seul, ainsi qu'il s'est observé, tout ce qui regarde les finances, les forêts et toutes autres affaires, pour en rendre compte au Roi seul et au conseil royal.

« Pour les autres affaires de finances et des armoiries[1], elles seront examinées au bureau de M. de la Reynie, à un jour certain et convenu, où se trouveront quatre de MM. les conseillers d'État nommés à cet effet, quoique nommés pour les affaires qui s'examineront dans les trois bureaux, et MM. les six intendants s'y trouveront aussi, pour examiner toutes les affaires de finances qui s'y rapporteront par les maîtres des requêtes rapporteurs, pour ensuite être rapportées par lesdits sieurs maîtres des requêtes à la petite ou grande direction, sans qu'au bureau dudit sieur de la Reynie on y rapporte les affaires qui sont attribuées à chacun desdits trois bureaux ci-dessus pour être rapportées à la petite ou la grande direction.

« Les commissaires nommés pour les postes et pour les affaires de marine continueront d'y travailler, et de s'y trouver aux jours qui seront réglés.

« Pour MM. les conseillers d'État et maîtres des requêtes qui doivent aller aux trois bureaux ci-dessus, ils seront nommés, soit du nombre de ceux qui y étoient[2]....

« Les jours où s'examineront les affaires à ces bureaux seront marqués ainsi que le plus ancien du bureau en sera convenu avec ses confrères.

« Ce qui est proposé paroît avantageux pour le bien de la justice et pour accélérer les affaires de finances. C'est à la bonté et à la justice du Roi, soit à l'égard de MM. les conseillers d'État, de MM. les intendants et des maîtres des requêtes qui seront nommés dans les bureaux, d'or-

---

1. La taxe d'enregistrement des armoiries, édictée en 1696.

2. La phrase est inachevée ; la rédaction précédente portait : « .... de ceux qui y étoient, et s'observera la même chose à l'égard des maîtres des requêtes, pour les mettre à chacun des trois bureaux, et il n'y en aura que quatre ou cinq à chacun desdits trois bureaux. »

donner par chacun an quelque gratification, comme il se faisoit pour ceux qui étoient du bureau de M. Pussort, comme on faisoit autrefois en faveur de ceux qui alloient travailler chez MM. les conseillers d'État commissaires.

« On[1] ne parle point des affaires de finances qui se rapportent chez M. de Beauvillier par M. le Contrôleur et par MM. les intendants[2] : c'est ce qui s'est observé il y a longtemps, et ce qui avance la décision des affaires principales des finances entre le Roi et les gens de finance, dont quelquefois, quand elles se trouvoient importantes, on rendoit compte au Roi en particulier, ou on les renvoyoit aux grandes directions, suivant l'avis de MM. les Surintendants et de M. le Contrôleur général. »

Comme on vient de le voir, les bureaux sont composés d'un nombre plus ou moins grand de conseillers d'État (y compris les intendants des finances et les conseillers au conseil royal) et de maîtres des requêtes, suivant l'importance et l'abondance présumée des affaires de chaque ressort. C'est le Chancelier seul, et non le Roi, qui règle la composition des bureaux de communication des instances et qui pourvoit aux places vacantes[3]. Pour les commissions et bureaux de finances, le Contrôleur général choisit lui-même ; mais les commissaires n'en sont pas moins nommés par arrêt signé du Chancelier, « le Roi étant en son Conseil. »

D'un pointage fait sur l'*État de la France* de 1698[4], il résulte que neuf conseillers ordinaires figuraient alors dans plusieurs bureaux et commissions : M. de Pomereu (conseiller au conseil royal des finances[5]) et M. de Ribeyre sont nommés neuf fois ; M. de Breteuil (intendant des finances), huit fois ; M. le Peletier de Souzy (intendant des finances), sept fois ; M. Bénard de Rezé, six fois ; M. Courtin (doyen du Conseil[6]), cinq fois seulement ; M. de la Reynie et M. de Marillac, quatre fois ; M. Daguesseau (conseiller au conseil royal), trois fois. M. Rouillé n'a qu'un bureau. Parmi les conseillers semestres, trois avaient jusqu'à treize bureaux : MM. de Harlay, de Fourcy et Phélypeaux (frère du contrôleur général Pontchartrain et intendant de Paris) ; deux avaient six bureaux : M. de Caumartin (intendant des finances) et M. Chauvelin ; un en avait deux : M. d'Argouges de Rannes. Un seul conseiller d'Église, l'archevêque de Reims, figure à la tête du bureau des instances sur matières ecclésiastiques.

---

1. Ce paragraphe est biffé dans la dernière minute.

2. Les assemblées dont parle l'*État de la France :* voyez ci-après, p. 63, et ci-dessus, p. 52.

3. « M. le Chancelier donna le bureau de justice qu'avoit M. de Breteuil à M. Voysin, qui n'en avoit point quoiqu'il fût plus ancien que M. Courtin, qui en avoit un. » (*Journal de Dangeau*, tome I, p. 110.)

4. Tome III, p. 10-17.

5. Dans notre tome IV des *Mémoires*, p. 16. — 6. *Ibidem*, p. 15-16.

Comme chaque bureau vaut trois mille livres, ou deux mille au moins [1], et que, d'autre part, les travailleurs trouvent là seulement l'occasion de se signaler, ou les ambitieux celle d'avancer, il y a grand empressement à obtenir la moindre place vacante. Le choix et la faveur font tout autant, pour le moins, que l'ancienneté, le choix surtout, car il est bien juste qu'on tienne compte des aptitudes de chaque candidat [2].

Un mémoire de la Reynie, qui eut beaucoup à se plaindre à cet égard, sans doute à cause de sa mésintelligence avec le Contrôleur général [3], ajoutera quelques détails à ce qu'on vient de lire. Il écrivait au chancelier Pontchartrain, le 14 décembre 1700 :

« Tous Messieurs du Conseil sans exception, Monsieur, qui ont eu jusqu'ici chez eux le bureau pour la communication des affaires de finances en qualité d'anciens commissaires [4], ont toujours aussi été du nombre des autres commissaires des autres bureaux qui ont rapport aux finances. Cependant, Monsieur, quoique j'aie cette bonne ou mauvaise qualité d'ancien commissaire du bureau de finance depuis plus de trois années, quoique vous m'ayez fait la grâce de m'y confirmer, et que j'aie essayé d'y remplir mon devoir, au moins par l'assiduité, je me trouve le seul de tous ceux qui ont eu le même emploi défavorablement distingué, et, de tous ceux qui sont anciens au Conseil, dans la

---

1. Au bureau des domaines, deux mille livres pour chaque conseiller, et quinze cents pour les maîtres des requêtes ; au bureau des fermes, trois mille pour les premiers, et deux mille pour les seconds. Les conseillers au conseil royal, les intendants des finances et le doyen président du bureau ont quatre mille livres. (États de 1692 et 1700, dans les Papiers du Contrôle général, G⁷ 973 et 1838.) Selon Dangeau (tome VIII, p. 211), les bureaux de M. Courtin lui rapportaient treize mille livres. M. de Luynes (tome II, p. 14) dit que, sous Louis XV, M. Guynet gagnait ainsi seize à dix-huit mille livres, et l'avocat Barbier (*Journal*, tome V, p. 18) cite le même chiffre pour un maître des requêtes. Le marquis d'Argenson, comme conseiller au conseil royal, avec un seul bureau, touchait de trente-cinq à trente-six mille livres (*Luynes*, tome VII, p. 340). Ces indemnités se calculaient par jour. J'ai déjà dit qu'en 1712, pour quatorze bureaux de commissions extraordinaires, la dépense totale fut de deux cent douze mille livres.

2. Cinq cartons des Papiers du Contrôle général (Arch. nat., G⁷ 545, 1838 à 1840, et II 1426) sont remplis de documents relatifs à la composition des bureaux, au travail des conseillers, et aux nominations de commissaires faites sous Louis XV, de 1722 à 1743 et de 1754 à 1776. C'est là qu'on peut juger combien ces places étaient convoitées et briguées. D'Argenson, qui avait vu méconnaître ses droits d'ancienneté, accuse certain de ses collègues de « chercher le lucre dans les commissions, » c'est-à-dire d'emprunter aux plaideurs et de ne point payer les billets (*Mémoires du marquis d'Argenson*, tome I, p. 67, 208-209 et 255). Autrement, Delisle de Hérissé (ms. Lancelot 100, fol. 62 v°) dit que les conseillers ne prenaient rien des parties. Louis XIV, selon Olivier d'Ormesson (tome II, p. 399), voulait que la justice fût toute gratuite au Conseil.

3. Voyez notre tome IV des *Mémoires*, p. 13, note 1.

4. C'est-à-dire de présidents par ancienneté, comme on le verra page 57.

condition la moins avantageuse. Je pouvois espérer, dans les temps, d'avoir part comme un autre aux commissions du Conseil, si je n'avois pas cru que mon devoir, par rapport au service dont j'étois chargé en particulier, m'engageoit à me dispenser de tout ce qui le pouvoit interrompre. J'ai été fidèle et réservé sur ce point, tant que l'obligation a duré. Je suis déchargé de ce service ; je sers en qualité d'ancien commissaire au bureau de finance depuis plus de trois années, et j'ai même sujet d'être assuré que, si j'avois expliqué pendant les deux premières années ce que j'ai l'honneur de vous représenter maintenant, j'aurois été mis dans la condition commune de ceux avec qui j'ai l'honneur de servir. Cependant, Monsieur, si vous jugez que la conduite que j'ai tenue à cet égard, ou qu'une espèce de retenue que j'ai eue, s'il m'est permis de le dire, me doivent être imputées, et si ce mémoire ne mérite aucune attention de votre part par quelque autre raison que ce puisse être, je vous supplie très humblement, Monsieur, de le vouloir bien supprimer, et il n'en sera jamais fait d'autre mention. »

L'ancien lieutenant général de police présidait le bureau « pour les affaires de finances autres que le huitième denier et que les gabelles, fermes, etc., » et il avait une place à la direction des finances[1], mais ne figurait en outre que dans le bureau d'introduction des instances en cassation, comme président, et dans deux autres bureaux d'affaires du conseil des parties. Huit ans plus tard, comme il avait encore trois bureaux, Pontchartrain lui enleva celui des cassations, sous prétexte que, « pour l'honneur des cours dont on attaquait les arrêts, » il fallait que le conseiller-président y fût toujours assidu[2]. En effet, notre auteur dit que la Reynie « n'étoit plus en âge ni en état de venir au grand et de travailler d'une manière supérieure[3]. » Ni l'ancienneté de ses services, ni sa capacité ou son intégrité, aussi bien établies que son désintéressement, ne purent le faire arriver au décanat[4].

La présidence de chaque bureau revenant de droit au plus ancien conseiller, les réunions se tiennent chez lui, et généralement il reçoit une pension en dédommagement[5]. Les parties sont en droit d'entrer aux séances[6], et elles ne se font point faute de solliciter les commissaires[7].

1. Page 58. Il avait eu le bureau en 1697, lorsque la mort de Jérôme Bignon permit de lui offrir ainsi une compensation pour qu'il abandonnât la police à d'Argenson : voyez notre tome IV des *Mémoires*, p. 13, note 1.

2. Depping, *Correspondance.... du règne de Louis XIV*, tome II, p. 464.

3. *Mémoires*, tome II de 1873, p. 221.

4. Voyez notre tome IV, p. 10, note 6.

5. Quoique considéré comme « un des plus habiles magistrats du Royaume, » la Reynie fut jusqu'en 1700 le seul des conseillers d'État présidant un bureau qui n'eût pas de pension (*Journal de Dangeau*, tome VII, p. 460).

6. On voit ainsi le duc d'Albret venir récuser une commission en séance chez M. de Pomereu (*Gazette d'Amsterdam*, 1700, n° xvi). En 1721, des commissaires ayant été insultés par les parties, on mit les insulteurs à la Bastille (*les Correspondants de la marquise de Balleroy*, tome II, p. 294).

7. *Mémoires du duc de Luynes*, tome IX, p. 400.

Jamais les conseillers d'épée ne prennent part au travail des bureaux [1].

Les bureaux et commissions du Conseil furent réorganisés par un règlement du 27 octobre 1787 ; les deux bureaux des domaines et aides et des gabelles, fermes et tailles se réunirent alors à la grande direction des finances, et la dépense fut fixée à vingt-huit mille livres seulement.

Les papiers des commissions extraordinaires, depuis la fin du dix-septième siècle, forment, aux Archives nationales, un fonds particulièrement intéressant [2], dans lequel le commentateur des *Mémoires* aura souvent à puiser. Les papiers des commissions ou bureaux permanents y sont également conservés pour la même période [3].

Il y a des recueils chronologiques de listes imprimées des bureaux et commissions [4].

La direction des finances.

Jusqu'à la réforme de 1661, la direction des finances, subdivisée en grande et petite, avait tous les caractères, et même le titre de conseil, comme si c'eût été une « séance » du conseil d'État et des finances [5] : nous la retrouverons sous cette première forme en traitant des Finances ; mais, n'étant considérée, dans sa forme définitive, que comme un bureau, une émanation du conseil des parties [6], il faut en parler dès à présent et à la suite des autres bureaux ou commissions.

L'une et l'autre direction ont été réorganisées en même temps, et avec non moins de soin que le conseil des finances lui-même.

Le règlement du 15 septembre 1661 s'exprime ainsi : « S. M. veut et entend que, toutes les semaines une fois, le chef dudit conseil assemble tous ceux qui auront l'honneur d'en être, avec les autres directeurs et contrôleurs généraux et intendants des finances, pour examiner toutes affaires de finances, ainsi que l'on avoit accoutumé de faire dans les petites directions chez les Surintendants, à l'exception toutefois de celles ci-dessus réservées au conseil royal, et particulièrement pour examiner tous les moyens d'augmenter les revenus ordinaires de S. M., diminuer et ôter, s'il se peut, toutes les causes des diminutions des fermes et des non-valeurs des recettes générales, et pour tenir soigneusement la main à ce que le recouvrement desdites impositions soit fait dans les temps prescrits par les ordonnances, en sorte que les dépenses que S. M. assignera sur lesdites impositions soient

---

1. *Mémoires de Saint-Simon*, tome VI, p. 267.

2. Voyez, dans l'*Inventaire méthodique des fonds des Archives*, col. 78-86, l'énumération des dossiers par ordre alphabétique de noms d'intéressés. Il y avait des greffiers spéciaux pour ces commissions ; on les réduisit de quarante à six en 1669, et à quatre en 1767.

3. *Ibidem*, col. 43-77.

4. Bibl. nat., Imprimés, L[f17] 12 et L[c21] 1. — 5. Ci-dessus, p. 11-12.

6. Tolozan, *Règlement du Conseil* (1786), p. 16.

ponctuellement payées et acquittées. Toutes les affaires qui seront examinées dans les petites directions seront ensuite rapportées dans les grandes directions, pour y être résolues en la forme accoutumée, et qui a été observée jusques à présent. Les conseils des finances et grandes directions se tiendront ainsi qu'il est accoutumé, sans toutefois que l'on y puisse traiter d'aucunes des matières ci-dessus réservées au conseil royal des finances. »

Définissant un peu moins vaguement les attributions, nous dirons que ces deux assemblées servent à digérer les affaires et questions dans lesquelles, outre l'intérêt des parties, celui du domaine royal et des finances est en jeu, et qu'elles ont soit à statuer immédiatement, soit à mettre les choses en tel point que le conseil des finances n'y trouve plus de difficulté[1] : c'est d'ailleurs le rôle commun de tous les bureaux ou commissions ; mais, avant d'aller à l'une ou l'autre direction, les affaires ont passé en premier examen devant l'un des bureaux du Conseil, qui, nous venons de le voir, représentent le premier le domaine, les aides et les octrois, le second les fermes, les tailles, etc.[2].

La grande direction reçoit[3] ensuite plus particulièrement les affaires regardant le sceau[4], celles où le Roi n'a point d'intérêt, et celles où il a intérêt, mais qui demandent une trop longue discussion pour passer en Conseil[5].

Cette direction se tient dans la salle du conseil des parties ou chez le Chancelier, à Versailles, à Fontainebleau, quelquefois à Marly[6], sous la présidence du Chancelier, ou, à son défaut, sous celle du chef du conseil des finances[7]. L'un et l'autre reçoivent, à cet effet, un ameublement complet : fauteuil de velours rouge réservé pour le Roi, quoique absent[8] ; tapis de table de velours vert à franges d'or ; douze fauteuils, douze chaises à grand dossier et deux grandes formes[9] de bois de noyer sculpté et doré, garnis de même ; douze autres fauteuils de noyer et

1. *État des Conseils* de 1658, p. 8, et *État de la France* de 1663 ; Guillard, *Histoire du Conseil*, p. 91.

2. C'est ce qui a été exposé déjà dans le mémoire de 1697 reproduit plus haut, p. 53.

3. La liste de la grande direction est publiée par l'*Almanach royal*, en tête des bureaux.

4. Le grand sceau du Roi dont la chancellerie revêtait les édits, provisions d'offices, privilèges, grâces et patentes, et tout ce qui se faisait au conseil d'État ou au Grand Conseil.

5. *État de la France*, 1698, tome III, p. 10 ; *Grand dictionnaire* d'Expilly, tome II, p. 456.

6. *Journal de Dangeau*, tome XI, p. 414.

7. M. de Beauvillier, dans ce cas-là, prenait le siège du Chancelier, en qualité de duc et pair, ce que n'eût pas fait un garde des sceaux (*Journal de Dangeau*, tome VII, p. 97 ; *Mémoires de Saint-Simon*, tome II de 1873, p. 208). Comparez les *Lettres de Colbert*, tome VI, p. 288.

8. *Journal de Dangeau*, tome XVII, p. 417.

9. Bancs, qui avaient cinq pieds et demi de long.

autant de chaises, garnis de maroquin noir[1]. Il y a séance tous les quinze jours, ou plus souvent, sur convocation du Chancelier[2]. Y assistent, outre celui-ci, le Contrôleur général, les deux conseillers au conseil royal, les intendants des finances, les conseillers d'État qui composent les bureaux des affaires de finances[3], et enfin tous les maîtres des requêtes, lesquels se tiennent debout, appuyés sur le dos des sièges. Les conseillers d'épée n'y viennent jamais, quoique leurs lettres de commission fassent mention de la direction[4].

Les intendants des finances, qui se trouvent ici sur leur terrain, enlèvent presque tous les rapports aux maîtres des requêtes : compétition que nous avons déjà vue se produire au sein du conseil privé. Après avoir demandé l'opinion du rapporteur et des conseillers-commissaires qui ont examiné l'affaire avec lui, le Chancelier prend, en premier lieu, l'avis du Contrôleur général, afin que celui-ci puisse réclamer la remise des pièces et le renvoi au conseil royal des finances, s'il le juge à propos. Parfois aussi l'affaire est renvoyée au conseil privé[5].

Quand la direction juge au fond et rend un arrêt, celui-ci est rédigé avec les formules du conseil privé, le Roi n'étant pas présent[6]. L'expédition en est faite par les secrétaires des finances[7].

C'est dans la grande direction que se décide, avec un certain cérémonial, la réponse du Roi aux cahiers de doléances envoyés par les États des grandes provinces[8]. Pour cette occasion, outre le chef du conseil des finances, le Contrôleur général et ses deux acolytes du conseil des finances, le Chancelier convoque spécialement : 1° le secrétaire d'État du département ; 2° le gouverneur de la province, s'il se trouve en cour[9] ; 3° ceux qu'il lui plaît de désigner parmi les conseillers d'État et intendants des finances. Le secrétaire d'État fait le rapport des

---

1. Mémoire des fournitures faites en 1686 pour le chancelier Boucherat et pour M. de Beauvillier, dans les Papiers du Contrôle général, G[7] 989.

2. Ci-dessus, p. 53. L'*Almanach royal* de 1715 dit qu'il y a séance tous les mardis ; mais le jour varia souvent.

3. Ci-dessus, p. 48. Tous les conseillers d'État, pouvant faire partie de ces bureaux, pouvaient également assister à la grande direction et y opiner.

4. *Journal de Dangeau*, tome XVII, p. 479.

5. Saint-Simon, *Projets de gouvernement du duc de Bourgogne*, p. 51 : « Les matières de la grande direction n'iront plus au conseil des parties.... Les matières de la grande et de la petite direction seront toutes jugées par ce conseil (de finances), et les arrêts, qui seront sans appel, signés par le chef et par le Contrôleur général. »

6. *Répertoire de jurisprudence*, tome II, p. 198.

7. Tolozan, *Règlement du Conseil*, p. 26-27.

8. Le duc de Luynes (tome XVI, p. 208) se trompe évidemment en plaçant cette cérémonie au conseil privé ; tous les auteurs disent qu'elle se faisait en séance de grande direction, à l'issue de la séance du Conseil. M. de Luçay parle cependant de conseil des dépêches dans *les Secrétaires d'État*, p. 424.

9. Il prend la place du Roi, mais sur un fauteuil noir : voyez une séance

demandes contenues au cahier. Sur chaque article, le Chancelier pour les matières intéressant la justice, le Contrôleur général pour ce qui est finances, exposent brièvement les motifs de la réponse à inscrire en marge. Après quoi, le Chancelier prend les avis, et, faisant entrer les députés qui ont apporté le cahier, il leur annonce, avec des compliments, que le Conseil a délibéré et que le Roi leur fera connaître sa réponse.

Des formalités à peu près identiques s'observent pour la discussion des cahiers du clergé, ainsi que pour la signature du contrat de don gratuit que le Roi passe avec cet ordre, et auquel le Conseil donne la dernière forme[1].

Enfin c'est à la grande direction que se fait la publication des « fermes, vivres, étapes et marchés des constructions de bâtiments ou réparations qui se font aux dépens du Roi[2], » ainsi que la vente des offices nouvellement créés, après affichage des mises en adjudication à la porte de la salle du Conseil et des logis du chef du conseil royal, des conseillers et des intendants des finances[3]. La séance a généralement lieu au sortir de celle du conseil privé ; contre leur ordinaire, les conseillers d'épée y gardent leurs sièges, et les maîtres des requêtes s'assoient, comme à la petite direction[4].

« Les huissiers de ce conseil (*huissiers de la chaîne*) font les publications des fermes du Roi, vivres, munitions et ventes d'offices, auquel temps les portes de la chambre du Conseil sont ouvertes à tous ceux qui y veulent entrer, lesquels demeurent toujours découverts, aussi bien que les avocats du Conseil qui font les enchères. Et, lorsque les adjudications sont faites, les secrétaires du Conseil en dressent les baux et adjudications, qui sont signées par M. le Chancelier et MM. les Surintendants, et en après en font leurs expéditions, et en gardent les minutes[5]. »

du duc d'Engbien, en 1643, dans le *Journal d'Olivier d'Ormesson*, tome I, p. 12. Le duc de Luynes expose tout le cérémonial de ces séances (tome V, p. 48).

1. *Mémoires du duc de Luynes*, tomes VIII, p. 142, et XIV, p. 289-291 et 326. On réunissait alors juste autant de commissaires qu'il y avait de députés du clergé. Voyez les articles Conférences et Contrats de la *Table raisonnée des matières contenues dans la nouvelle collection des procès-verbaux des assemblées générales et particulières du clergé de France* (1780).

2. *Almanach royal*, 1715, p. 65, et *État de la France* de 1663, tome I, p. 496-498. Comparez le règlement du 2 septembre 1624.

3. Les ventes de domaines par adjudication ne se faisaient pas au Conseil, ni même à Versailles, mais dans le séjour royal de Paris, au Louvre ou aux Tuileries (*Journal de Dangeau*, tome VI, p. 434; ci-dessus, p. 48).

4. *Journal de Dangeau*, tome XVII, p. 479 et 483. Louis XIV, dans les premiers temps, voulut assister aux adjudications (*Mémoires de Louis XIV*, tome II, p. 529).

5. *État des Conseils* de 1658, p. 7. A partir de 1700, il paraît qu'on prit l'habitude d'expédier les baux en commandement, sans adjudication préalable au Conseil (ms. Clairambault 827, fol. 161).

Ce sont ces contrats d'adjudication qui, jusqu'au dix-huitième siècle, conservèrent le nom générique de *résultats du Conseil*, appliqué aux procès-verbaux des séances dans les temps plus anciens où il n'y avait pas de minutes originales des arrêts[1].

Nous avons des procès-verbaux de publication et d'adjudication, avec spécimens d'affiches, dans une suite de registres « plumitifs » des deux directions, de 1694 à 1742, que possèdent les Archives nationales[2], et où il est très facile d'étudier la composition de ces assemblées, la nature des affaires qui étaient soumises à l'une comme à l'autre, et la manière dont elles fonctionnaient. Les dernières attributions dont je viens de parler sont ce qui leur est resté de l'ancien conseil « d'État et des finances[3]. »

L'*État de la France* de l'année 1698 (tome III, p. 8-9) s'exprime ainsi sur la petite direction[4] : « Elle se tient chez le chef du conseil, à qui la parole est toujours adressée, et qui prend les avis. Elle est composée du chef du conseil, du Contrôleur général des finances, qui n'y prend que son rang de conseiller d'État, du doyen du Conseil..., de deux directeurs des finances[5]..., de deux autres chefs de bureau[6], de M. le Peletier, ancien contrôleur général[7], et de six intendants des finances. Les gardes du Trésor royal[8] y ont aussi voix et séance. Tous ces Messieurs sont sur des fauteuils. Tous les maîtres des requêtes, en quartier ou non, peuvent y assister, et y sont assis sur des chaises à dos. C'est toujours un d'eux qui y rapporte. Le chef lui fait alors signe de se couvrir, et, à la fin du rapport, lui demande son avis, qui est compté ; mais les autres maîtres des requêtes, qui ne rapportent pas, ne disent point le leur. Les affaires qui s'y examinent sont celles où le Roi a intérêt et qui ne sont pas de grande discussion. Les maîtres des requêtes y disent un mot de celles qui doivent être portées à la grande direction, pour donner à juger si elles doivent être rapportées à la grande direction ou à la petite[9]. »

L'objet de la petite direction est de soulager la grande en expédiant

1. Voyez notre tome IV des *Mémoires*, p. 371, note 3, et ci-dessus, p. 47.

2. Registres E 1683[6-9].

3. Voyez les *Mémoires de Mathieu Molé*, tome I, p. 170-173, ou les *OEconomies royales*, remarques de Marbault, p. 13.

4. Voyez dans notre tome IV des *Mémoires*, p. 262, l'épisode relatif au contrôleur général le Peletier.

5. C'est-à-dire les deux conseillers au conseil des finances.

6. C'est-à-dire les deux conseillers d'État présidant par droit d'ancienneté les deux bureaux du Conseil chargés des matières de finances : ci-dessus, p. 57.

7. Démissionnaire en 1697.

8. Au nombre de deux.

9. Comparez l'*État de la France* de 1663, qui reproduit encore l'article des éditions antérieures à la constitution du conseil des finances, et l'*Encyclopédie méthodique — Jurisprudence*, tome III, p. 240-211.

les dossiers les plus « légers » déjà examinés dans un bureau du Conseil[1]. Les séances ont lieu au moins tous les quinze jours[2].

Le chef du conseil des finances reçoit, pour ces séances, un ameublement semblable à celui de la grande direction, et il lui est tenu compte de ses frais dans les rémunérations supplémentaires de sa charge.

Les deux directions se maintinrent même pendant la période des Conseils de la Régence. Peut-être alors y fit-on la modification indispensable que Saint-Simon réclamait en ces termes, dans les *Projets de gouvernement du duc de Bourgogne*[3] : « Il sera au pouvoir du Conseil d'y mander (à la direction ?) quelques conseillers d'État et maîtres des requêtes, lorsque les affaires de la direction seront d'une importance à lui faire désirer cette augmentation de lumières. Alors le chef en rendra compte au Roi et lui présentera une liste de noms, pour que le Roi ordonne à M. le Chancelier de les y envoyer, aux jour et heure marqués au bas de la liste, et pour continuer de s'y trouver jusqu'à la fin de l'affaire[4]. »

A la fin du règne de Louis XVI, les bureaux et commissions du Conseil furent réformés par un règlement du 27 octobre 1787. La grande direction devint alors « Conseil, » les deux bureaux des finances furent réunis en un seul « bureau de la grande direction, » et la petite direction se trouva remplacée par un comité des finances institué depuis le 5 juin précédent[5].

Outre les deux directions, l'*État de la France*[6] mentionne aussi « l'assemblée des intendants des finances, qui se tient chez le chef du conseil des finances. Elle est composée de ce chef lui-même, du Contrôleur général des finances, de M. le Peletier, ancien contrôleur général des finances, et des intendants des finances. C'est toujours un intendant des finances qui y rapporte…. Les affaires de finances se traitent aussi aux directions et aux assemblées des intendants des finances. »

1. Tolozan, *Règlement du Conseil*, p. 16 ; *Grand dictionnaire* d'Expilly, tome II, p. 456, et règlement du 15 septembre 1661.
2. Le mardi ou le samedi, jours de conseil des finances : voyez le *Journal de Dangeau*, tome I, p. 260, et le *Journal du P. Léonard*, ms. Fr. 10 265, fol. 89 v°. Selon l'*État des Conseils du Roi* de 1658 (p. 8), il y avait, au temps de la surintendance, séance le mardi, et quelquefois le vendredi.
3. Page 51. Le passage est douteux.
4. La liste de l'*Almanach royal* de 1716-1718 donne dix-huit noms de conseillers d'État faisant partie de la direction, conformément à ce qui est dit ci-dessus, p. 60.
5. *Anciennes lois françaises*, tome XXVIII, p. 456-458.
6. Année 1698, tome III, p. 8 et 10 ; voyez ci-dessus, p. 52 et 55.

LE CONSEIL D'ÉTAT D'EN HAUT.

Nous venons de voir, dans le conseil privé, un tribunal suprême délibérant et jugeant par lui-même, en toute indépendance, quoique ses arrêts soient rendus sous le nom du Roi. Les conseils dont je vais exposer maintenant l'organisation et le fonctionnement, et qui sont au nombre de trois, comme il a été dit au début de cette notice, représentent, tout au contraire, des conseils de ministres purement consultatifs, alors même que le souverain leur donne, en apparence et passagèrement, le caractère de juges : différence capitale, mais qui ne doit pas pourtant faire oublier que les uns et les autres ne sont, après tout, qu'un seul et même corps, une seule et même émanation du pouvoir royal.

De tout temps, les Rois eurent à leurs côtés un conseil intime, composé d'un nombre aussi restreint que possible de proches parents, de ministres ou de familiers, pour y délibérer avec autant de discrétion que de gravité sur les questions les plus importantes de la politique ; mais l'appellation de ce conseil, comme sa composition, ont changé suivant les temps et les circonstances. Des différentes dénominations successivement usitées : *grand* conseil, conseil *secret*, conseil *étroit*, conseil *du Roi*, conseil *des affaires*, conseil *privé*, conseil *de cabinet*, conseil *d'en haut*, conseil *d'État*, les deux dernières seules ont subsisté, tandis que les autres ou tombaient hors d'usage, ou, comme celle de conseil *privé*, changeaient d'affectation. Conseil *d'État*[1] est l'appellation officielle depuis le jour où Louis XIV a recueilli le pouvoir des mains du cardinal Mazarin, et c'est la plus juste, la plus expressive de toutes, pour désigner une réunion de conseillers où se débattent les intérêts politiques de l'État ; mais, dans le langage usuel, conseil *d'en haut* continue à s'employer couramment[2], quelle que soit l'étymologie du mot[3], et au

1. Ce nom se trouve, pour la première fois peut-être, dans l'ordonnance de Moulins du 18 février 1566, puis dans celles de 1582, 1585, etc.

2. « Le conseil *secret* ou *du cabinet*, autrement nommé conseil *d'en haut*, » dit François Duchesne, en 1662, dans son *Nouveau style du Conseil* (p. 482). Le grand nouvelliste de *la Comtesse d'Escarbagnas* (scène I) « est informé de tout ce qui s'agite dans le conseil d'en haut du Prête-Jean ou du Grand-Mogol. » Quoique Delisle de Hérissé, dont l'*Histoire des Conseils* date de 1702, dise (ms. Lancelot 100, fol. 21 v°) que l'expression *d'en haut* n'est plus usitée depuis quarante ans (peut-être dans le langage officiel), on en trouve encore la définition dans la première édition (1694) du *Dictionnaire de l'Académie*, aussi bien que dans le *Dictionnaire de Trévoux*, qui dit à la fin du règne de Louis XV (art. CONSEIL, p. 823 du tome II) : « Conseil *des affaires étrangères*, conseil *d'État* ou conseil *d'en haut*, c'est un conseil où sont traitées les affaires d'État, de la paix, de la guerre, et autres dont le Roi veut prendre connoissance en personne. *Consilium sanctius, secretius.* »

3. Aux quatorzième et quinzième siècles, il y avait un *consilium superius*,

contraire conseil *de* ou *du cabinet* a disparu, ainsi que conseil *étroit* et
conseil *secret*, encore usités sous Louis XIII. Quelques personnes, Dangeau par exemple [1], disent parfois : le conseil *royal*; mais cette qualification prête à confusion avec le conseil *royal des finances* [2]. Peut-être
l'expression la plus correcte et la plus significative serait-elle celle dont
se sert, à la fin du siècle, le diplomate prussien Ézéchiel Spanheim [3] :
conseil *du Ministère*, puisqu'il s'agit de la réunion des ministres avec
lesquels le Roi délibère sur la conduite des affaires politiques. J'ajoute-
rai enfin que beaucoup de contemporains, Saint-Simon comme les autres,
emploient couramment le mot *Conseil* tout court, aussi bien pour ce
conseil des ministres que pour celui des parties ou pour l'un des autres
que nous étudierons à leur tour : si, en principe, ils ont raison, puisque
le conseil du Roi est une entité unique, en fait leur façon de s'exprimer
est tout au moins regrettable au point de vue de l'historien, qui se
trouve contraint de recourir à une vérification minutieuse pour déterminer de quelle « séance » du Conseil ils parlent.

Comme les autres conseils, celui-ci n'est définitivement constitué que
depuis l'époque où Louis XIV a pris les rênes du gouvernement; mais il
existait auparavant, à peu près avec les mêmes attributions. « Le conseil *d'en haut*, dit un écrivain du temps de Richelieu [4], est celui où se
traitent les affaires qui ont rapport à la manutention et conservation
de l'État, ou aux alliés et confédérés de la couronne, soit en paix, soit
en guerre; et en ce conseil nos Rois n'appellent que les princes et principaux officiers de la couronne, et quelques-uns des plus féaux et expérimentés de leurs conseillers d'État. Ce conseil se tient où il plaît au
Roi, et il n'y a aucun de ceux.... [5] de quelque qualité ou condition
qu'il puisse être qui se puisse ou doive offenser, s'il n'y est appelé. »

Un autre document, qui se rapporte à peu près au temps de la minorité de Louis XIV, et que j'ai déjà cité d'après Guillard, dit que les attributions du premier conseil d'État [6] se peuvent diviser en trois classes :

dont Pardessus parle dans la préface du tome XXI des *Ordonnances des
rois de France*, p. LXX. Conseil *d'en haut* signifie-t-il le conseil supérieur
par excellence, ou bien celui qui se tenait à l'étage d'en haut du palais du
Louvre, du Palais-Royal, des châteaux de Saint-Germain ou de Versailles,
comme on disait conseil *de l'entresol*, quand il se tenait dans une petite
pièce de l'appartement de Marie de Médicis, ou conseil *du cabinet*, quand
le lieu de la séance était cette autre partie de l'appartement royal ?

1. *Journal*, tomes III, p. 371, V, p. 449, etc. — 2. Ci-après, p. 121-122.
3. *Relation de la cour de France en 1690*, p. 159.
4. Addition de J. Joly aux *Trois livres des offices de France*, d'Étienne
Girard; cité par M. Caillet, dans *l'Administration en France sous le ministère du cardinal de Richelieu*, tome I, p. 33. Il n'est pas question cependant
de conseil d'État dans le projet de règlement fait par le cardinal en 1625.
Il y a plusieurs pages intéressantes sur le conseil d'État de ce règne dans le
livre de M. d'Avenel sur *Richelieu et la monarchie absolue*, tome I, p. 40-55.
5. Il doit y avoir une lacune; nous citons exactement.
6. C'est le conseil « pour les affaires d'État, les affaires de la guerre et

« La première comprend toutes les affaires pures d'État et de la couronne ; la seconde, toutes les négociations, alliances et traités avec étrangers non confédérés ; la troisième, les différends qui naissent, et les règlements qui se font entre les officiers de la couronne, les ecclésiastiques, la noblesse et le tiers état.

« A la première classe se rapportent les affaires de la guerre, les secrètes intentions du Roi, la nécessité et la consommation des finances, la disposition des hautes charges et gouvernements ; et en ce conseil n'assistent que Leurs Majestés, le ministre, le secrétaire et les conseillers d'État affidés.

« A la seconde se rapportent les affaires plus publiques, comme les traités de paix, de mariages, d'alliances, la distribution des emplois pour les armées, tant par terre que par mer, et des entreprises qui se doivent faire pour les sièges de villes, les batailles, et de la proposition des édits ; et en ce conseil tous les ministres et maréchaux de France assistent.

« A la troisième se rapportent les affaires moins particulières à l'État, comme la décision des différends, et les règlements de charges des maréchaux de France, gouverneurs de provinces, généraux d'armées, officiers de la maison du Roi, prises de vaisseaux, droits de représailles, les intérêts des trois états, la résolution des édits, la contention d'entre les Cours ; et il est à observer que Leurs Majestés, non plus que le ministre, n'assistent que rarement à ce conseil, où toujours Mgr le Chancelier préside, et où les Surintendants sont appelés ; et toutes les délibérations qui s'y prennent s'expédient par déclarations, ordres du Roi ou arrêts en commandements[1]. »

Au sortir de la Fronde, en 1653, l'ambassadeur vénitien Michel Morosini[2] compte quatre conseils : de marine, de conscience, des finances et des dépêches, et, au-dessus de tout, le conseil suprême, où siègent le Roi, la Reine et tous les ministres d'État, avec le duc d'Orléans, les princes de Condé et de Conti, le cardinal Mazarin, le duc de Longueville, le Garde des sceaux, le Surintendant, M. Servien, le duc de Vendôme, les maréchaux du Plessis-Praslin et de Villeroy, et enfin les secrétaires d'État, appelés chacun séparément selon l'occurrence. « Ce conseil, dit-il, est l'âme de l'État ; c'est de lui que dépendent la guerre ou la paix, le soulagement ou l'accablement des peuples : en un mot, la décision de toutes les affaires. »

Vers la fin du ministère de Mazarin, on trouve une répartition toute différente des attributions que nous venons de voir réunies d'après Guil-

---

les affaires étrangères, » qui, en février 1643, se compose de Mazarin, du Chancelier, du surintendant Bouthillier et des secrétaires d'État Chavigny et de Noyers ; en novembre 1650, de la Reine, du duc d'Orléans, du Garde des sceaux, du Surintendant, de M. Servien et de M. de la Rivière (*Journal d'Ol. d'Ormesson*, tome II, p. 637 et 645).

1. Guillard, *Histoire du Conseil du Roi*, p. 85.
2. *Relazioni*, coll. Berchet et Barozzi, série FRANCIA, tome II, p. 510.

lard. Ainsi l'*État des Conseils du Roi* imprimé en 1658[1] distingue : le conseil *secret*, « où l'on traite d'affaires secrètes, composé du Roi, de la Reine, du premier ministre, et de ceux des princes et autres ministres que l'on y appelle[2] ; » le conseil d'*en haut*, « où l'on agite les affaires importantes ou autres qui regardent le général de l'État, » et le conseil de *guerre*. Il dit du second de ces conseils : « Il se tient dans la chambre du Roi, où S. M. assiste, et la Reine, le premier ministre et les autres ministres d'État, avec M. le Chancelier, MM. les Surintendants des finances, et autres qu'il platt à S. M. d'y admettre et à la confidence de ce qui s'y doit traiter et résoudre. En ce conseil, chacun demeure debout, à cause de la dispute des rangs ; toutefois, lorsqu'il est question de travailler à des affaires qui regardent le général de l'État, comme celles que l'on a avec les princes et les États alliés, et autres étrangers, on y appelle tous les ministres ; et bien souvent, quand il s'agit des affaires de finance, les Contrôleurs généraux y sont appelés ; comme pareillement, lorsque quelqu'un de MM. les maltres des requêtes est chargé d'affaire de grande importance, il entre en ce conseil et y fait son rapport. »

Même division et mêmes dénominations[3] dans l'*État de la France* de 1661, qui ne fait, très probablement, que copier le document précédent, car cette publication périodique eut longtemps l'habitude de réimprimer, sans souci de l'exactitude, des pages antérieures de ses anciennes éditions, et c'est seulement en 1689[4] que nous y trouvons cette première mention, au sujet des occupations du Roi[5] : « Mercredi, conseil d'*État royal*, où MM. les ministres assistent avec le Roi, M. de Louvois, M. de Croissy, le Contrôleur général, tous trois ministres d'État. Le jeudi et le dimanche, de même. » Mais ce conseil avait déjà près de trente années d'existence. Louis XIV l'avait créé au lendemain même de la mort de Mazarin, comme l'attestent plusieurs contemporains, et l'on peut même suivre, dans ses *Mémoires pour l'instruction du Dauphin*[6], les phases diverses de l'organisation. « Dans les intérêts les plus importants de l'État, dit-il, [et dans] les affaires secrètes, [où le pe-

1. Brochure in-4° (Arch. nat., K 118, n° 88[2]), p. 3 et 4.

2. C'est l'ancien conseil *des affaires*, dont je compte retracer l'histoire de François Ier à Louis XIII.

3. On retrouve à peu près les mêmes aussi, cinquante ans plus tôt, dans le projet d'organisation de Sully que feu M. Pierre Clément a fait connaître (*Portraits historiques*, p. 495-502), et dans les propositions présentées aux Notables de 1617 (G. Picot, *Histoire des États généraux*, tome III, p. 426-427).

4. Les éditions de 1665 (tome II, p. 66), 1672, 1678, 1686, etc., ne mentionnent qu'un « conseil de *guerre* qui se tient dans la chambre du Roi, où S. M. se trouve ordinairement avec les princes, les maréchaux de France et autres seigneurs qui ont servi de lieutenants généraux dans les armées qui y sont appelés. » Delisle de Hérissé dit (ms. Lancelot 100, fol. 22 v°) que ce conseil cessa d'exister en 1677, et que ses affaires passèrent au conseil d'État.

5. Tome I, p. 219.

6. *OEuvres de Louis XIV*, tome I, p. 30-36 et 41, et *Mémoires de Louis XIV*, tome II, p. 388. Les mots entre crochets sont ajoutés par Pellisson.

tit nombre de têtes est à desirer autant qu'autre chose], et qui seules demandoient plus de temps et plus d'application que toutes les autres ensemble, [ne voulant pas les confier à un seul ministre, les trois que je crus y pouvoir servir le plus utilement] furent le Tellier, Foucquet et Lionne[1].... » Un courtisan contemporain, le maréchal de Gramont, après avoir raconté la mort du cardinal, ajoute[2] : « Le lendemain..., toutes les affaires changèrent de face à la cour : le Roi, quoiqu'à la fleur de son âge et au milieu de ses plaisirs, prit seul le timon de l'État et se livra entièrement aux affaires.... La Reine sa mère, qui avoit été régente si longtemps, n'eut plus de part aux affaires, non plus que les princes du sang et les plus grands seigneurs de France, qui, jusques alors, avoient été admis dans les Conseils et fait une figure distinguée. Tout le gouvernement de l'État fut renfermé en la personne du Roi et en trois ministres dont il forma son conseil étroit : M. le Tellier pour la guerre, M. de Lionne pour les affaires étrangères et M. Colbert pour les finances[3]. Tout le reste fut congédié. » Telle est l'origine du conseil que nous avons à étudier en ce moment, et dans lequel se concentra pendant plus d'un demi-siècle le gouvernement de Louis XIV, « le seul conseil suprême, dit quelque part Saint-Simon[4], et à l'égard duquel tous les autres ne soient proprement que conseils consultatifs. »

Pour celui-ci comme pour les autres, j'exposerai d'abord les attributions, puis la composition, le fonctionnement et le travail particulier.

Spanheim dit[5] : « C'est dans ce conseil du Ministère que se traitent toutes les grandes affaires de l'État, tant de paix que guerre ; que les ministres qui y entrent y font rapport de celles de leur département particulier ; qu'on lit les dépêches des ministres du Roi dans les cours étrangères, les réponses qu'on y fait, et les instructions qu'on leur donne :

---

1. « Tous créatures de Mazarin, qui, après les avoir comblés durant sa vie, avait voulu les léguer au Roi, comme les sujets les plus habiles, les seuls capables de ne point travailler les uns contre les autres et de concourir cordialement au bien de l'État. Ils se partagèrent les emplois : à l'un, l'intérieur et les troupes ; au second, les finances ; au troisième, les affaires étrangères.... » (Rapport d'Alvise Grimani, dans la même série de *Relazioni*, tome III, p. 82.) M.-A. Giustiniani disait de même, quelques années plus tard, en 1668 (*ibidem*, p. 179 et 189) : « C'est sur ces trois hommes que repose toute la masse du manège (*la mole del maneggio*) et la charge des évolutions, non seulement de la France, mais je dirais volontiers de l'Europe entière. Grâce à la bonne intelligence, et plus encore à l'affinité d'intérêts qu'il y a entre eux, on peut croire qu'ils se perpétueront dans le ministère. Cette triade parfaite est unie indivisiblement pour le service du Roi : c'est une image sur terre de la céleste Trinité.... » Comparez la relation de J. Morosini (1671), p. 209-211.

2. *Mémoires du maréchal de Gramont*, p. 328.

3. Colbert en effet renversa et remplaça Foucquet au bout de quelques mois : voyez ci-après la note 2 de la page 79.

4. *Projets de gouvernement du duc de Bourgogne*, p. 61.

5. *Relation de la cour de France en 1690*, p. 159.

qu'on y délibère sur les traités, les alliances et les intérêts de la couronne avec les puissances étrangères ; enfin qu'on y propose et qu'on y résout tout ce qui regarde le gouvernement et qui peut être de quelque importance pour le Roi, pour la cour, pour l'État, en un mot, pour le dedans et pour le dehors du Royaume. »

Jusqu'à quel point les membres de ce conseil étaient-ils tous associés à la pensée intime du souverain, et participaient-ils à ses décisions politiques ? Il faut citer à ce sujet quelques lignes d'une lettre anonyme au Roi (avril 1712) qui est attribuée à Saint-Simon, et que M. Faugère a publiée en 1882 [1] : « Les affaires étrangères sont les seules qui ont un peu plus d'assujettissement (que les autres départements) au conseil d'État. Les lettres y sont vues et résolues, et il n'y a point de travail à part tête à tête qui gouverne réglément [2] ces matières comme toutes les précédentes ; mais le ministre de ce département a des ressources contre le conseil d'État.... Les ambassadeurs, envoyés et autres.... ne peuvent écrire qu'à lui tout seul, et, lui comme ses confrères, il a droit et usage d'ouvrir seul et sans Votre Majesté les dépêches qui lui sont adressées, et d'y faire les réponses.... Jamais les lettres du dehors ne sont portées au conseil d'État que par extraits tels qu'il plaît au secrétaire d'État, et jamais les instructions ni les lettres et réponses pour les ambassadeurs et autres employés au dehors ne sont lues au conseil d'État. Elles y sont résolues en gros, et après rarement apportées à voir à Votre Majesté en particulier, et toujours expédiées au gré du ministre. »

« On peut assez juger, dit Spanheim [3], quelle réflexion mérite, à l'égard de l'intérêt public et de la France et des étrangers, surtout des puissances voisines, le choix des personnes qui sont appelées à ce conseil, et chargées par là de tout le secret et de toute la direction des affaires de la nature et de l'importance de celles dont je viens de parler. » Fidèle à cette règle de gouvernement absolu, Louis XIV restreignit toujours son principal conseil. C'est à peine s'il y admettait son héritier : « Monseigneur.... avoit près de trente ans quand il entra au conseil d'État. Monsieur n'y est jamais entré, ni au conseil des finances [4] ; à plus forte raison Monsieur son fils, ni pas un des princes du sang, pas même MM. du Maine et de Toulouse, et si distingués en faveur [5] ! » Ce fut seulement le 25 juillet 1691 que le grand Dauphin prit séance, en même temps que MM. de Pomponne et de Beauvillier : « Le Roi dit à Monseigneur qu'il vouloit dorénavant qu'il fût de tous ses conseils, et, ces deux ministres étant venus pour la première fois au conseil d'État, il commença par instruire Monseigneur, en bon père et en monarque très juste et très habile, de tous ses devoirs et de la manière dont il devoit

---

1. *Écrits inédits*, tome IV, p. 35-36.
2. M. Faugère a lu : « gouverne, règlemente. »
3. *Relation de la cour de France*, p. 160.
4. Voyez les *Mémoires de l'abbé de Choisy*, p. 632-633.
5. Addition de Saint-Simon au *Journal de Dangeau*, tome II, p. 152.

entrer dans les affaires pour devenir un jour un grand roi, qui gouvernât ses peuples avec justice et avec piété, et qui fût plutôt le père que le maître de ses sujets. Il parla à Monseigneur avec tant de force et de tendresse, que Monseigneur ne put s'empêcher de se jeter à ses genoux pour lui témoigner son respect et sa reconnoissance. Ensuite le Roi, se tournant vers ses deux nouveaux ministres, leur fit le plan de toutes les affaires de l'Europe, leur dit toutes les raisons qu'il avoit eues d'agir comme il avoit fait jusqu'alors, leur apprit tous les intérêts des princes étrangers et toutes leurs liaisons, leur découvrit les desseins qu'il avoit pour l'avenir et les moyens qu'il avoit de les exécuter. Enfin, pendant plus d'une heure que son discours dura, il ne prit jamais une parole pour l'autre, et leur parla avec tant de force, d'éloquence et de justesse, qu'ils sortirent du Conseil pénétrés de la beauté de son génie, qui n'avoit été cultivé par aucune science[1]. »

Monseigneur justifia la confiance de son père par une rare discrétion[2]; mais il n'assistait qu'en oisif aux séances, lorsque la chasse lui laissait quelque liberté[3], et, « tout noyé dans la graisse et dans l'apathie, » nous ne le verrons prendre part aux délibérations que lorsqu'il s'agira d'accepter la couronne d'Espagne pour son second fils[4]. Au contraire, et quoique beaucoup plus jeune, le duc de Bourgogne marquera une grande assiduité dès qu'il aura été appelé à ce conseil. « Le lundi 4 décembre (1702), disent les *Mémoires*[5], au sortir du conseil de dépêches, où étoit Mgr le duc de Bourgogne, le Roi lui dit qu'il lui donnoit l'entrée du conseil des finances et même du conseil d'État, qu'il comptoit qu'il y écouteroit et s'y formeroit quelque temps sans opiner, et qu'après cela il seroit bien aise qu'il entrât dans tout. Ce prince s'y attendoit d'autant moins que Monseigneur n'y étoit entré que beaucoup plus tard, et fut fort touché de cet honneur. Mme de Maintenon, par amitié pour Mme la duchesse de Bourgogne, y eut grand part, ainsi que le témoignage que rendit le duc de Beauvillier de la maturité et de l'application de ce jeune prince. » Celui-ci ne se montra pas seulement exact et attentif aux séances, mais travailla beaucoup en dehors, pour « se rendre capable d'affaires de guerre et de paix[6]. »

1. *Mémoires de Sourches*, tome III, p. 442; comparez le *Journal de Dangeau*, tome III, p. 370.

2. « Aussi impénétrable sur les secrets que le Roi, » dit Dangeau (tome XII, p. 348); et l'abbé de Choisy (p. 579) : « Il a été éprouvé plusieurs fois, et reconnu fort secret. »

3. « Monseigneur étoit assidu aux conseils d'État; mais, quoiqu'il eût la même entrée en ceux de finance et de dépêches, il n'y alloit presque jamais. » (*Mémoires de Saint-Simon*, tome VIII, p. 267.)

4. *Mémoires de Saint-Simon*, tome II de 1873, p. 392. Torcy ne parle guère du prince, dans le *Journal* édité par M. Frédéric Masson (1884), que pour dire qu'il n'est pas « harangueur ».

5. Tome III de 1873, p. 354.

6. *Journal de Dangeau*, tomes IX, p. 300, et XIV, p. 72; *Projets de gouvernement du duc de Bourgogne*, p. 62; *Éloge du duc de Bourgogne par*

Plus de premier ministre primant ou suppléant le Roi. Cette maxime[1]
fut maintenue rigoureusement de 1661 à 1715. Louis XIV, dit notre
auteur[2], était « trop jaloux de son autorité et de sembler tout faire »
pour se résoudre à la moindre apparence de sujétion. Sur ce point, il
l'approuvait absolument : nous en avons la preuve dans un grand discours qu'il adressa au Régent, en 1722, pour dissuader ce prince de
mettre le pouvoir aux mains de Dubois, et qu'il appuya d'argumenta-
tions historiques[3]. On sait qu'il n'eut pas gain de cause et que l'héritage
des Richelieu, des Mazarin fut reconstitué, à plus d'un demi-siècle de
distance, pour le trop célèbre cardinal Dubois. C'était précisément
manquer à cette seconde maxime du feu roi : point d'ecclésiastiques,
point de cardinaux surtout, dans le conseil suprême[4] ; les prélats, les
prêtres ne sauraient avoir de place et de rôle que dans le conseil
« de conscience[5] » ou dans celui des parties[6], et leur influence sur le

Saint-Simon, publié en 1880, p. 9-10. — Le Dauphin, fils de Louis XV, n'entra
dans ce conseil que le 13 janvier 1757, à la suite de l'attentat de Damiens,
ayant vingt-sept ans et demi. Au contraire, le Régent fit entrer son fils dans
tous les conseils dès 1717 ou 1718, à quinze ans.

1. « Je résolus, sur toutes choses, de ne point prendre de premier ministre…, rien n'étant plus indigne que de voir d'un côté toute la fonction,
et de l'autre le seul titre de roi…. Pour ce dessein, il étoit absolument nécessaire de partager sa confiance et l'exécution de ses ordres, sans la donner
tout entière à pas un. » (*Œuvres de Louis XIV*, texte arrangé par Pellisson,
tome I, p. 27-28 ; comparez les *Mémoires de Louis XIV*, tome II, p. 385.) Il
faut rapprocher de cette phrase l'opinion toute contraire de Fontenay-
Mareuil, qui écrivait en 1622 : « Lorsqu'on fut arrivé à Paris, le Roi tenoit
souvent des conseils où entroient Monsieur le Prince, le cardinal de Retz,
M. le Chancelier, le Garde des sceaux, M. de Schonberg et les quatre secrétaires d'État, et ne faisoit rien que par eux. Cette manière de gouverner
ne plut à guère de gens, et il y en avoit beaucoup qui croyoient que, dans les
grands États, le gouvernement d'un seul est toujours le meilleur, et que, quand
les rois ne sont pas assez forts pour gouverner eux-mêmes, il vaut mieux
qu'ils en laissent la conduite à celui qu'ils en jugent le plus capable, qu'à
un conseil ; se plaignant des longueurs qu'on apportoit à l'expédition des
moindres choses, qu'on ne savoit à qui s'adresser pour tout ce qu'on vouloit
demander, qu'ils étoient tellement divisés qu'il suffisoit d'être bien avec un
pour être mal avec les autres, qu'ils s'opposoient souvent aux meilleurs
avis par jalousie de la gloire et de l'avantage qui en reviendroit à ceux qui
les donnoient ; et autres inconvénients qui ne se peuvent presque éviter
dans les compagnies qui n'ont point de chef assez autorisé pour les régler
et les tenir dans le devoir. » (*Mémoires de Fontenay-Mareuil*, p. 165.)

2. Dans notre tome IV des *Mémoires*, p. 76-77.

3. *Mémoires*, tome XIX de 1873, p. 16-20, 27-28, 33-46.

4. Notre tome IV, p. 76-77 et 275-276. C'est le Parlement qui avait exigé,
en 1651, que l'entrée des Conseils fût fermée à tous les cardinaux, même français, comme ayant prêté serment à un supérieur étranger. (*Procès-verbaux
des assemblées du clergé de France*, tome III, p. 663 et suivantes ; *Journal d'Olivier d'Ormesson*, tome II, p. 770 ; *Mémoires d'Omer Talon*, p. 414-422 et 432.)

5. Ci-après, p. 147. — 6. Ci-dessus, p. 17.

Roi ne doit pas s'étendre au delà de la sphère religieuse ; si elle en franchit les limites, et, dans certaines circonstances, pèse sur les déterminations du souverain, ce ne peut être, comme Saint-Simon le déclarera à plusieurs reprises, que par une action purement morale, sans caractère officiel.

Quand Louis XIV atteignit sa majorité, le conseil d'en haut était « rempli de beaucoup de grands seigneurs, » nous dit André d'Ormesson[1] : on y comptait, outre la Reine, le Chancelier et le Garde des sceaux, les deux surintendants et le premier ministre, trois princes du sang, quatre autres princes, quatre secrétaires d'État et six maréchaux de France. Mazarin mort, le jeune roi mit bon ordre à cette affluence inutile, et, jusqu'aux derniers jours de son règne, le conseil d'État d'en haut fut aussi peu nombreux que possible : trois, quatre ou cinq membres au plus. Spanheim suppose plusieurs raisons d'agir ainsi : ou bien le Roi a voulu exclure du Conseil les princes, les grands seigneurs, les officiers de la couronne, et abaisser ainsi l'autorité de cette noblesse qui lui a suscité tant de « méchantes affaires » pendant la Minorité ; ou bien il lui a semblé prudent de réserver le secret des affaires et des délibérations les plus importantes à un très petit nombre de conseillers d'une fidélité éprouvée ; ou encore espère-t-il « paroître d'autant plus, et au dedans et au dehors du Royaume, le maître des affaires et revêtu de toute l'autorité du gouvernement, en n'y admettant au maintien et à l'expédition des mêmes affaires qu'un si petit nombre de personnes, qui ne tiroient d'ailleurs tout leur éclat et leur considération que des bienfaits, des bonnes grâces et de la confiance de leur roi ; » ou peut-être enfin redouterait-il, si ses choix étaient moins circonscrits, de retomber sous le joug d'un premier ministre[2]. Ainsi, ajoute Spanheim, « l'amour-propre, les sentiments de la gloire, la défiance, la jalousie, l'esprit de vengeance, d'épargne et de précaution se joignirent ensemble, ou eurent au moins leur part dans cette forme du gouvernement et du ministère qui s'établit, et qui subsiste depuis la mort de ce cardinal[3]. »

Les membres du conseil d'État d'en haut recevaient le nom de « ministres d'État[4], » ou plus absolument de « ministres, » qu'il ne faut

1. Fragment reproduit à la suite du *Journal d'Ol. d'Ormesson*, tome II, p. 674 et note, sous la date de juillet 1653.

2. Gourville (p. 588) dit aussi que, pour cette raison, le Roi évitait avec grand soin qu'aucun ministre n'empiétât sur le terrain de ses collègues. Louis XIV a lui-même insisté, dans ses *Mémoires* (tome II, p. 267-269), sur la nécessité de tenir la balance égale entre les ministres et d'éviter qu'un d'eux, « par l'inclination du prince ou par son industrie, ne vienne à se distinguer de ses pareils. »

3. *Relation de la cour de France en 1690*, p. 163-164.

4. Les *OEconomies royales* (tome II de l'éd. Michaud et Poujoulat, p. 99) parlent, en 1605, des « *ministres d'État* auxquels le Roi communiquoit le plus des affaires d'icelui. » Le livre du *Ministre d'État* de Jean Silhon, académicien et conseiller d'État, est daté de 1631-1643 ; l'*Histoire des ministres d'État*, par Ch. de Combault, baron d'Auteuil, est de 1642.

donc point que nous appliquions aux simples secrétaires d'État non honorés de cette dignité[1].

En latin, dans les inscriptions, dans les légendes de portraits ou de médailles, on disait : *Regni administer*.

A trois exceptions près, ce fut parmi les secrétaires d'État que Louis XIV choisit toujours ses ministres; mais aucun d'eux ne faisait de droit partie du Conseil, pas même celui des affaires étrangères, dont la présence était cependant le plus nécessaire en raison des attributions politiques qui afféraient à son département[2]. Torcy, par exemple, alors même qu'il fut devenu titulaire par la mort de son père, dut faire un stage de deux ou trois ans[3], pendant lequel il apportait les dossiers jusque dans le cabinet du Conseil ou dans la chambre royale, mais les laissait présenter par son beau-père Pomponne, qui avait depuis longues années le titre de ministre d'État, et qui inscrivait en apostille sur chaque pièce les résolutions prises par le Roi, pour que le jeune secrétaire d'État fît faire les expéditions conformes[4].

Quoi qu'en dise Spanheim[5], le secrétaire d'État de la guerre n'avait pas plus de droits positifs que celui des affaires étrangères : Barbezieux mourut de chagrin de n'avoir pu entrer au Conseil[6].

En règle générale, aucun secrétaire d'État n'obtenait cette marque suprême de confiance qu'après avoir eu le temps de prouver sa capacité, son application, son zèle, sa discrétion[7], et d'autres que Bar-

---

1. Le *Dictionnaire de Trévoux* dit : « Le secrétaire d'État qui a le département des affaires étrangères est ministre-né, attendu que sa fonction l'appelle nécessairement au conseil des affaires étrangères ; on l'appelle ordinairement ministre des affaires étrangères. Les autres secrétaires d'État n'ont la qualité de ministre que quand ils sont appelés au conseil d'État ; alors le secrétaire d'État de la guerre prend le titre de ministre de la guerre, le secrétaire d'État de la marine celui de ministre de la marine…. Le Contrôleur général est quelquefois appelé ministre des finances ; il n'a le titre de ministre d'État que quand il est appelé au conseil d'État. Les ministres d'État s'appellent aussi absolument *ministres*…. » On voit donc comment, dans le langage courant, l'appellation de *ministre* a fini par s'appliquer indistinctement à tous les membres du gouvernement, surtout lorsque l'institution des ministres d'État sans portefeuille eut disparu.

2. Voyez, dans les *Mémoires du marquis d'Argenson*, tome II, p. 131 et suivantes, des considérations sur le rôle ingrat qui incombait au ministre des affaires étrangères. Torcy se plaint souvent aussi, dans son *Journal inédit*.

3. Il est porté par l'*État de la France* de 1698, tome III, p. 6 et 8, au nombre des ministres d'État, mais n'en a pas le titre dans l'article où sont énumérées, un peu plus loin (p. 25), ses qualités.

4. *Journal de Dangeau*, tomes V, p. 449, VI, p. 158, VII, p. 43 et 148; *Mémoires de Saint-Simon*, tome IV de 1884, p. 274-276, et tome II de 1873, p. 183.

5. *Relation* précitée, p. 160-163. Spanheim écrivait du vivant de Louvois.

6. *Mémoires de Saint-Simon*, tome II de 1873, p. 416-417.

7. On signala comme un fait extraordinaire, unique, que Voysin fût fait ministre le lendemain du jour où il remplaça Chamillart à la guerre (*Journal de Dangeau*, tome XII, p. 445 ; *Mémoires*, tome VI, p. 450).

bezieux n'y parvinrent jamais : par exemple, Châteauneuf, son père et son fils. De même pour le Contrôleur général des finances, si vaste que fût son domaine [1] : Claude le Peletier fut nommé ministre d'État le jour même ou le lendemain du jour où il prit la succession de Colbert ; mais Pontchartrain attendit plus d'un an, Chamillart quatorze mois, et Desmaretz neuf mois. Sous Louis XV, Orry resta six ans sans entrer au Conseil [2], mais parce qu'il avait refusé une première fois le titre de ministre [3]. Même observation encore pour le chef du conseil des finances [4] : quoique investi de toute la confiance de son ancien élève, le premier maréchal de Villeroy ne fut que ministre *in partibus*, « sans en faire la fonction, ni être appelé au conseil du Ministère qu'en des cas extraordinaires [5]. » Son successeur, le duc de Beauvillier, n'eut une place de ministre qu'au bout de six ans. Enfin le Chancelier lui-même, appelé à représenter, à suppléer le Roi dans les autres conseils, n'était point ministre de droit : Séguier, Boucherat ne le furent jamais [6], ni Daguesseau sous Louis XV [7].

1. Spanheim se trompe encore sur ce point, parce qu'il n'avait connu aux finances que Colbert et le Peletier. Du temps où il y avait des surintendants, il leur fallait une nomination spéciale pour avoir entrée et séance. (Règlement du 2 septembre 1624.)

2. Ci-dessus, p. 11.

3. *Mémoires de Luynes*, tome I, p. 123 : « Il y a trois ans qu'il avoit refusé cette même place dans le conseil d'État ; l'on vouloit alors qu'il remît au Roi celle de conseiller d'État. Aujourd'hui le Roi lui permet de la garder. » Sous Louis XVI, Necker se retira une première fois du Contrôle parce que sa religion ne lui permettait pas d'être ministre, et il ne reprit les finances en 1788 qu'à condition d'être nommé du Conseil.

4. Ci-après, p. 123.

5. *Relation* de Spanheim, p. 161. Saint-Simon dit de même : « Le maréchal de Villeroy en demeura là et ne fut jamais ministre d'État ; mais il fut toute sa vie dans un crédit et une considération infinie. » (*Écrits inédits*, tome IV, p. 439; comparez les *Mémoires*, tomes VI, p. 441, et XII, p. 20.) Dangeau dit aussi qu'il ne fut pas ministre (*Journal*, tome XV, p. 237); ni la *Gazette*, ni son acte mortuaire (*Dictionnaire critique* de Jal, p. 1272) ne lui en donnent le titre. Il ne l'a pas à son article de duc et pair de l'*État de la France* de 1682, tome II, p. 27, mais à l'article du conseil des dépêches, p. 207. En fait, il avait reçu le titre de ministre dès le mois de décembre 1648.

6. *Mémoires de Saint-Simon*, tome II de 1873, p. 218.

7. *Mémoires de Villars*, p. 374, à l'année 1730, et *Almanach royal*. Dangeau écrit (tome VII, p. 148, à la date du 10 septembre 1699) : « Au conseil d'État, il faut être ministre pour y assister, et souvent les Chanceliers ne le sont pas. » Sur quoi Saint-Simon a fait une note qui semble prouver qu'il lisait parfois légèrement le texte si précis et si exact de Dangeau. — Un siècle plus tard, Sénac de Meilhan disait encore la même chose que Dangeau : « Le Chancelier était rarement de ce conseil, dont les objets étaient absolument étrangers à son ministère ; et, comme le rang supérieur que lui donnait sa charge semblait lui accorder une prééminence qu'il aurait pu, dans quelques circonstances, ne pas borner à la séance, sa dignité était un obstacle à son ambition. » (*Du gouvernement, des mœurs et des conditions en France avant la Révolution*, éd. 1862,

A part les deux ou trois nominations faites en dehors du corps des secrétaires d'État, on ne trouve, dans la chronologie des ministres de Louis XIV, que des noms appartenant à cette noblesse de robe ou de plume que Saint-Simon qualifiait de « pleine et parfaite roture[1], » des gens à qui il fallait « faire des généalogies[2]. » Le Roi se plaisait à les tirer du néant, et, comme le dit notre auteur, à faire régner ces hommes si puissants de par lui, si humbles par eux-mêmes, « sur les plus élevés de ses sujets, sur les princes de son sang, en autorité comme sur les autres, et sur tout ce qui n'avoit ni rang ni office de couronne, en grandeur comme en autorité au-dessus d'eux.... C'est aussi ce qui éloigna toujours du ministère tout homme qui pouvoit y ajouter du sien[3].... » On fut même fort surpris, en 1691, de la nomination du duc de Beauvillier[4], qui d'ailleurs représenta très dignement la noblesse titrée, la pairie, au témoignage unanime de ses ennemis comme de ses amis : « Quelque excessivement que le Roi lui imposât, quelque foible qu'il parût à lui parler pour des grâces, par une timidité qui étoit en lui, il n'étoit pas reconnoissable au Conseil.... lorsqu'il s'agissoit d'affaires de justice ou d'affaires d'État importantes. Il opinoit alors avec fermeté, embrassoit toute l'étendue de l'affaire avec netteté et précision, la développoit avec lumière, prenoit son parti avec fondement, et le soutenoit avec modestie, mais avec une force que le penchant montré du Roi n'ébranloit point[5]. »

Avant les réformes de 1661, la noblesse avait toujours eu une part beaucoup plus considérable dans le conseil intime du Roi, et l'on avait même abusé du titre de ministre d'État au profit des grands seigneurs : aussi Saint-Simon ne pouvait-il voir sans dépit le pouvoir tombé aux mains de gens de rien ; il y a une page bonne à citer à ce sujet dans le *Mémoire sur la renonciation*[6] : « Les ministres et secrétaires d'État, quels qu'ils soient, n'ont pas plus de droit que les autres. Les ministres n'ont ni office, ni charge, ni patente, ni serment ; leur état est nul, et, quelque grandes, quelque considérables, quelque importantes que soient leurs fonctions, leur état, leur autorité, leur crédit, il est pourtant vrai de dire que cela est établi en l'air et n'a point de véritable exis-

p. 139.) Le cardinal de Richelieu, très opposé à la prédominance des Chanceliers, écrivait ceci en 1624 (*Lettres*, tome II, p. 11) : « Ils n'ont eu l'entrée au Conseil que depuis un certain temps. Tous les Chanceliers, jusques à M. de Sillery, n'ont jamais été du conseil des affaires secrètes, ni de la direction des finances,... sinon que quand, pour quelques occasions extraordinaires, le feu roi les y faisoit appeler. »

1. A propos de Voysin, dans le tome VI de l'édition de 1873, p. 441.

2. *Caractères de la Bruyère*, tome I, p. 320.

3. Addition au *Journal de Dangeau*, tome XVI, p. 25 et 31 ; *Mémoires*, tome VI, p. 441, et tome XII, p. 19-20.

4. *Mémoires de l'abbé le Gendre*, p. 136.

5. *Mémoires de Saint-Simon*, tomes X, p. 282-283, et XII, p. 19-20 ; Addition au *Journal de Dangeau*, tome XV, p. 224.

6. Tome II des *Écrits inédits*, publiés par M. Faugère, p. 277-278. Comparez un passage de l'article COISLIN, dans le tome V de la même collection, p. 221-222.

tence. Ce sont des hommes dont la profession ni l'espèce n'est point déterminée, et que le Roi choisit de tous états, en très petit nombre, pour leur communiquer ses affaires et prendre leur avis sur ce qu'il juge à propos, sans nécessité ni de les suivre, ni de continuer à les prendre. Tout consiste à les mander en chaque conseil, et presque jamais à leur dire une fois pour toutes de se trouver à ses Conseils. Dès cet instant, ils y entrent sans patente et sans serment [1]. Cette entrée leur donne ce nom de ministre d'État, et tout l'éclat et l'autorité qui en résulte. Une pension de vingt mille livres y est attachée par usage de l'un à l'autre. Nul rang au reste que celui de la considération et du besoin qu'on a d'eux, qui ne consiste qu'en attention et en politesse. On ne voit rien là qui donne droit au pouvoir dispositif et législatif, puisque tout n'y est qu'estime et effet de cette estime, mais sans office, sans charge, sans titre, sans rang, sans solidité quelconque : en un mot, sans aucune base sur laquelle puisse porter un aussi grand privilège que celui d'être associé aux grands de l'État en l'exercice de la constitution des grandes sanctions du Royaume. »

Et non seulement, dit notre auteur dans un autre écrit [2], Louis XIV ne prenait que des gens de rien pour ministres ; mais, pendant la seconde partie de son règne, il aurait eu pour système politique de toujours préférer des esprits médiocres : « Des ministres choisis tout neufs par ce monarque, j'appelle neufs sans survivance de ceux qu'il avoit trouvés, on n'en peut citer que trois, vu ses craintes du mérite : Pomponne, choisi pour succéder à Lionne dans l'importante conjoncture de la paix du Nord et de la ligue du Rhin, qu'il achevoit encore, et, après sa disgrâce et la mort des deux ministres qui l'avoient ourdie, rappelé dans le Conseil pour présider particulièrement aux affaires étrangères ; sa sagesse, sa retenue, sa modestie furent les antidotes de son nom, de son esprit, de sa capacité. Le même se doit dire des ducs de Beauvillier et de Chevreuse, qui ajoutèrent une tremblante timidité qui rassuroit et plaisoit infiniment au Roi. Je nomme le duc de Chevreuse, parce qu'il eut plus de vingt ans la réalité secrète du ministère sans être entré dans le Conseil. Pontchartrain enfin, qui ne put assez cacher son esprit, accommoder ses avis, ramper et trembler assez pour ne pas déplaire à la fin, quoique soutenu par le goût que le Roi trouvoit dans les grâces de ses manières et de ses expressions. C'est ce qui le fit chancelier, à son grand désir, pour n'avoir plus les finances, ni à voir le Roi que comme simple ministre d'État, et qui soulagea enfin ce prince par sa volontaire retraite, quoique tous les dehors fussent parfaitement gardés. Louis XIV.... ne se plaisoit qu'avec les personnes de l'un et l'autre sexe sur qui il se sentoit beaucoup de supériorité, ou qui avoient l'adresse de bien cacher leur esprit, de lui paroître fort inférieurs au sien. C'est ce qui a maintenu ses moindres ministres, c'est ce qui a si aisément et si conti-

----

1. Voyez ci-après, p. 82.
2. *Parallèle des trois premiers rois Bourbons*, p. 110.

nüellement valu à des enfants les survivances des plus importantes
placés de secrétaires d'État de leurs pères, et qui les y a établis en
chef dans la première jeunesse par la mort de leurs pères, ou par leur
translation, comme le Tellier et Pontchartrain, à un plus grand emploi.
Louis XIV s'applaudissoit avec une complaisance extrême de les former
aux affaires, et rien ne lui plaisoit tant que leur aveu, feint ou véritable,
d'ignorance pour en être instruits. Aussi a-t-on vu comment les affaires
ont tourné depuis que de pareils ministres ont gouverné et que des
généraux formés de même ont commandé les armées, malheurs dont la
sagacité d'Henri IV et de Louis XIII ont été toujours préservés (*sic*)[1]. »

Du vivant même de Louis XIV, vers 1712, dans la *Lettre anonyme au
Roi*[2], Saint-Simon écrivait que, « choquée peut-être du grand nom que
s'étoient acquis dans le monde les anciens ministres, S. M. n'a pas été
insensible à leur donner des successeurs dont la médiocrité, reconnue
ou par leur génie, ou par leur nouveauté, ou par leur extrême jeunesse,
ne pût partager avec elle la gloire du gouvernement. » Et en effet le
prince, reconnaissant l'impossibilité absolue de toujours trouver des
hommes de génie, n'avait-il pas fait cette profession de foi dans ses *Mémoires*[3] : « Ni vous, ni moi, mon fils, n'irons pas chercher pour ces sortes
d'emplois ceux que l'éloignement ou leur obscurité dérobent à notre
vue, quelque capacité qu'ils puissent avoir. Il faut se déterminer nécessairement sur un petit nombre que le hasard nous présente, c'est-à-dire
qui sont déjà dans les charges, ou que la naissance, l'inclination ont
attachés de plus près à nous.... J'aurois pu sans doute jeter les yeux
sur des gens de plus haute considération, mais non pas qui eussent eu
plus de capacité que ces trois ministres (*le Tellier, Lionne, Foucquet*),
et ce petit nombre.... me paroissoit meilleur qu'un plus grand. Pour
vous découvrir même toute ma pensée, il n'étoit pas de mon intérêt de
prendre des sujets d'une qualité plus éminente. Il falloit, avant toutes
choses, établir ma propre réputation et faire connoître au public, par le
rang même où je les prenois, que mon dessein n'étoit pas de partager
mon autorité avec eux. Il m'importoit qu'ils ne conçussent par eux-mêmes
de plus hautes espérances que celles qu'il me plairoit de leur donner :
ce qui est difficile aux gens d'une grande naissance. »

La conclusion de Saint-Simon, comme celle du judicieux et véridique
Spanheim[4], est que cette composition du Conseil eut la plus fâcheuse

---

1. Ailleurs encore (*ibidem*, p. 217) il dit : « Comme le petit lui étoit fort
homogène (au Roi), il s'y attacha avec avidité, en prit titre de se persuader
qu'il se gouvernoit seul et faisoit tout lui-même, tandis que le grand, que le
vaste, que les détails les plus importants demeuroient entre leurs mains. »

2. *Écrits inédits*, tome IV, p. 42-43.

3. *OEuvres*, tome I, p. 29, 35-36 ; comparez les *Mémoires*, éd. Dreyss, tome II,
p. 385-392. A l'époque où il rédigeait ses mémoires, Louis XIV, jeune encore,
n'avait que des hommes remarquables, sinon supérieurs, pour ministres.

4. Celle de Jurieu aussi : voyez quelques citations des *Soupirs de la France
esclave* au début de l'*Histoire de Louvois*, par M. Rousset, tome I, p. 4-6.

influence sur l'esprit du Roi; sortis du néant par ses mains, les ministres n'épargnaient ni bassesses, ni souplesses, ni flatteries pernicieuses, pour usurper, avec sa confiance, une autorité sans bornes[1] : « La vanité et l'orgueil.... qu'on nourrissoit et qu'on augmentoit en lui sans cesse.... devinrent la base de l'exaltation de ses ministres par-dessus toute autre grandeur.... De là les secrétaires d'État et les ministres, successivement, à quitter le manteau, puis le rabat, après l'habit noir, ensuite l'uni, le simple, le modeste, enfin à s'habiller comme les gens de qualité; de là à en prendre les manières, puis les avantages.... De là l'autorité personnelle et particulière des ministres montée au comble, jusqu'en ce qui ne regardoit ni les ordres ni le service du Roi, sous l'ombre que c'étoit la sienne; de là ce degré de puissance qu'ils usurpèrent, de là leurs richesses immenses et les alliances qu'ils firent tous à leur choix.... C'est aussi ce qui éloigna toujours du ministère tout homme qui pouvoit y ajouter du sien ce que le Roi ne pouvoit ni détruire ni lui conserver, ce qui lui auroit rendu un ministre de cette sorte en quelque façon redoutable et continuellement à charge, dont l'exemple du duc de Beauvillier fut l'exception unique[2]. »

Aussi notre auteur eût-il souhaité un retour tout aristocratique à l'ancienne composition des conseils du Roi, comme on le voit par un long article de ses *Projets de gouvernement du duc de Bourgogne*[3]. Chacun sait que les « seigneurs » eurent une large place dans les essais de réforme tentés par la Régence; mais le succès ne répondit pas à leur attente, et bientôt le conseil d'en haut, comme les autres, redevint à peu près ce qu'il avait été sous le feu roi.

Voici la liste des ministres qui composèrent ce conseil de 1661[4] à 1715[5] :

1. *Mémoires de Saint-Simon*, tome IX, p. 34; comparez notre tome IV, p. 39-41. Louis XIV s'est défendu lui-même d'avoir été jamais sensible à ces flatteries, vers le début de ses *Mémoires pour le Dauphin* (*Œuvres*, tome I, p. 38 et 45; *Mémoires*, éd. Dreyss, tome II, p. 394 et 436).

2. *Mémoires de Saint-Simon*, tome XII, p. 16-19. « Les ministres, dit-il dans le *Parallèle* (p. 216-217), l'infatuèrent à l'envi de sa grandeur et de son autorité, pour l'exercer eux-mêmes et n'en laisser à personne qu'à eux. »

3. Pages 61-72.

4. Nous venons de voir (p. 67-68) qu'aussitôt le cardinal mort, Louis XIV tint conseil avec les trois ministres dont Mazarin se servait alors, le Tellier, Lionne et Foucquet (*Mémoires de l'abbé de Choisy*, p. 577, et *Œuvres de Louis XIV*, tome I, p. 32).

5. On peut citer ici quelques noms et dates antérieurs d'après Delisle de Hérissé (ms. Lancelot 100, fol. 20-21) ou d'autres documents : Bailleul et Chavigny (juin 1643), Servien (23 avril 1648), la Meilleraye (9 juillet 1648), l'abbé de la Rivière (26 novembre 1648), Châteauneuf (2 mars 1650), Maisons et d'Avaux (27 mai 1650), Molé (4 février 1651), Turenne (4 septembre 1652), le maréchal de l'Hospital (10 novembre 1652), Foucquet (10 février 1653), le duc de Gramont (février 1653), l'archevêque de Narbonne, les ducs d'Arpajon et d'Épernon, le marquis de Senneterre, les maréchaux d'Estrées et du Plessis-Praslin, etc. Turenne, qui croyait que Foucquet avait empêché qu'on le maintînt au Conseil, y siégea au moins une fois de-

Mars 1661. { Le Tellier, secrétaire d'État de la guerre, puis chancelier. — Mort le 30 octobre 1685.
Lionne, secrétaire d'État des affaires étrangères et de la marine [1]. — Mort le 1er septembre 1671.
Foucquet, surintendant des finances. — Emprisonné le 5 septembre 1661.

1661. Jean-Baptiste Colbert [2], intendant des finances, puis contrôleur général et secrétaire d'État de la maison du Roi et de la marine. — Mort le 6 septembre 1683.

Septembre (?) 1661. Le maréchal de Villeroy, chef du conseil royal des finances. — Mort le 28 novembre 1685 [3].

25 janvier 1672. Pomponne, secrétaire d'État des affaires étrangères (disgracié le 18 février 1679, rappelé au Conseil le 25 juillet 1691). — Mort le 27 septembre 1699.

Janvier 1672. Louvois, secrétaire d'État de la guerre [4]. — Mort le 16 juillet 1691.

Novembre 1679. Croissy, secrétaire d'État des affaires étrangères. — Mort le 28 juillet 1696.

7 septembre 1683. Le Peletier, contrôleur général des finances, puis surintendant des postes. — Se retira le 18 septembre 1697.

4 octobre 1689. Seignelay, secrétaire d'État de la maison du Roi et de la marine. — Mort le 3 novembre 1690.

5 novembre 1690. Louis Phélypeaux de Pontchartrain, contrôleur général des finances, secrétaire d'État de la maison du Roi et de la marine, puis chancelier. — Se retira le 1er juillet 1714.

25 juillet 1691. Le duc de Beauvillier, chef du conseil des finances. — Mort le 31 août 1714.

puis la réforme, en février 1665 : voyez le *Journal d'Ol. d'Ormesson*, tome II, p. 306. — Il y a quelques pages sur les ministres d'État dans le ms. Lancelot 104, fol. 176-182.

1. Lionne était ministre d'État depuis le 23 juin 1659.

2. Selon l'abbé de Choisy, Colbert n'eut longtemps que des entretiens secrets avec le Roi, avant d'être admis publiquement au conseil des ministres (*Mémoires*, p. 577 et 579). Mme de Motteville (tome IV de ses *Mémoires*, p. 310) dit qu'on le voyait venir travailler dans le cabinet avec un sac de velours noir. Nommé trois fois déjà conseiller d'État, en 1648, 1652 et 1656, il prit sa place définitive au Conseil, comme intendant des finances, le 8 mars 1661, mais ne devint contrôleur général que le 12 décembre 1665, et secrétaire d'État le 14 février 1669. Jal est mal avisé de lui contester le titre de ministre d'État en 1665.

3. Voyez l'observation faite ci-dessus, p. 74 et note 5.

4. *Journal d'Ol. d'Ormesson*, tome II, p. 624; *Gazette* de 1672, p. 142; *Histoire de Louvois*, par M. Camille Rousset, tome I, p. 347.

Janvier 1699.	Torcy, secrétaire d'État des affaires étran-
	gères.
24 novembre 1700.	Chamillart, contrôleur général des finan-
	ces et secrétaire d'État de la guerre. —
	Destitué le 9 juin 1709.
21 novembre 1708.	Desmaretz, contrôleur général des finances.
12 juin 1709.	Voysin, secrétaire d'État de la guerre,
	puis chancelier.
19 (ou 10) septembre 1714.	Le maréchal de Villeroy, chef du conseil
	des finances.

Cinq secrétaires d'État, Barbezieux (guerre, 1691-1701), Jérôme de Pontchartrain (maison du Roi et marine, 1699-1715), et les trois Phélypeaux, des noms de la Vrillière et de Châteauneuf, qui eurent le même portefeuille de 1629 à 1723, ne firent point partie du Conseil.

Quant au duc de Chevreuse, s'il fut traité en ministre d'État par le Roi à partir de 1703 ou 1704, comme le dit Saint-Simon, qui pouvait être informé de première source, ce ne fut qu'*incognito*, hors cadres, et sans jamais paraître au Conseil, dont l'entrée lui était interdite par une coalition de Mme de Maintenon, du duc de la Rochefoucauld et du maréchal d'Harcourt. Mais le Roi lui donnait « réglément » des audiences secrètes, et « les ministres des affaires étrangères, de la guerre, de la marine et des finances avoient ordre de ne lui rien cacher, les deux premiers de lui communiquer tous les projets et toutes les dépêches, et tous quatre de conférer de tout avec lui [1]. » C'est là un point sur lequel les papiers personnels du duc de Chevreuse pourraient seuls faire le jour.

Le même maréchal d'Harcourt qui empêcha M. de Chevreuse d'être déclaré ministre en 1703 ou 1704, échoua à son tour en 1709, peut-être par le fait de notre auteur, qui craignait que cette nomination ne fît tomber M. de Beauvillier. Tout était préparé et convenu entre le Roi et Mme de Maintenon : « Pendant le premier conseil d'État, Harcourt, averti par Mme de Maintenon, se trouveroit comme fortuitement dans les antichambres du Roi ; à propos des choses d'Espagne, le Roi proposeroit de consulter Harcourt, et, tout de suite, feroit regarder si, par hasard, il n'étoit point quelque part dans les pièces voisines. S'y trouvant, il le feroit appeler : il lui diroit tout haut un mot sur ce qui le faisoit mander, et, tout de suite, lui commanderoit de s'asseoir, ce qui étoit le faire ministre d'État, le retenir en ce conseil, et l'y faire toujours entrer après. » On peut voir dans les *Mémoires* comment toute cette combinaison fut déjouée une première, puis une seconde fois [2].

1. Addition au *Journal de Dangeau*, tome XIV, p. 255 ; *Mémoires*, tome V de 1873, p. 402-403.

2. *Mémoires de Saint-Simon*, tome VI, p. 100-101 et 292-297. Dangeau dit en effet, à la date du 25 février 1709, que, le maréchal étant resté enfermé longtemps avec le Roi avant le conseil des dépêches, puis ayant eu une audience au sortir de table, « ces deux audiences dans le même jour firent raisonner les courtisans. » (*Journal*, tome XII, p. 344-345.) Après quel-

Jusqu'en 1659[1], le titre de ministre d'État s'était conféré par des lettres patentes, dont voici un type[2] :

« Louis, etc., à notre amé et féal conseiller en notre conseil d'État notre procureur général en notre cour du parlement de Paris et surintendant de nos finances, le sieur Foucquet, SALUT. Si le bonheur de la monarchie ne dépend pas moins des conseils du Prince que de sa conduite, et si sa prudence n'est pas moins nécessaire au choix de ceux dont il les compose que sa valeur pour l'exécution des choses qu'on y a résolues, après les divers et importants emplois qui ont signalé votre expérience et votre affection pour le bien de cet État, nous avons cru que, pour notre intérêt et pour celui du public, nous ne pouvions confier l'administration de nos finances et de nos plus importantes affaires à une personne qui pût nous y servir plus utilement que vous. Nous, pour ces causes, de notre certaine science, pleine puissance et autorité royale, vous avons nommé, ordonné et établi, nommons, ordonnons et établissons par ces présentes, signées, etc., pour l'un de nos ministres, pour désormais avoir entrée, séance et voix délibérative dans nos Conseils tout ainsi que les autres que nous avons honorés de semblable pouvoir, et pour jouir comme eux de semblable pouvoir [et] des appointements qui vous seront ordonnés par nos états. Car, etc. Donné à Paris, le dixième février 1653. »

Par la suite, on supprima toute formule écrite, et, comme l'a dit plus haut notre auteur, il suffit d'un ordre du Roi, exprimé par lui-même de vive voix ou transmis par un huissier de son cabinet, pour que le personnage ainsi désigné vînt prendre place au Conseil et portât désormais le titre de ministre d'État[3].

Pomponne, tout nouvellement appelé à la succession de Lionne, écrivait à son père, le 26 janvier 1672[4] : « Ayant achevé.... toutes les affaires qui regardoient ma charge, et croyant prendre congé de S. M. pour partir hier matin, il me dit de demeurer pour assister au conseil de justice[5]. Vous remarquerez que ce n'est point en qualité de secrétaire d'État, puisque M. de la Vrillière[6] n'y est point : ainsi c'est

ques autres entretiens du même genre, le maréchal alla prendre son commandement en Alsace. Mais, en 1702, le même Harcourt avait déjà été admis à des conférences tenues par les ministres, sur l'ordre du Roi, chez le Chancelier (*ibidem*, tome VIII, p. 290 et 298-299, avec Addition de Saint-Simon).

1. *Abrégé chronologique* du président Hénault, année 1689.

2. Arch. nat., registre KK 1454, fol. 36, texte incorrect. Ce volume renferme plusieurs lettres analogues. Monteil a donné la formule du brevet de Turenne (1652) dans le tome VIII de son *Histoire des Français des divers états*, p. 531, où un chapitre (p. 300-306) est consacré aux ministres d'État.

3. *Journal de Dangeau*, tome XII, p. 268 ; *Mémoires du duc de Luynes*, tomes II, p. 7, V, p. 456, XI, p. 204-205, XIV, p. 10-11, et XV, p. 55, 289, 349, 432.

4. Appendice des *Mémoires de Coulanges*, publiés par Monmerqué, p. 449-450.

5. C'est-à-dire le conseil des ministres jugeant au contentieux.

6. Le père de M. de Châteauneuf.

remplir entièrement la place de M. de Lionne en toutes choses[1]. Comme je n'aime point le nom que l'on donne à cette sorte de place de ministre, je vous rends compte de ceci seulement pour vous, et que vous témoigniez n'étendre pas la grâce du Roi au delà de celles dont il m'a comblé dans la charge de secrétaire d'État. »

Dangeau rapporte comment le successeur de Barbezieux fut déclaré ministre[2] : « Le Roi, après le conseil de finances, retint M. de Chamillart dans son cabinet et lui dit : « Il y a longtemps que vous me « servez, et bien à mon gré ; je veux présentement que vous soyez dans « tous mes conseils, et je vous fais ministre ; venez dès demain au conseil « d'État. » De même pour Desmaretz[3], et plus tard pour Maurepas[4].

N'ayant point de nomination en règle, les ministres ne prêtent pas serment, à la différence, non seulement des secrétaires d'État, mais des plus petites charges. Cette singularité sans raison apparente ne leur est commune qu'avec les intendants des provinces, et Saint-Simon la signalera plusieurs fois[5].

La seule entrée au Conseil, en conférant à jamais un titre qui ne se perd ni par la retraite, ni même par la disgrâce, assure en même temps la jouissance d'une pension ou gratification annuelle de vingt mille livres[6]. D'ailleurs, la même gratification se donne presque toujours aux secrétaires d'État qui ne sont pas du Conseil[7]. En outre, les ministres sont les seuls personnages de la cour à qui le Roi fasse un présent de noces pour le mariage de leurs enfants[8] : nous avons vu[9] que c'était une somme de deux cent mille livres, mais que les embarras du Trésor royal forcèrent d'abord de la réduire à cent cinquante mille livres[10], puis de la changer en une pension de dix mille livres[11].

Comme le Chancelier, comme le Contrôleur général et le chef du conseil des finances, les ministres d'État ont été rangés, à côté des princes du sang, dans la première classe de la capitation de 1695 (deux mille

1. Il avait prêté serment comme secrétaire d'État le 15 du même mois (*Gazette*, p. 96).

2. *Journal*, tome VII, p. 431, 23 novembre 1700.

3. *Ibidem*, tome XII, p. 268, 20 novembre 1708.

4. *Mémoires de Luynes*, tome II, p. 7, janvier 1738.

5. *Mémoires*, tomes II de 1873, p. 183, X, p. 313, XII, p. 254-255. Comparez, dans les *Écrits inédits*, tome II, p. 278 et 348 du *Mémoire sur la renonciation*.

6. *Journal de Dangeau*, tomes VI, p. 53 et 70, et VII, p. 465 ; *Mémoires de Luynes*, tome XV, p. 396 et 401. Voyez ci-dessus, p. 27, note 6.

7. *Journal de Dangeau*, tome VII, p. 219 et 465. Jérôme de Pontchartrain, Barbezieux, Châteauneuf, l'eurent ainsi.

8. *Journal de Dangeau*, avec Addition de Saint-Simon, tomes V, p. 10, XII, p. 291, et XV, p. 389.

9. Tome II, p. 8, note 3, et ci-dessus, p. 58.

10. Claude le Peletier eut trois cent mille livres pour ses deux filles, et Pontchartrain cent cinquante mille livres pour son fils.

11. *Journal de Dangeau*, tome XIII, p. 313 ; *Mémoires de Luynes*, tomes VII, p. 416 et 453, XI, p. 300, XII, p. 453, et XV, p. 130.

livres), c'est-à-dire au degré le plus élevé de la hiérarchie gouvernementale. Leurs femmes sont présentées de droit[1].

On a vu, lorsque j'ai parlé du vêtement des conseillers d'État[2], que
les ministres conservaient le costume de courtisan[3], mais y joignaient,
dans les occasions d'étiquette, un manteau drapé de velours violet.

Chaque matin, lorsqu'il doit y avoir séance du Conseil, un huissier du
cabinet va avertir les ministres de s'y rendre, et, de même qu'un premier avis de ce genre confère la qualité de ministre d'État, sa suppression implique la disgrâce, quelquefois suivie d'un ordre de s'éloigner
de la cour ; mais, encore une fois, le caractère de ministre est indélébile : après douze ans d'éloignement, Pomponne n'a eu besoin que du
simple avis pour reparaître au Conseil. Nous ne pouvons citer que deux
autres disgrâces dans tout le cours du règne personnel de Louis XIV,
celles de Foucquet et de Chamillart, et deux retraites volontaires, celles
de Claude le Peletier et du chancelier de Pontchartrain, qui cessèrent
d'entrer au Conseil, l'un le 18 septembre 1697, l'autre le 1er juillet 1714[4].

Le conseil d'État se réunit régulièrement le dimanche, le mercredi, le
jeudi, et, en outre, de quinze en quinze jours, le lundi[5]. Dans les circonstances extraordinaires, les ministres sont convoqués d'urgence, soit
pour discuter sur une nouvelle grave de l'étranger, soit pour terminer
un litige[6]. Peut-être la séance du jeudi était-elle facultative : quoique
Dangeau, dans ses tableaux annuels des Conseils, dise toujours qu'il y

1. *Mémoires de Luynes*, tome XV, p. 79.

2. Ci-dessus, p. 29.

3. Les estampes de Bonnart représentent Claude le Peletier, comme ministre d'État, d'abord en costume noir, soutanelle, rabat et manteau, puis
en costume complet de courtisan, mais de couleur sombre.

4. En 1789, sur treize ministres inscrits, cinq, remerciés ou disgraciés,
n'entraient plus au Conseil. Le duc de Luynes cite plusieurs exemples de
l'un et l'autre cas (tomes XIV, p. 265, XV, p. 55, 396, 398 et 401, et XVI,
p. 491).

5. *État de la France*, 1698, tome I, p. 282 ; comparez le *Journal de Dangeau*, tome VII, p. 148.

6. Le 10 septembre 1690, il y eut un conseil extraordinaire au sujet des
affaires de Rome, où assistaient, avec Louvois et Croissy, le chancelier Boucherat, le duc de Beauvillier et M. de Pontchartrain, quoique non ministres
tous les trois (*Mémoires de Sourches*, tome III, p. 297). — Le vendredi
19 novembre 1700, pour les affaires d'Espagne, le Roi tint un conseil
extraordinaire, quoique ce jour-là fût réservé au P. de la Chaise (*Journal
de Dangeau*, tome VII, p. 426). — Le lundi 27 juillet 1712, à Marly, « à
quatre heures, le Roi tint un conseil de marine, et, à six heures, il tint
un conseil d'État extraordinaire. Il n'y avoit presque aucun ministre ici ;
mais il étoit arrivé des courriers à M. Voysin, et le Roi l'avoit chargé d'avertir M. le Chancelier, qui tenoit le conseil des parties à Versailles, et M. de
Torcy, qui étoit à Versailles aussi..., et de faire avertir M. de Beauvillier,
qui étoit à Vaucresson. Ces Messieurs arrivèrent avant six heures, et le
Conseil dura jusqu'à sept.... On ne nous dit point la raison qui a fait tenir

a conseil d'État le jeudi, on n'en trouve que de très rares mentions dans le corps du *Journal*[1].

Lorsque la séance régulière a été insuffisante, une nouvelle réunion a lieu dans l'après-midi ou le jour suivant, hors tour[2].

« Quand, après avoir prié Dieu, ou après avoir donné audience, le Roi sort de la balustrade de son lit pour aller à son cabinet, il est précédé de l'huissier de chambre, qui fait fendre la presse devant S. M., le capitaine des gardes veillant sur sa personne, derrière laquelle il marche. Le Roi, en passant, dit tout haut : « Au Conseil ! » Alors l'huissier part pour avertir les ministres et ceux qui doivent assister au conseil qui se va tenir. Si l'huissier n'avoit pas entendu que le Roi demande le Conseil, le premier valet de chambre lui vient dire ; mais il y a cette différence que, si le Conseil se doit tenir dans la chambre, c'est l'huissier de chambre qui va avertir, et, s'il doit se tenir dans le cabinet, c'est l'huissier de cabinet qui y va.... Les garçons de la chambre préparent tous les jours la table, le tapis et les sièges pour les conseils du Roi..., et fournissent les écritoires, le papier, l'encre et la poudre pour le conseil des finances, les mardis et les samedis, ayant deux cents écus par an pour ces fournitures. Aux autres conseils, le reste de la semaine, c'est au secrétaire du cabinet à en fournir et à préparer l'écritoire du Roi.... Un premier valet de chambre garde toujours en dehors la porte du Conseil, soit le matin, soit l'après-dînée ; l'huissier de la chambre ou du cabinet se tient aussi vers la même porte[3].... »

Le cabinet du Conseil est décrit dans le livre de M. Dussieux sur *le*

---

ce conseil-là. » (*Ibidem*, tome XIV, p. 178.) Voyez encore trois convocations extraordinaires d'après-dîner, presque consécutives, le lundi, le samedi, et encore le lundi : *ibidem*, tome VII, p. 43, 45 et 48.

1. Au jeudi, nous trouvons un conseil tenu à Marly, avec Louvois et Croissy, le 5 septembre 1686 ; le 12 décembre suivant, remise de la séance au soir, à cause des souffrances du Roi ; le 23 janvier 1687, retour de Marly, après dîner, pour tenir Conseil ; en 1706, conseil extraordinaire le 27 mai ; le 4 février précédent, mention qu'il n'y a point eu Conseil. On feuillette des années entières du *Journal* sans voir la moindre mention à ce jour-là, dont la matinée d'ailleurs, c'est Saint-Simon qui nous l'apprend, était occupée par des audiences secrètes et des affaires d'intérieur.

2. Ainsi, le dimanche 20 février 1701, il y eut une seconde séance entre le sermon et le salut. Le jeudi 18 octobre 1714, « le Roi tint le conseil d'État, parce qu'il n'avoit pas fini hier toutes les affaires qu'il y avoit. » (*Journal*, tome XV, p. 264.) Le 28, « le Roi, le matin à son ordinaire, tint le conseil d'État, et le tint encore l'après-dînée, n'ayant pas pu finir le matin toutes les affaires qu'il y avoit. » (*Ibidem*, p. 269 ; comparez p. 352.) Le 2 novembre suivant, qui était un vendredi, d'ordinaire réservé exclusivement au confesseur, il y eut cependant conseil d'État avant de partir pour Marly. Le 27 janvier 1714, conseil d'État au lieu de conseil des finances, etc. Sous Louis XV, on voit tenir dans un même jour, à cause des remontrances du Parlement, deux séances du conseil d'État et une du conseil des dépêches (*Mémoires de Luynes*, tome XI, p. 290).

3. *État de la France*, 1698, tome I, p. 279, 281 et 283.

Château de Versailles, tome I, pages 222 et 312 [1] ; c'est la pièce qu'on appelait aussi « cabinet des Glaces », voisine de l'ancienne chambre de Louis XIV et de la grande galerie [2], où nous avons vu [3] les courtisans attendre la fin de la séance. A Saint-Germain-en-Laye, la salle du Conseil était contiguë à la chambre à coucher de Mme de Montespan [4] ; à Fontainebleau, elle donnait sur le jardin de Diane [5]. Il y avait aussi une chambre du Conseil à Marly [6].

Dangeau nous fait connaître l'ordre de séance des ministres [7]. « Le Roi, dit-il, est au bout de la table ; Monseigneur à un des côtés ; M. de Beauvillier et M. de Pomponne de l'autre côté, M. le Chancelier du côté de Monseigneur, mais laissant un siège vide entre Monseigneur et lui. M. de Torcy est au bout de la table, vis-à-vis du Roi, qui lit les dépêches des ambassadeurs, et en même temps les réponses qui ont été résolues au conseil précédent, et qu'il fait lui seul [8]. » Les ministres s'assoient, ainsi qu'au conseil des finances, « parce qu'il faut être à son aise pour écrire, compter et calculer [9] ; » mais ils n'ont que des tabourets [10]. Vers les derniers temps du règne, Desmaretz, devenu très goutteux et impotent, obtiendra permission de se faire apporter jusque dans le cabinet du Roi sur un de ces fauteuils auxquels on peut ôter ensuite les bâtons, les bras et le dos [11].

Dans le passage du *Journal* dont je viens de citer un fragment, Dangeau [12] dit que les membres du conseil d'État s'assoient à leur « rang

---

1. Saint-Simon (*Projets de gouvernement du duc de Bourgogne*, p. 61) demandait que les ministres et le Roi pussent se rendre au Conseil sans que personne le sût.

2. *Mémoires du duc de Luynes*, tomes I, p. 251, IX, p. 76, XIII, p. 143, XIV, p. 242, et XV, p. 313. Cette pièce servait aussi aux chapitres de l'Ordre et à des prestations de serment (*ibidem*, tomes X, p. 17-18, XIII, p. 189, et XV, p. 352, 413 et 416).

3. Dans notre tome I, p. 29 et 74 ; c'est là que Saint-Simon fut présenté pour la première fois. Le Conseil fini, on ouvrait la porte aux entrées (*Luynes*, tome XIV, p. 369).

4. *Mémoires de Luynes*, tome XI, p. 201.

5. *Ibidem*, p. 275 ; *le Palais de Fontainebleau*, par A. Champollion, p. 401 et 278.

6. *Mémoires de Luynes*, tomes II, p. 81, et XI, p. 114 ; *Journal de Dangeau*, tome III, p. 341, etc. Louis XV tint Conseil à Crécy, chez Mme de Pompadour, en 1749.

7. *Journal*, tome VII, p. 148, 10 septembre 1699. Comparez ce que propose Saint-Simon dans les *Projets de gouvernement du duc de Bourgogne*, p. 63.

8. Comparez les *Mémoires de l'abbé de Choisy*, p. 579.

9. *Ibidem*.

10. Sous la régence d'Anne d'Autriche, les secrétaires d'État seuls restaient debout (*Ormesson*, tomes I, p. 180, et II, p. 125-138 et 839 ; *Bassompierre*, tomes II, p. 346, et III, p. 243).

11. *Mémoires du duc de Luynes*, tome IV, p. 209-210.

12. Tome VII, p. 148.

de ministre, » c'est-à-dire suivant la date d'entrée de chacun au Conseil. Cependant l'abbé de Choisy[1] rapporte qu'à la mort de Louvois le Roi prévint les ministres qu'il n'y aurait point de rang entre eux[2]. Sa crainte de toute apparence de premier ministre était telle, selon Gourville[3], qu'il évitait avec un soin minutieux ce qui pouvait ressembler à un empiétement, une prédominance d'un de ses conseillers sur les autres ; et en effet lui-même disait, dans ses *Mémoires pour l'année 1667*[4] : « Ce qu'on appelle *être gouverné*, ce n'est pas toujours d'avoir un premier ministre en titre, à qui l'on renvoie ouvertement la décision de toutes choses ; chez les esprits éclairés, c'est assez pour cela d'avoir une ou plusieurs personnes, de quelque qualité qu'elles soient, qui, séparées ou jointes ensemble, puissent nous mettre dans l'esprit ce qu'elles veulent, qui sachent, selon leurs intérêts, avancer ou reculer les affaires, et qui puissent, sans que nous y fassions réflexion, approcher de nous les personnes qu'elles favorisent, ou nous dégoûter de celles qu'elles n'aiment pas. »

Quoi qu'il en fût de ce point, on a vu ci-dessus[5] qu'au conseil des parties, si un ministre prenait séance, ce n'était qu'à son rang de conseiller d'État et au-dessous des plus anciens.

Gourville nous a aussi transmis[6] un curieux exemple de l'attention jalouse de Louis XIV à tout voir et tout décider par lui-même : « M. de Pomponne ayant oublié de mettre dans une dépêche tout ce qui avoit été résolu, et n'ayant pas nommé quelques paroisses de Flandres au sujet des limites, M. de Louvois ne manqua pas de le relever fortement en présence de S. M. ; et, si je ne me trompe, cela fut cause que le Roi établit de faire lire dans son Conseil les dépêches concernant ce qui avoit été résolu dans le conseil précédent. Je ne sais pas même, ajoute-t-il, si S. M. n'a pas continué à le faire toujours.... » On conçoit cependant qu'il ne fût guère possible, dans une réunion telle que le conseil d'État, de faire la lecture et l'examen minutieux de toutes les dépêches reçues ou écrites en réponse ; le temps devait être plutôt réservé pour l'exposition des vues politiques du Roi ou pour leur discussion.

Enfin le même Gourville répète à plusieurs reprises que Louis XIV ne souffrait pas que personne, en dehors des délibérations du Conseil, essayât de revenir sur les décisions prises en séance. « Son intention

---

1. *Mémoires*, p. 579.

2. « S'étant mis au bout d'une table longue, il fit mettre Monseigneur à sa gauche, M. de Croissy à sa droite, parce qu'il a toujours des lettres à lire comme secrétaire d'État des étrangers. M. de Beauvillier prit sa place au-dessous de M. de Croissy, et ensuite M. le Peletier ; M. de Pomponne se mit au-dessous de Monseigneur, et, au-dessous de lui, M. de Pontchartrain. »

3. *Mémoires de Gourville*, p. 588.

4. *Mémoires de Louis XIV*, tome II, p. 271-272.

5. Page 9 ; *Journal de Dangeau*, tome VIII, p. 41 ; *Mémoires de Luynes*, tomes I, p. 187, et XIV, p. 11, note.

6. *Mémoires de Gourville*, p. 591.

étoit que chacun ne se mêlât en particulier que des affaires de sa charge. Il permettoit à tous, dans son Conseil, de dire leur avis sur l'affaire dont il étoit question ; mais, après la résolution prise, il ne leur étoit guère permis, quand ils avoient eu quelque pensée nouvelle, de la rapporter en particulier à S. M., ni de proposer de revenir contre ce qui avoit été arrêté[1]. »

Jadis, quand il n'y avait en tout qu'un conseil et que l'on tenait régulièrement des procès-verbaux ou *résultats* de chaque séance[2], les délibérations politiques y étaient consignées aussi bien que les décisions juridiques[3] : source précieuse d'informations pour l'historien. Mais il n'en est plus de même au dix-septième siècle, et, à l'exception du journal de Torcy récemment publié pour les années 1709-1711, c'est à peine si l'on peut retrouver quelques allusions vagues aux séances du conseil d'en haut dans les mémoires des ministres qui y siégeaient ou des courtisans qui en approchaient.

En dehors des délibérations politiques (et c'est ici que nous constatons la différence avec les conseils des ministres du dix-neuvième siècle[4]), il arrive assez fréquemment que le conseil d'État d'en haut soit appelé à juger des cas de contentieux, ou administratif, ou civil, et à rendre des arrêts[5]. C'est devant lui que viennent une partie des affaires évoquées à la personne même du Roi ; mais, auparavant, les pièces sont examinées par un bureau composé de conseillers d'État et par un maître des requêtes désigné comme rapporteur[6], lesquels entrent tous, pour le rapport, à la séance du conseil d'en haut et opinent devant les ministres. Fidèle à ses principes, le Roi se prononce presque toujours selon l'avis de la « pluralité[7]. » Les arrêts sont expédiés en commandement[8] par les secrétaires d'État[9], et se conservent dans leurs registres particuliers[10].

1. *Mémoires de Gourville*, p. 582, 588 et 589.

2. Ci-dessus, p. 47 et 62.

3. Ce sont des fragments de ce genre que MM. Noël Valois et Pélicier ont retrouvés et publiés en 1883, se rapportant aux règnes de Charles VII et Charles VIII.

4. Pasquier (livre II, chapitre VI) dit que le conseil *politique* « du commencement n'étoit fondé en jurisdiction contentieuse,... ains seulement connoissoit de la police générale de la France concernant ou le fait des guerres ou l'institution des édits. »

5. L'Académie, en 1694, dit que le conseil d'en haut est celui « où se traitent ordinairement les affaires d'État, et quelquefois les affaires entre des particuliers. »

6. Voyez ci-dessus, p. 49. Il y a des exemples plus anciens dans le *Journal d'Ol. d'Ormesson*, tomes I, p. 180 et 181, et II, p. 418, 838 et 839.

7. *Mémoires de Saint-Simon*, tome XII, p. 259 ; *Mémoires du duc de Luynes*, tome I, p. 187.

8. Voyez plus loin, p. 104, le sens de ce mot.

9. *Furetière, Dictionnaire de Trévoux, Répertoire de jurisprudence*, etc.

10. On trouve dans les mss. Clairambault 656 et 657 une série de minutes

Ces arrêts du conseil d'en haut[1], émanant du Roi lui-même, sont l'expression la plus élevée de son pouvoir et de son autorité souveraine. La marquise de Sévigné a dit quelque part[2] : « Mme de la Fayette m'écrit du ton d'un arrêt du conseil d'en haut..., si je refuse de retourner tout à l'heure à Paris, que je serai malade ici, que je mourrai, etc. » C'est par des arrêts du conseil d'en haut que Louis XIV a mis, dès 1661, un terme aux empiétements politiques du Parlement[3] ; que Béchameil, en 1686, a été condamné à la restitution d'une somme de cinq cent mille livres[4] ; que les revenus du cardinal de Bouillon seront confisqués, en 1700, au profit du Trésor royal et des pauvres, faute de pouvoir obtenir cette sentence du Parlement[5] ; que seront jugées : en 1704, la contestation de M. de la Reynie avec l'archevêque de Reims, pour le décanat du Conseil[6] ; le 20 août 1709, celle de la cour des aides de

originales d'arrêts, de 1652 à 1661, que Clairambault dit être des arrêts du conseil d'en haut. Ils portent la signature du Chancelier et celles des conseillers-commissaires. Mais c'est dans les registres des secrétaires d'État qu'il faut chercher les arrêts du conseil d'en haut, comme ceux du conseil des dépêches,

1. Le *Journal d'Olivier d'Ormesson* (tomes I, p. 180-181, 417, 418, 464 et 521, et II, p. 417, 585, 670 et 838) mentionne des arrêts rendus contre les maîtres des requêtes en grève, sur le payement du droit annuel, sur des arbitrages de familles, sur les droits respectifs du Chancelier et du Garde des sceaux, sur une affaire du bailli de Toul contre le gouverneur déjà présentée au conseil des parties, etc. Il parle aussi d'un conseil extraordinaire tenu le 20 avril 1664, à l'occasion du conflit des ducs-pairs et des présidents, et où siégeaient, assis sur des pliants, mais nu-tête, à côté du Roi et de sa mère, les princes, le Chancelier, Colbert et Brienne, les conseillers d'État d'Ormesson et d'Aligre, tandis que les deux secrétaires d'État le Tellier et Lionne restaient debout pour lire les mémoires : après quoi chacun donna son opinion (*ibidem*, tome II, p. 125-128). C'est aussi d'un arrêt du conseil d'en haut que Paul de Pontchartrain parle en 1615 (*Mémoires*, p. 343). Omer Talon donne des détails intéressants, à plusieurs reprises (*Mémoires*, p. 5-6, 32, 150-154, 462, 464, 514, etc.), sur les arrêts rendus contre le Parlement, les commissions qui les rendaient exécutoires, leur signification, etc. Dubuisson-Aubenay (*Journal des guerres civiles*, tome I, p. 43 et 169) cite deux arrêts relatifs à des affaires de finance. Nicolas Goulas (*Mémoires*, tome III, p. 132) dit que le droit de Mlle de Montbazon au tabouret fut reconnu par un « résultat du conseil d'en haut. »

2. *Lettres*, tome IX, p. 251.

3. *Œuvres de Louis XIV*, tome I, p. 48, et *Mémoires de Louis XIV*, éd. Dreyss, tome II, p. 438-439 ; arrêt du 8 juillet 1661, reproduit dans la collection des *Anciennes lois françaises* d'Isambert, tome XVII, p. 403-406.

4. *Journal de Dangeau*, tome I, p. 362. Arrêt du mardi 16 juillet 1686, non retrouvé dans la collection des Archives nationales.

5. *Ibidem*, tome VII, p. 364-365, 372 et 374-375 ; *Mémoires de Saint-Simon*, tome II de 1873, p. 346 ; arrêt du dimanche 12 septembre 1700, daté du 11 dans l'original (Arch. nat., E 1912), qui porte des corrections de la main du Chancelier et sa signature.

6. *Journal de Dangeau*, tome IX, p. 434-435 ; *Mémoires de Saint-Simon*,

Montauban contre le conseil général de cette ville; en 1713, celle de Saint-Victor avec le maréchal de Villars, pour le commandement des tours de Toulon[1], etc., etc.

Le marquis de Sourches rapporte que le conseil du mercredi jugea dans de singulières conditions, le 7 février 1691, un procès pendant entre les maréchaux de France et le parlement de Paris, pour les honneurs et le ressort de la connétablie. Le maître des requêtes Bignon était rapporteur. « Quelques conseillers d'État nommés pour commissaires (le Roi jugea cette affaire à l'heure qu'on y pensoit le moins, ce qui fit que Fieubet et de Harlay, conseillers d'État qui étoient commissaires, ne s'y trouvèrent point), et quelques autres qui se trouvèrent par hasard dans la chambre du Roi, furent des juges, et tous ces gens de robe opinèrent en faveur du Parlement; mais le Roi, après avoir écouté leur avis, décida en faveur des maréchaux de France, et leur accorda tout ce qu'ils demandoient[2]. »

Il n'était pas besoin d'ailleurs qu'une affaire intéressât directement l'État pour que le conseil d'en haut s'en saisît. On voit par un texte reproduit dans l'*Histoire du Conseil du Roi* de Guillard (p. 280-289) que de simples conflits de famille étaient portés devant lui, et que, chose assez étonnante, le conseil privé des parties pouvait être appelé à reviser, au point de vue juridique, l'arrêt du conseil d'en haut[3].

Quand nous lisons qu'un sujet mutin, un magistrat opiniâtre ou prévaricateur, un officier de justice ou un échevin turbulent, récalcitrant, ont été appelés « à la suite du Conseil, » c'est-à-dire forcés de quitter leur résidence et leurs fonctions pour venir se mettre à la disposition du Roi ou de ses ministres, et d'y rester jusqu'à nouvel ordre sans voir d'ailleurs personne (ce qu'on appelait, en termes de Palais, un *veniat*), il s'agit évidemment du conseil d'en haut; mais, en ce cas, il n'y a point d'autre sanction que cet internement d'une durée indéterminée[4], à moins que, la faute s'aggravant, le Roi ne donne un ordre de relégation, d'exil, dans une ville éloignée[5].

---

tome IV de 1873, p. 41-42. L'arrêt, signé du Chancelier, se trouve dans le registre E 1928. Saint-Simon dit que l'affaire fut portée devant le conseil des dépêches; mais le passage de Dangeau ne permet guère de douter qu'on ait affaire à un conseil d'en haut du dimanche.

1. *Dangeau*, tome XIV, p. 405.

2. *Sourches*, tome III, p. 353. Dangeau ne dit rien de cette affaire.

3. C'était à cet arbitrage que se soumettaient en général les différends survenus dans les familles de la cour ou de la haute magistrature, comme, par exemple, pour la succession de M. de Saint-Contest, en décembre 1708.

4. Voyez des exemples dans la *Correspondance des Contrôleurs généraux*, tome I, nᵒˢ 1574 *n*, 1624 *n*, 1636 *n*, 1700 *n*, 1838 *n*, et tome II, nᵒ 1198, et dans le *Journal d'Ol. d'Ormesson*, tome I, p. 443.

5. Le premier président du parlement de Bretagne, M. de Brilhac, appelé par un *veniat*, « où on le tenoit exprès, depuis quelque temps, à se morfondre, » s'en étant retourné de son propre mouvement et d'une façon fort impertinente, fut rejoint en chemin par un ordre d'exil (*Journal de Dangeau.*

C'est également du conseil d'État, ainsi que du conseil des dépêches, que sortiront, sous Louis XV, quelques-uns des arrêts fulminés dans la lutte du clergé et des Parlements [1].

LE CONSEIL DES DÉPÊCHES.

Le domaine politique est réservé au conseil d'État d'en haut, le domaine judiciaire au conseil privé ; le domaine administratif se subdivise entre le conseil des dépêches et celui des finances.

Chargé de l'examen des questions relatives aux provinces et à l'administration intérieure du Royaume, le conseil des dépêches ne s'est séparé du conseil d'en haut, ou *des affaires*, que sous la régence d'Anne d'Autriche. Des historiens croient constater qu'il avait une existence propre dès le temps du roi Henri IV[2], ou même sous les trois derniers Valois[3] ; mais il paraît mieux prouvé que la confusion des affaires administratives de l'intérieur avec les affaires politiques de l'extérieur ou avec les affaires de finances dura beaucoup plus tard, et que tantôt elles se traitaient dans le conseil d'en haut ou *des affaires*, tantôt dans celui des finances, tantôt entre le Roi lui-même et ses secrétaires d'État, sans qu'il y eût vraiment séance de conseil et délibération. Ainsi, en montant sur le trône, Henri II ordonna[4] que, chaque matin, les membres du Conseil s'assembleraient avec les quatre secrétaires des finances pour « tenir son Conseil et traiter des matières d'État et des finances, et sur ce aviser de l'ordre et provision qu'il y faudra donner, afin de le faire en-

tome XVII, p. 316 ; *les Correspondants de la marquise de Balleroy*, tome I, p. 322 ; *Mémoires de Saint-Simon*, tome XIV, p. 356). Peu avant, les meneurs du parlement breton, appelés de même à Paris, avaient trouvé en arrivant des ordres d'exil (*ibidem*, p. 355).

1. *Mémoires de Luynes*, tomes XII, p. 108, 115-116, 191-192, XIV, p. 104, 114, 341 et 368-370, XV, p. 117, XVI, p. 464, etc.

2. Delisle de Hérissé (ms. Lancelot 100, fol. 17) cite (ainsi que l'auteur moderne du livre de l'*Ancienne France* [V. de Saint-Allais], tome II, p. 38) un règlement du 21 mai 1595 qui aurait établi un conseil pour les affaires des provinces, et dit que c'est ce conseil *des affaires* qu'on appela depuis le conseil *des dépêches*. Le conseil des affaires était le conseil essentiellement politique, dans lequel résidait l'être même du gouvernement, et, sur ce point, les relations vénitiennes ne laissent pas le moindre doute, comme je le ferai voir dans une notice spéciale.

3. Instruction dressée par Catherine de Médicis pour son fils aîné, et que M. Chéruel cite dans son *Histoire de l'administration monarchique*, tome I, p. 347. Il y en a une copie dans le ms. Fr. 2471, fol. 239-246.

4. Règlement du dernier avril 1547, dans le traité de Marillac, ms. U 945 des Archives nationales, fol. 64 v°.

tendre au Roi, pour en ordonner à son bon plaisir. » L'après-dînée, les mêmes personnages, avec adjonction de cardinaux, ducs, évêques, etc., « aviseront aux autres affaires occurrentes, ouïront les requêtes des poursuivants sur les rapports qui leur en seront faits par les conseillers [1] des requêtes qui pour ce seront appelés, feront et concluront les *dépêches* et provisions qu'ils verront être requises et nécessaires pour le bien et service du Roi et de ses sujets.... » Sous Henri III, le règlement du 8 janvier 1585 indique un conseil aux attributions essentiellement administratives et d'ordre intérieur : examen des cahiers des provinces, observation des ordonnances, requêtes et doléances du clergé, érection ou suppression d'offices, commissions diverses, police des provinces et police de la cour, passation des baux de fermes, taxation des offices vacants aux parties casuelles [2]. Mais, trois ans plus tard, un autre règlement du même roi (Blois, mai 1588) [3] porte que, chaque matin, les secrétaires d'État viendront ouvrir et lire avec le Roi les dépêches arrivées à son cabinet, et, « pendant que l'un d'eux lira, si S. M. ne veut que ce soit tout haut, nul des autres ne s'en approchera, si Sadite Majesté ne l'appelle. » Les réponses décidées par le Roi seront soumises à sa signature le matin suivant, et aucune lettre ne sera communiquée sans son commandement. Ce n'est pas là un conseil délibérant.

Voici maintenant ce que Fontenay-Mareuil raconte à la date de 1610 : « La Reine (Marie de Médicis) prit, à l'exemple du feu roi, le matin pour les affaires, ordonnant que MM. le Chancelier, de Sully, de Villeroy et président Jeannin, avec les quatre secrétaires d'État, viendroient tous les jours, à onze heures, lui rendre compte de ce qui se passoit, en présence des trois princes du sang : ce qui se faisoit au commencement dans un grand cabinet, et puis dans celui qui est à côté de l'antichambre du Roi, où elle se tenoit dans une chaise appuyée contre la muraille, les princes du sang à ses côtés et debout, et ceux du Conseil devant elle. Toutes les personnes de condition pouvoient y entrer, et même on faisoit souvent approcher ceux qui avoient intérêt en ce qui se disoit, afin que les choses fussent mieux et plus promptement exécutées. Il se tenoit bien aussi quelquefois un autre conseil les après-dînées, pour les grandes et importantes matières, lesquelles, n'étant pas pressées, on vouloit faire passer par l'avis de plusieurs personnes, pour les autoriser davantage; mais, à dire le vrai, celui-là étoit plus pour la forme et pour contenter ceux qui en étoient, à savoir : tous les princes, ducs et officiers de la couronne, que pour besoin qu'on en eût, ne s'y proposant jamais rien dont les ministres ne fussent auparavant convenus avec la Reine dans les audiences particulières qu'elle leur donnoit très souvent : de sorte qu'y allant préparés, et les autres non, personne ne pou-

---

1. Quelques textes portent, ce qui vaut mieux : « conseillers maîtres des requêtes ».

2. Arch. nat., U 945, fol. 103.

3. Arch. nat., U 945, fol. 120; Guillard, *Histoire du Conseil*, p. 127-128; Luçay, *les Secrétaires d'État*, p. 27-28.

voit quasi léur contredire, et ils y faisoient tout ce qu'ils vouloient[1]. »

On a aussi répété souvent que le conseil des dépêches datait de 1617, parce que les cahiers des Notables de cette année-là[2] indiquent une division bien précise entre les questions de paix et de guerre ou les affaires diplomatiques et les relations avec les agents du gouvernement intérieur « sur l'exécution des édits, le recouvrement des deniers, l'administration de justice, police et finances, les affaires publiques ou particulières, etc. » Mais les mémoires de cette époque, ou immédiatement postérieurs, ne prouvent point que la séparation fût faite effectivement[5], et il paraît même, par la plus récente étude sur le règne de Louis XIII[4], que le surintendant la Vieuville ne réussit pas, durant son premier ministère, à créer un conseil des dépêches ou d'en bas, absolument distinct de celui d'en haut, pour y confiner le cardinal de Richelieu. Dans le projet de conseils préparé par celui-ci en 1625 (?)[5], le second conseil a des attributions tellement mixtes et indécises, qu'on ne peut lui donner un nom[6], et cependant nous trouvons traces, vers le même temps, en 1627, d'un conseil « chargé de voir, examiner et résoudre les dépêches pour les affaires du Royaume[7]. »

Le premier texte précis est dans le règlement édicté par Marillac le 18 janvier 1630[8] :

« Ordre que le Roi veut être tenu en son conseil des affaires et dépêches, le mardi. — Audit conseil seront lues toutes les dépêches du dedans du Royaume, et délibéré des réponses et de ce qui sera à faire à l'occasion d'icelles. Seront aussi lues les réponses et les instructions qui seront baillées à ceux qui seront employés dans les provinces pour les affaires de S. M. Audit conseil, tous ceux qui auront été en commission pour le service de S. M. seront tenus rendre compte de ce qu'ils auront fait, négocié et géré en leurs voyages. Il sera traité audit con-

---

1. *Mémoires de Fontenay-Mareuil*, p. 35.

2. Cités par M. Caillet, dans son *Administration de la France sous le cardinal de Richelieu*, tome I, p. 26, et par le comte de Luçay, p. 36-38.

3. On voit les dépêches du dehors et du dedans, en 1617, examinées par le même conseil des affaires, dans les *Mémoires de Mathieu Molé*, tome I, p. 167-168, comme en 1615, dans le règlement du 21 mai, et en 1616, ms. Fr. 16 218, fol. 187 et 192 v°.

4. Le vicomte d'Avenel, *Richelieu et la monarchie absolue*, tome I, p. 44-45.

5. *Lettres du cardinal de Richelieu*, tome II, p. 169.

6. Il doit délibérer sur les fortifications, garnisons et levées extraordinaires, les règlements de juges, les attributions de juridiction, les plaintes de communautés ou de particuliers contre les personnes puissantes. Le premier conseil est pour les affaires de la religion, le troisième pour celles des finances, et le quatrième pour le contentieux judiciaire.

7. Brevet de membre de ce conseil pour M. de Mesmes de Roissy (Arch. nat., O¹ 7, fol. 42 v°).

8. Traité de Marillac, ms. U 945, fol. 200. Ce règlement a été publié, d'après la copie d'André d'Ormesson, dans l'*Histoire de l'administration monarchique*, par M. Chéruel, tome II, p. 385.

seil de l'état des garnisons, état et payement des gens de guerre, tant de cheval que de pied, et autres affaires de la guerre, et généralement de toutes affaires importantes, ainsi qu'il plaira à S. M. l'ordonner. — Et afin que tout ce qui aura été résolu audit conseil soit promptement et précisément exécuté, S. M. ordonne que toutes les résolutions qui se prendront audit conseil en chaque journée seront réduites par écrit par celui des secrétaires d'État qui sera en mois, lequel en fera un acte contenant par articles tout ce qui aura été résolu, quelles personnes en sont chargées, quelles en doivent prendre le soin. Sera baillé extrait à chacun des secrétaires des commandements, selon leurs départements, afin qu'ils tiennent la main à l'exécution de ce qui aura été avisé après qu'il en aura été fait rapport à S. M. et qu'elle aura donné son commandement sur ce, spécialement ès choses plus importantes. »

Sous la Régence, le nom change ; voici comment s'exprime le document que j'ai déjà cité d'après Guillard[1] : « Les matières qui se traitent au conseil *de direction et de dépêches* se divisent en deux. La première concerne le fait des charges et la gestion de MM. les intendants des finances et des secrétaires d'État ; la seconde, la fonction des commissaires départis dans les provinces, leurs contestations avec les Cours et corps de juridictions et des villes. A la première se résolvent les réponses qui se font aux gouverneurs des provinces, aux intendants et trésoriers de France de chacune généralité, pour la direction des affaires du Roi et les difficultés qui se rencontrent dans le ministère des charges de MM. les intendants des finances et secrétaires d'État, suivant leurs départements ; et en ce conseil, il n'y a que Mgr le Chancelier, les surintendants, les intendants des finances et les secrétaires d'État qui y assistent. En l'autre se décident les réponses qui se font ordinairement aux Cours, commissaires départis, corps de juridictions, de villes et communautés, de l'ordre que le Roi veut être observé en exécution de ses édits, recouvrement de ses deniers, administration de la justice, police et finances, et affaires publiques et particulières ; et en ce conseil assistent les mêmes personnes, et MM. les maîtres des requêtes y sont appelés souvent. Et faut remarquer que les décisions de ce conseil se font en dépêches qui sont envoyées par les intendants et secrétaires d'État, d'où ce conseil tire son nom de *conseil de dépêches*. »

Enfin un règlement de 1649 dit[2] : « Le Roi, de l'avis de la reine régente sa mère, prescrit, veut et ordonne qu'il soit tenu un conseil des dépêches des provinces du Royaume, dans lequel toutes les lettres qui seront envoyées à M. le Chancelier, aux secrétaires d'État et aux sieurs directeurs des finances, concernant les affaires des provinces, de la justice ou des finances, soient examinées, pour ensuite en être fait rapport devant S. M., ensemble des expédients et résolutions que ceux qui seront commis pour assister audit conseil auront jugé à propos d'être proposés. »

1. *Histoire du Conseil du Roi*, p. 86.
2. Minute de la main de Séguier, dans le ms. Fr. 18158, fol. 151.

Le conseil des dépêches existait donc lorsque Louis XIV commença à gouverner par lui-même[1]. Son appellation n'a pas autrement besoin d'être expliquée : elle vient soit de ce qu'il prenait connaissance des dépêches venues de province, soit, comme le dit Guyot[2], de ce que les décisions s'expédiaient sous forme de dépêches signées par un secrétaire d'État. Beaucoup de personnages du temps de Louis XIV, et même de Louis XV, disaient : « conseil *de* dépêches, » et aussi : « conseil *de* finances. » Saint-Simon, Dangeau, le duc de Luynes sont du nombre.

Comme on a pu le voir par les textes déjà cités, le conseil des dépêches avait pour attribution principale les affaires d'administration intérieure dévolues aux quatre secrétaires d'État, et l'historien moderne de ces secrétaires, M. de Luçay, a déterminé avec soin, d'après l'examen de beaucoup d'arrêts et de décisions, quelles pouvaient être les matières mises en délibération : gestion du temporel ecclésiastique ; discipline du clergé et des ordres religieux, parfois même dans des questions de l'ordre spirituel ; régie des économats et des biens laissés par les religionnaires fugitifs ; administration des maisons hospitalières et des établissements de charité ; administration des communautés et corps municipaux ; relations du gouvernement avec les États provinciaux ; administration et discipline de l'ordre judiciaire ; matières nobiliaires et seigneuriales ; naturalisations, lettres de grâce et lettres d'État ; travaux publics ; affaires agricoles. A quoi il faut ajouter l'expédition des lettres de commission ou de provision, et celle des brevets pour les gouverneurs, commandants et autres officiers représentant le Roi dans les provinces[3]. Mais là ne se bornaient pas les attributions du conseil. Très souvent aussi il était appelé à se prononcer sur des matières contentieuses et à rendre des arrêts dans des affaires appartenant à l'ordre judiciaire : on verra plus loin quelle était sa procédure en ce cas.

L'*État de la France* de 1698 dit[4] : « Le conseil des dépêches se tient dans la chambre du Roi, en présence de S. M., où assistent Mgr le Dauphin, Monsieur, duc d'Orléans, frère du Roi, Mgr le Chancelier, M. le duc de Beauvillier, chef du conseil royal des finances, MM. les quatre secrétaires d'État et les reçus en survivance de leur charge, M. le Peletier le ministre[5] et M. de Pomponne. C'est toujours un secrétaire d'État qui y rapporte. »

Le Roi préside toutes les séances[6], et c'est par ce conseil qu'il fait

1. Il est question de la première séance qu'il présida en 1661 dans les *Mémoires de l'abbé de Choisy*, p. 577, et dans les *Mémoires de Louis XIV*, année 1661.

2. *Répertoire de jurisprudence*, tome IV, p. 489-490.

3. Luçay, *les Secrétaires d'État*, p. 422-435.

4. Tome III, p. 19. Comparez l'édition de 1684, tome I, p. 102-103, et la *Relation de Spanheim*, p. 236.

5. L'ancien contrôleur général, qui cessa d'assister aux Conseils en 1697.

6. La reine Marie-Thérèse le remplaça pendant la campagne de 1672 (*Lettres de Colbert*, tomes III, 2ᵈᵉ partie, p. 147, et tome VI, p. 102, 293 et 294). Louis XV, après l'attentat de Damiens, fut suppléé par le Dauphin.

débuter les princes avant qu'ils entrent au conseil d'État, et même au conseil des finances[1]. Monseigneur, qui y a voix délibérative depuis 1688, se dispense quelquefois d'y assister[2]. Le duc de Bourgogne y prendra séance le 26 octobre 1699, plus tôt que n'a fait son père[3]; le duc de Berry n'y entrera qu'au mois de décembre 1712[4]. Quant à Monsieur, il s'en tiendra toujours à ce seul conseil[5]. Les uns et les autres n'ont point l'« opinion » pendant les premiers temps.

Les membres du conseil d'État d'en haut composent le fond du conseil des dépêches, avec adjonction de ceux des secrétaires d'État qui n'ont point rang de ministre[6]; mais toutes les affaires sont introduites par les quatre secrétaires d'État[7] entre qui se trouvent réparties, avec les provinces du Royaume, les quatre charges des affaires étrangères, de la marine et de la maison du Roi, de la guerre, de la religion prétendue réformée. Comme bien on pense, ces affaires arrivent toutes préparées, et même, à moins que la question ne soit très importante, ou qu'elle n'intéresse un personnage trop haut placé pour qu'on puisse le « crosser, » le secrétaire d'État de qui elle relève la réserve pour luimême. Sous prétexte de soulager le Roi, il se bornera à lui en dire un mot entre le lever et la messe, puis expédiera décisions et réponses à son gré, sans intervention aucune du Conseil[8]. C'est un procédé contre

1. Voyez ci-dessus, p. 69-70. Louis XV agit de même pour son fils : voyez les *Mémoires de Luynes*, tome X, p. 354.

2. *Journal de Dangeau*, tomes II de 1873, p. 152, et XII, p. 53.

3. *Ibidem*, tome VII, p. 175 et 176; *Mémoires de Saint-Simon*, tome II, p. 256.

4. *Journal de Dangeau*, tomes XIV, p. 275, et XV, p. 75-76 ; *Mémoires de Saint-Simon*, tomes IX, p. 376, et X, p. 116.

5. *Journal de Dangeau*, tome XIV, p. 275.

6. Le Contrôleur général n'en pouvait faire partie que s'il était ministre ou secrétaire d'État; d'ailleurs son département se trouvait représenté par le chef du conseil des finances.

7. Ils n'avaient autrefois l'entrée au Conseil que pendant leur quartier ; c'est le règlement du 7 mai 1657 qui la leur a donnée en tout temps, « comme officiers ordinaires et nécessaires èsdits conseils, étant pour ce sujet créés et établis secrétaires ordinaires desdits conseils et dépositaires, tant des minutes concernant les plus grandes et importantes affaires de l'État, que chargés du plumitif des délibérations qui s'y prennent, auxquelles souvent il faut avoir recours. » (Original aux Archives nationales, K 118, n° 88[7].)

8. *Mémoires de Saint-Simon*, tome XII, p. 174 et 259. Villars dit en effet : « Chacun (des ministres), à son heure marquée, apportoit au Roi la *liasse*, c'est-à-dire tous les papiers et toutes les affaires dont ils lui rendoient compte en particulier ; et alors se faisoit quelquefois la décision des plus importantes, dont il n'étoit souvent délibéré qu'après qu'elles étoient conclues par le ministre tête à tête avec le Roi. » (*Mémoires de Villars*, p. 248.) Cent vingt ans plus tôt, Sully en usait de même : présidant ordinairement pour le Roi les séances du conseil d'État, dont le travail presque entier lui incombait, et recevant en droiture les lettres et requêtes qui devaient

lequel notre auteur ne cessa jamais de protester pendant le règne de Louis XIV. Dans sa *Lettre anonyme au Roi* (1712) [1], il dit : « Le conseil de dépêches ne connoît que de ce que les secrétaires d'État y veulent bien porter d'affaires, et le dégoût que Votre Majesté en témoigne et par leur rareté et par leur desir d'en voir la fin, autorise encore davantage les secrétaires d'État de décider par eux-mêmes et par les intendants [2]. » Dans les *Projets de gouvernement du duc de Bourgogne* [3], il demande qu'on ramène les secrétaires d'État à leurs vraies et originelles fonctions d' « écrire les ordres qu'ils reçoivent, faire les expéditions qui leur sont ordonnées, et n'influer ni dans les uns ni dans les autres. » Sous Louis XV, le marquis d'Argenson ne se plaignait pas moins vivement de ces façons d'agir. « Les départements divisés, disait-il [4], se combattent continuellement ; aucun ne peut se perfectionner, par leur opposition et les empêchements qu'ils apportent les uns aux autres ; ils s'étendent par la jalousie plus que par l'émulation ; ils jettent la volonté du monarque dans l'obscurité et dans l'indécision ; il cède enfin, et ne commande plus. Il se forme toujours un premier ministre secret. C'est ainsi que M. de Louvois, sous Louis XIV, ayant été élevé avec ce prince et le flattant de la gloire des conquêtes, rapporta tous les autres départements au sien, ruina l'État par des guerres injustes, et inspira contre nous une haine universelle. »

Cet accaparement des affaires par les chefs des quatre départements ministériels, analogue à celui que pratiquaient les ministres d'État pour le conseil d'en haut, et peut-être aussi les progrès de l'administration centrale, le « classement des questions, » comme dit M. de Luçay, tendaient de jour en jour à diminuer les attributions du conseil des dépêches et à restreindre le nombre des séances. En principe, il y en avait eu deux par semaine [5] ; en 1700, le Conseil doit encore se tenir le lundi de quinzaine, alternativement avec le conseil d'État. Mais nous ne trouvons plus, dans le *Journal de Dangeau* pour l'année 1714, que deux mentions de séance, le 9 avril et le 3 décembre, puis une autre mention au 24 juin 1715 [6], et il y est même dit que, pendant un temps,

être soumises aux délibérations, il en apportait en même temps la solution, souvent avec le texte de l'arrêt à intervenir. « Rarement, dit-il, on y changeoit quelque chose. J'ai toujours eu pour principe que les réponses que l'on donne aux employés dans les grandes affaires ne peuvent être ni trop promptes ni trop précises ; tout le temps passé en contestations est un temps perdu. » (*Mémoires de Sully*, éd. 1745, tome III, p. 279.)

1. *Écrits inédits*, tome IV, p. 37.

2. Ils ne laissaient au Roi que le « ministère de la signature, » dit M. Camille Rousset (*Histoire de Louvois*, tome I, p. 19).

3. Page 72. — 4. *Mémoires*, tome II, p. 142.

5. Séances tenues avec le Chancelier et les quatre secrétaires d'État, deux fois par semaine, « pour les dépêches ordinaires du Royaume et pour les réponses aux placets. » (*Œuvres de Louis XIV*, tome I, p. 31.)

6. Peut-être est-ce omission, car il dit, le 24 mai, que ce conseil se tient, comme d'ordinaire, tous les lundis de quinzaine (tome XV, p. 151).

la séance du conseil des dépêches a été remplacée par une séance supplémentaire du conseil d'État [1]. Par extraordinaire aussi, celui des dépêches pouvait se réunir le jeudi ou le vendredi. Lorsque Louis XV fera campagne, les deux conseils des dépêches et des finances iront siéger ensemble chez le Chancelier, tandis que le conseil d'État suivra le Roi à l'armée [2].

Le conseil des dépêches se réunit dans la chambre du Roi. Les huissiers de la chambre vont avertir ministres, secrétaires d'État, etc., et le premier valet de chambre de service garde la porte. Tous les membres du conseil se tiennent debout : « ce qui montre, dit Saint-Simon dans son *Mémoire sur la renonciation*, que ces rapports au conseil des dépêches ne sont faits que pour une discussion plus équitable et plus pesée, mais qu'au fond ce n'est que rendre compte au Roi de ce dont il s'agit, pour dépêcher ensuite à sa volonté, sans qu'autre que lui y ait voix délibérative, comme lorsque, en particulier et tête à tête, ces mêmes secrétaires d'État lui rendent compte d'affaires qui ne méritent pas, ou qui ne sont pas jugées devoir être mises au conseil des dépêches. » Et plus loin, parlant encore des secrétaires d'État : « Leur voix, qui n'est jamais que consultative, n'ajoute rien à leur poids, et leurs fonctions de rapporteurs debout au conseil des dépêches, devant le Roi et les ministres [3] assis, sont entièrement semblables à celles des maîtres des requêtes, au conseil des parties, devant le Chancelier et les conseillers d'État assis [4]. » Seuls étaient assis les fils de France, le Chancelier et le chef du conseil des finances : celui-ci parce que c'était ou un maréchal ou un duc et pair, et le Chancelier parce que M. le Tellier s'était fait jadis accorder un *placet* ou siège sous prétexte de mal de jambe. Dans les derniers temps de son ministère, Chamillart, ne pouvant obtenir la même faveur, eut du moins celle de ne venir au Conseil que

1. *Journal de Dangeau*, tomes XV, p. 288 et 151, et VII, p. 45 et 62.

2. *Mémoires de Luynes*, tomes V, p. 417 et 429, et VI, p. 432.

3. Par *ministres* il ne faut entendre ici que ceux qui n'étaient point secrétaires d'État et chargés d'un département ; tous les textes sont précis sur ce point : voyez notamment le *Journal de Dangeau*, tome X, p. 504, où il est dit que Torcy et Chamillart, n'étant regardés que comme secrétaires d'État, sont debout à ce conseil, tandis qu'ils s'assoient à tous les autres. M. de Luynes dit (tome III, p. 427) : « Autrefois MM. les secrétaires d'État n'étoient point assis au conseil de dépêches : ce qui faisoit qu'ils n'y alloient point.... Aujourd'hui, non seulement les secrétaires d'État, mais même les conseillers d'État, sont assis au conseil de dépêches et de finances. »

4. *Écrits inédits*, tome II, p. 282 et 349 ; *Mémoires*, tomes V, p. 146, et XII, p. 174 et 259 ; *Mémoires de l'abbé de Choisy*, p. 579. Le président Hénault dit, dans son *Abrégé chronologique*, à l'année 1682 : « Le conseil des dépêches, dans les commencements, étoit un peu différent de ce qu'il est aujourd'hui ; tous ceux qui le composoient y assistoient debout, même le Chancelier ; il n'y avoit d'assis qu'un secrétaire d'État, lorsqu'il écrivoit. Mais alors on n'y rapportoit pas de procès. » Arnauld d'Andilly (*Journal inédit*, p. 237) parle, en 1616, d'un conseil de finances et privé présidé par la Reine, pour affaire de saisie féodale, « qui fut un conseil debout, où personne n'étoit assis. » En 1643, Brienne obtint, pour lui et ses collègues, la permission de s'asseoir : voyez ses *Mémoires*, p. 81.

13

lorsqu'il avait à rapporter quelque affaire, et de n'y rester que le temps strictement nécessaire[1]. Les secrétaires d'État n'ont le droit de faire un rapport qu'autant qu'ils ont un département de provinces[2]. Ils prennent entre eux leur rang d'ancienneté[3].

Les membres de ce conseil, comme l'a dit Saint-Simon, n'avaient tous que voix consultative, le Roi s'étant réservé la décision, là comme dans les autres conseils ou comme aux lits de justice; mais, d'ordinaire, presque constamment, il prononçait selon l'avis de la majorité[4]. Le cas contraire se présenta fort rarement, et l'on remarqua que, toujours ou à peu près, lorsque le Roi se trouvait intéressé dans l'affaire, il jugeait cependant contre lui-même, contre son propre intérêt. Le duc de Luynes[5] cite cet exemple : « M. d'Isenghien avoit soixante-quinze mille livres de rente en Franche-Comté. Le domaine prétendoit que ces biens devoient appartenir au Roi, et demandoit non seulement la restitution de terres, mais même celle de plusieurs années de revenu, ce qui auroit fait plusieurs millions et auroit ruiné entièrement MM. d'Isenghien. Suivant la règle exacte, M. d'Isenghien devoit être condamné, et toutes les voix[6] furent contre lui. Le Roi prit la parole, et dit : « Messieurs, je vois que c'est M. d'Isenghien qui doit perdre son pro- « cès ; mais c'est moi qui veux le perdre. »

Saint-Simon rapporte encore[7] une autre séance où, à propos de conflit entre l'évêque de Chartres et son chapitre, le Roi, contre toutes les opinions successivement émises, se prononça pour le prélat, si ce n'est d'après les lois et le droit strict, du moins au nom de la religion, de la raison, du bon ordre et des principes hiérarchiques blessés par les usurpations du chapitre.

J'ai dit que le conseil des dépêches, lui aussi, avait parfois, souvent même, à se prononcer sur des questions d'ordre judiciaire et à rendre de véritables arrêts en matière contentieuse, intéressant à la fois la justice et le gouvernement. Dans le nombre il y avait beaucoup d'évocations « de propre mouvement[8]. » Toutes les fois, nous dit Tocqueville[9], qu'un représentant quelconque du pouvoir central était menacé par un tribunal ordinaire, on se hâtait de le soustraire à cette juridiction et d' « évoquer l'affaire au Conseil, » pour que l'autorité du Roi ne courût pas le risque d'être compromise, et les agents de l'administration celui d'être abandonnés à des magistrats « dont les principes ne peuvent ja-

---

1. *Dangeau*, tome XII, p. 53; *Mémoires de Saint-Simon*, tome V, p. 146.

2. Ainsi Puysieulx, ministre de la guerre sous Louis XV, n'ayant pas de provinces, était exclu du conseil (*Mémoires du duc de Luynes*, tome VIII, p. 89).

3. Lettres patentes du 18 août 1617.

4. *Mémoires de Saint-Simon*, tome V, p. 76; *Mémoires du duc de Luynes*, tome XV, p. 202 et 306.

5. *Mémoires de Luynes*, tome XV, p. 306.

6. Les éditeurs ont imprimé : *lois*. — 7. *Mémoires*, tome II de 1873, p. 339.

8. Ci-dessus, p. 7. Il juge les affaires contentieuses « qui sont de nature à y être portées, » dit le duc de Luynes (tome XVI, p. 216).

9. *L'Ancien régime et la Révolution*, p. 108-110.

mais se concilier avec les siens. » Dangeau et Saint-Simon citent nombre de cas de ce genre [1].

En règle générale, l'affaire est rapportée par le secrétaire d'État du département, ou, si elle n'appartient pas plus particulièrement à un département, par celui des secrétaires d'État que le Roi désigne à cet effet. En général aussi, elle n'entraîne point de procédures de chicane. « Ce conseil, dit Saint-Simon [2], n'est établi que pour juger des différends qui ne peuvent rouler sur des formes, ou des procès qu'il plaît au Roi d'évoquer à sa personne, et qu'il juge lui tout seul, parce que, là, ceux qui en sont n'ont que voix consultative. Il faudroit donc que le Roi fût instruit de la forme comme un procureur, ou qu'il jugeât à l'aveugle sur celle des gens qui la sauroient. » L'attribution des affaires à cette juridiction immédiate du Roi était purement arbitraire, selon que les ministres ou le souverain jugeaient opportun de soustraire tel ou tel cas, tel ou tel personnage aux juges ordinaires, ou même à ceux du conseil privé. Il me semble impossible, par exemple, de déterminer pourquoi la cassation des lettres d'État dont Saint-Simon fit si bon usage en 1694, dans la procédure des ducs et pairs contre le maréchal de Luxembourg [3], fut prononcée par le conseil des dépêches plutôt que par tout autre ; pourquoi Barbezieux y vint rapporter une information contre le comte de la Marck, colonel du régiment d'infanterie de Fürstenberg, accusé d'altercation avec le maréchal de Boufflers [4] ; pourquoi on y traitait des questions de rémission de peine [5], etc.

On envoyait également les demandes en cassation au conseil des dépêches, aussi bien qu'au conseil privé [6].

Surtout vis-à-vis des Parlements et autres cours qui protestaient contre le système des évocations, c'était une « absurdité manifeste, » comme le dit notre auteur, de juger ces affaires en dehors de la magistrature et d'hommes plus experts en procédure que ne pouvaient l'être des ministres ou des secrétaires d'État [7]. Ce fut seulement sous Louis XV,

1. Saint-Simon reproche vivement au chancelier Daguesseau d'avoir abondé dans ce sens et tout fait surtout pour épargner aux gens de robe l'affront d'un arrêt de cassation (*Mémoires*, tome XIII, p. 260-261).

2. *Mémoires*, tome XIII, p. 261.

3. Tome II, p. 77, 81-82 et 423-424. Voyez ci-après, p. 101.

4. *Journal de Dangeau*, tome VI, p. 225 : « Les avis furent partagés ; mais le Roi se rangea du parti le plus sévère : il ordonna qu'il seroit mis en prison et cassé. Le Roi veut punir rigoureusement tout ce qui a apparence du moindre duel. »

5. M. de la Vrillière mourut (7 septembre 1725) en sortant d'une séance où il venait de rapporter l'affaire d'une femme qui avait tué son beau-frère (*Mémoires de Mathieu Marais*, tome III, p. 360).

6. *Mémoires de Luynes*, tome XIV, p. 247. Voyez ci-dessus, p. 43, 48, 49, etc.

7. C'est ce qu'exprimait, deux siècles auparavant, Jean du Tillet (*Recueil des rois de France*, p. 425) : « Le conseil privé n'est rempli de beaucoup d'hommes versés en judicature, ores qu'ils soient très dignes pour les affaires d'État, èsquels il y a assez à s'occuper. »

et fort tard, en 1757[1], que deux conseillers d'État furent adjoints d'une façon permanente au conseil des dépêches[2].

Sous Louis XIV, lorsqu'une affaire contentieuse présente des difficultés ou une gravité exceptionnelle, le Roi la renvoie par un arrêt préalable à l'examen d'un bureau ou commission extraordinaire[3] de quatre ou cinq conseillers d'État, avec un maître des requêtes rapporteur. Suivant qu'il convient de juger au conseil d'État ou au conseil des dépêches, les commissaires viennent à l'une ou à l'autre séance. Au conseil des dépêches, tout le monde s'assied, contre l'usage, et prend rang suivant l'ancienneté de conseiller d'État, les simples conseillers coupant ministres et secrétaires d'État[4]. Seul, le maître des requêtes rapporte debout. Lui et les conseillers d'État sont en robes[5].

D'autres fois, mais rarement, on se borne à faire entrer un maître des requêtes seul, nommé par le Chancelier ; en ce cas, les membres du conseil opinent debout, comme à l'ordinaire[6].

Saint-Simon, dans les *Projets de gouvernement du duc de Bourgogne*[7], a approuvé cette procédure. Elle était commune au conseil des finances et à celui des dépêches, et, comme ce dernier consacrait généralement aux jugements d'affaires contentieuses l'après-dînée du samedi, dont la matinée était occupée par le conseil des finances, il est parfois assez difficile de distinguer à quel conseil on a affaire. Au conseil des dépêches appartiennent, pour ne citer que quelques cas mentionnés par Dangeau, par Saint-Simon ou par le duc de Luynes : l'affaire de Mme d'Arpajon contre Mme d'Ambres pour la lieutenance de Roi de Languedoc[8],

1. Daguesseau avait échoué dans un premier essai.

2. *Mémoires de Luynes*, tomes XII, p. 454, et XVI, p. 216 ; comte de Luçay, *les Secrétaires d'État*, p. 420. On a aux Archives nationales, K 161, n° 28[2], une lettre et un rapport autographe du garde des sceaux Miroménil sur le personnel des conseillers d'État et sur ceux qui pouvaient être admis, en 1785, au conseil des dépêches.

3. Ci-dessus, p. 49-50. — 4. *Mémoires du marquis d'Argenson*, tome I, p. 293.

5. *Mémoires de Saint-Simon*, tomes II de 1873, p. 339, V, p. 146, et XII, p. 174 et 260. On trouve dans le *Journal d'Ol. d'Ormesson*, tome II, p. 125-128, le compte rendu d'une séance de ce genre tenue le 26 avril 1664, et où fut rendu l'arrêt sur le conflit entre les ducs et les présidents à mortier. Y assistaient le Roi et sa mère, les princes, le Chancelier, Colbert et Brienne, les conseillers d'Ormesson et d'Aligre, tous assis sur des sièges pliants et nu-tête, tandis que les secrétaires d'État le Tellier et de Lionne restèrent debout pour lire les mémoires des parties. Voltaire parle de cette séance extraordinaire dans le chapitre xxv du *Siècle de Louis XIV*.

6. *Mémoires de Saint-Simon*, tome XII, p. 260 ; *Luynes*, tome XI, p. 81.

7. Page 55.

8. Une première fois, les opinions du Conseil s'étant trouvées également partagées dans cette affaire, le Roi nomma cinq commissaires pour l'examiner à nouveau avec M. de Châteauneuf, qui était rapporteur. Le rapport se fit le samedi 10 août 1686, dans une séance d'après-dînée. Opinèrent pour Mme d'Ambres : le rapporteur, le duc de Beauvillier, M. de Croissy, l'abbé le Peletier (un des conseillers d'État pris comme commissaires) et Mon-

celles du comte de Nogent contre sa mère pour la lieutenance générale d'Auvergne [1], de l'abbé de Cîteaux contre l'évêque d'Autun [2], de l'évêque de Chartres, du décanat du Conseil et de la coadjutorerie de Cluny [3], de l'ordre du Saint-Esprit de Montpellier [4], des lettres d'État de Saint-Simon [5], de l'archevêque d'Aix contre son séminaire [6]; sous Louis XV, les affaires de l'abbesse de Fontevrault contre la Visitation de Jésus de Paris, de la duchesse d'Aiguillon contre le domaine, du cardinal d'Auvergne contre l'évêque de Mâcon, des princes bâtards de Montbéliard, du parlement d'Aix contre celui de Toulouse (compétence), de Mlle de Mérode (règlement de juges), des dames de Mailly contre la duchesse de Mazarin (pour les devoirs de Port–Louis), des médecins contre les chirurgiens, de l'abbé de Broglie contre les religieux de Saint–Michel, des Jacobins de Toulouse contre Mme d'Albaret [7], du prince d'Auvergne

sieur ; pour la duchesse d'Arpajon : Louvois, le Chancelier, le Contrôleur général et les quatre autres conseillers d'État ; soit, sept contre quatre. Sans opiner lui-même, le Roi prononça le jugement conformément à l'avis de la majorité : « S. M. déclara tout haut qu'elle étoit bien aise que le nombre le plus fort eût été pour Mme d'Arpajon, et qu'il se rangeoit de ce côté-là, mais qu'il auroit peut-être été d'un autre avis, s'il avoit vu les voix partagées plus également. » (*Mémoires de Sourches*, tome I, p. 431 ; Journal du P. Léonard, ms. Fr. 10 265, fol. 160 v°.) L'arrêt (Arch. nat., E 1836, n° 89) est signé par le Chancelier, les cinq conseillers d'État et le rapporteur. Quoiqu'il ait été rendu un samedi, jour de conseil des finances, qu'un secrétaire d'État, Seignelay, ne figure pas à la séance, et que l'abbé de Choisy, en parlant de cette affaire (*Mémoires*, p. 617), dise : « Les soins de l'État et ceux de sa santé n'empêchoient pas le Roi de se faire rapporter dans son conseil d'*en haut* les affaires des particuliers, quand elles étoient importantes, » la composition du conseil indique bien qu'il s'agit d'une séance extraordinaire de celui des dépêches, le seul où Monsieur assistât à cette époque.

1. *Journal de Dangeau*, tome VII, p. 346, lundi 26 juillet 1700. Arrêt expédié en chancellerie (Arch. nat., E 1913, n° 49).

2. Conseil tenu le vendredi matin, « quoique le Roi n'ait pas accoutumé d'en tenir les vendredis. » L'arrêt fut favorable à l'abbé, selon l'avis du gouverneur et de l'intendant de la province; il s'agissait d'un fauteuil aux États. (*Mémoires de Saint-Simon*, tome II de 1873, p. 181; *Journal de Dangeau*, tome VII, p. 62, 10 avril 1699.) L'arrêt est expédié en chancellerie et signé Boucherat (Arch. nat., E 1908, n° 27).

3. *Mémoires*, éd. 1873, tomes II, p. 339, et IV, p. 41 et 273.

4. *Journal de Dangeau*, tome VII, p. 306, et *Gazette d'Amsterdam*, 1700, n°* XL et XLI. L'arrêt (Arch. nat., E 1911, 10 mai 1700) est signé du Chancelier et de dix conseillers d'État ou maîtres des requêtes qui avaient été commis sept ans auparavant, par arrêt du 15 avril 1693.

5. L'arrêt est rendu un samedi; il ne porte qu'une signature, celle du Chancelier, qui, probablement, se chargea lui-même de rapporter la requête du maréchal de Luxembourg, sans adjonction de commissaires.

6. Séance du 23 juin 1710, où le Roi se prononça contre l'opinion du rapporteur, en faveur de l'archevêque, et dressa lui-même l'arrêt (*Journal inédit de Torcy*, p. 209-211).

7. *Mémoires de Luynes*, tomes II, p. 75 et 437, V, p. 394, VIII, p. 429, IX, p. 123-124, 384 et 400, X, p. 65, 335 et 362, XI, p. 67-68 et 81.

contre le bâtard de Saint-Albin, archevêque de Cambray[1], de la duchesse douairière de Ruffec contre notre auteur, son beau-père[2], des héritiers de Ruvigny contre M. de Puysieulx[3], etc.

Dans des cas encore plus exceptionnels, on croyait bon d'adjoindre au conseil des dépêches celui des finances, avec le bureau des commissaires. Ainsi se passèrent les choses lorsque le crédit de la belle princesse de Soubise engagea le Roi à évoquer à sa propre personne le procès en suppression de nom intenté par les Rohan-Guémené au duc de Rohan-Chabot[4]. La séance eut lieu dans le cabinet royal, après le dîner, et dura six heures. Étaient présents, en dehors des membres des deux conseils, trois conseillers d'État du bureau et leur maître des requêtes. Monseigneur ne vint point. Les princes de Rohan, demandeurs, s'étaient postés ouvertement, en solliciteurs, aux abords de la porte par laquelle les juges entraient chez le Roi[5]. Comme président du bureau, Daguesseau père fit un rapport qui dura deux heures, et, à la surprise de tout le monde, il conclut pour le duc de Rohan, « un des hommes de France que le Roi aimoit le moins, et pour lequel il se contraignoit le moins de le marquer[6]. » Au contraire, les autres conseillers d'État opinèrent très vivement pour les tout-puissants Guémené et Soubise, croyant plaire au Roi ; mais Daguesseau répliqua pendant cinq quarts d'heure avec une ardeur si peu habituelle chez lui, et il finit par une péroraison si pathétique à l'adresse du Roi, que les juges se laissèrent entraîner. Le duc de Rohan avait déjà deux voix de majorité lorsque la parole fut donnée au Chancelier, puis au duc de Bourgogne : la dernière lutte fut entre ceux-ci ; mais la victoire resta au prince, qui parla une heure et demie. Quand enfin le Roi eut à prononcer son jugement, l'étonnement fut général de le voir adopter l'opinion de son petit-fils et du rapporteur : « Se tournant au Chancelier, il lui commanda de dresser l'arrêt avec le duc de Rohan, de ne refuser à celui-ci rien de ce qui pouvoit le rendre plus net, plus décisif, le plus hors d'atteinte d'aucun retour.... » La princesse de Soubise obtint communication de l'arrêt avant qu'il fût signé ; mais elle ne put que faire des chicanes sans aucune portée.

Dangeau cite encore un conseil extraordinaire tenu le jeudi matin

1. *Mémoires de Villars*, p. 317.

2. Arrêts du 13 décembre 1748 et du 15 février 1749, qui font partie de l'énorme procédure de la liquidation des dettes de Saint-Simon. Ils sont expédiés en chancellerie et ne portent que la seule signature de Daguesseau (Arch. nat., E 2271, n° 422, et 2289, n° 37). Voyez les *Mémoires du duc de Luynes*, tome IX, p. 339-340.

3. *Ibidem*, tome XVII, p. 44-45.

4. *Mémoires de Saint-Simon*, tome V, p. 70-79 ; *Journal de Dangeau*, tome VII, p. 333 et 346.

5. Saint-Simon avait dans son portefeuille 31 (aujourd'hui *France* 186) un mémoire du prince de Soubise et trois du duc de Rohan.

6. Dans notre tome IV des *Mémoires*, p. 309.

28 octobre 1700, avec assistance de tous les ministres et secrétaires d'État, du Contrôleur général et des deux conseillers au conseil des finances, pour régler l'affaire de l'amirauté de Bretagne. Monseigneur, le duc de Bourgogne et Monsieur y assistaient [1].

Louis XIV lui-même a raconté, dans ses *Mémoires* pour l'année 1666 [2], comment il jugea, dans ces conditions, une instance du général de l'ordre de Citeaux : « Je fis rapporter l'affaire en mon Conseil ; mais, comme s'il eût été du destin de cette affaire de n'être jamais terminée [par le grand nombre des raisons ou des recommandations que les parties avoient recherchées [3]], mes conseillers [les principaux de mon Conseil que j'avois assemblés au nombre de douze] se trouvèrent partagés en opinions, et je me vis dans la nécessité de la décider par mon seul suffrage, lequel je donnai en faveur du général. Car.... je considérai qu'il étoit de l'avantage de l'État de conserver sous l'obéissance de ce chef d'ordre tous les couvents étrangers qui offroient de s'y ranger, et qu'il étoit de la prudence d'un souverain de maintenir en toutes les choses justes ceux qui ont le caractère de supériorité contre la révolte des subalternes. »

Il ne faudrait pas croire que cette juridiction suprême et absolue du Conseil assurât à la justice toute la célérité désirable. M. de Luynes cite un procès qui durait depuis près de cent cinquante ans, et que le conseil des dépêches termina enfin le 23 janvier 1740, non par un arrêt, mais par un règlement en forme de lettres patentes [4].

Contre un arrêt du conseil des dépêches, le perdant peut présenter une requête en revision, que le conseil examine à nouveau, comme le maréchal de Villars rapporte que cela se fit, en 1725, pour l'affaire de la prévôté de Paris [5].

Il n'est pas d'usage que des dépens soient prononcés au profit de la partie gagnante ; cependant le même Villars raconte qu'il fit déroger une fois au principe, dans un procès injustement intenté par les échevins de Lyon aux comtes de Saint-Jean de cette ville [6].

Pour les affaires d'administration courante, les secrétaires d'État, chacun dans son département, prennent note des décisions du Roi et font faire les expéditions nécessaires, soit simples lettres « en dépêches, » soit lettres patentes, lettres de cachet, brevets, provisions, ordonnances, déclarations ou règlements, sur lesquels un commis spécial appose la signature Louis au-dessus du contreseing ministériel [7], soit enfin

---

1. *Journal*, tome VII, p. 404.

2. *Œuvres*, tome II, p. 175 ; *Mémoires*, éd. Dreyss, tome I, p. 204.

3. Les additions entre crochets sont de Pellisson.

4. Arrêt rendu entre le présidial de Bourg-en-Bresse et plusieurs seigneurs du pays. (Imprimé du temps, et *Mémoires du duc de Luynes*, tome X, p. 187-188.)

5. *Mémoires de Villars*, p. 318. — 6. *Ibidem*, p. 317.

7. Contre-seing nécessaire pour que l'acte ait force de loi (*Mémoires de Saint-Simon*, tome XI, p. 249).

arrêts du Conseil[1]. Ils ont besoin de la qualité de secrétaire du Roi pour signer les arrêts ou contresigner les autres pièces et faire « ce qui s'appelle en matière d'expédition une *grille*, qui est la marque d'une signature en commandement[2]. » Ils ne signent que de leur nom patronymique, jamais de leur surnom seigneurial : ce qui ne laisse pas de nous embarrasser aujourd'hui lorsqu'il faut chercher à qui appartiennent toutes ces signatures le Tellier, Phélypeaux, Colbert, tracées en caractères presque identiques, quoique par des générations différentes ou par plusieurs contemporains de même famille, au bas de tant de milliers de documents.

Les arrêts en commandement sont rédigés en style indirect, avec cette formule initiale : « Vu par le Roi, » ou : « Le Roi étant informé, » ou quelque autre analogue, que suit l'indication des actes de procédure et des pièces produites, ou bien des considérations politiques qui motivent l'acte du pouvoir royal. Puis vient cette autre formule : « Le Roi étant en son Conseil, » qui indique d'une façon positive que la décision émane du Roi lui-même, après délibération du Conseil[3]. Et enfin la formule finale est : « Fait au conseil d'État du Roi, S. M. y étant[4]. »

En dehors des arrêts, lorsque les matières examinées par le Conseil donnent lieu à une déclaration, une ordonnance, un règlement, en un mot à une loi de caractère général, le Roi prend le style direct, avec cette formule additionnelle : « De l'avis de notre Conseil, et de notre certaine science, pleine puissance et autorité royale, » où la première partie fait comme contrepoids à la seconde[5].

Dans les cas de jugement au contentieux, c'est, comme on l'a vu plus haut, le Chancelier qui dresse l'arrêt, sans doute avec l'aide du rapporteur, et le Roi a bien soin que le texte en soit exactement conforme à sa décision[6]. La minute originale reçoit à droite la signature du Chan-

---

1. *État de la France*, 1698, tome III, p. 19-20; *Relation* de Spanheim, p. 236. C'est le même ordre que prescrit le règlement de 1630 donné plus haut, p. 93.

2. Saint-Simon, *Mémoire sur la renonciation d'Espagne*, dans le tome II des *Écrits inédits*, p. 279.

3. C'est pour cela que Saint-Simon l'a soulignée en parlant de l'arrêt du 1er juillet 1710 contre l'*Histoire de la maison d'Auvergne* (*Mémoires*, tome VIII, p. 79). Sous Louis XV, un arrêt qui avait été rendu en conseil des dépêches à Lunéville, tandis que le Roi était malade à Metz, ayant été expédié comme d'ordinaire avec cette formule de présence, il ne fut pas tenu pour valable (Bonnassieux, *la Question des grèves sous l'ancien régime*, 1882, p. 40-43).

4. La date est indépendante et se trouve, ajoutée après coup, au bas de la page, ou bien au haut du premier *recto*, ou même au dos de l'arrêt, en cote verticale.

5. Tolozan, *Règlement du Conseil*, p. 25.

6. *Mémoires*, tome II de 1873, p. 339-340, et tome V, p. 77. On voit, en 1739, dans les *Mémoires du duc de Luynes*, tome II, p. 387, Louis XV dictant

celier, et, quand il y a lieu, à gauche les signatures du rapporteur et des conseillers d'État appelés à la séance.

Chaque secrétaire d'État doit, à la séance suivante, mettre sous les yeux du Roi un rôle des expéditions faites et signées dans son département pendant la quinzaine écoulée[1].

Comme pour les arrêts du conseil privé, et en général pour tous les arrêts du Conseil, il est de règle que l'exécution des arrêts en commandement soit assurée par un envoi au Parlement sous forme de lettres patentes : sans quoi ils risqueraient, en certaines circonstances, de rester comme non avenus[2].

J'ai déjà dit que les secrétaires d'État de Louis XIV, selon le témoignage unanime des contemporains, parvenaient à garder presque toutes les affaires entre leurs propres mains, en évitant l'intervention du conseil des dépêches, et cela par le moyen des « signatures en commandement, » c'est-à-dire des expéditions signées sur un simple ordre du Roi, sans qu'il y eût eu délibération préalable entre ses conseillers[3]. Cela explique la rareté des séances du conseil des dépêches ; mais aussi il en résultait un inconvénient fort grave au point de vue de la bonne conduite des affaires. Connus à peine du Roi, la plupart des arrêts en commandement étaient absolument ignorés des collègues du secrétaire d'État qui les signait[4], non seulement parce que l'affaire ne leur avait pas été communiquée, mais parce que, au lieu de centraliser ces arrêts comme nous le verrons faire pour ceux du conseil des finances, on laissait chaque secrétairerie garder les siens dans son dépôt particulier. Il y avait donc, et cet état de choses dura jusqu'à la Révolution, quatre dépôts distincts et indépendants d'expéditions et d'arrêts en commandement[5]. Comme la

un arrêt sur les affaires de l'Université, et le Chancelier corrigeant, remaniant indéfiniment le texte royal.

1. *Journal de Dangeau*, tome X, p. 504. On trouve une suite de ces « états pour le Roi, » remontant jusqu'à la mort de Mazarin, au Dépôt des affaires étrangères, dans le fonds nouvellement constitué de FRANCE (*Inventaire sommaire des archives du Dépôt des affaires étrangères*, à partir du n° 912), à côté des minutes des expéditions faites par les bureaux de cette secrétairerie d'État.

2. *Mémoires de Luynes*, tome XII, p. 5, 364 et 367 ; *Mémoires d'Omer Talon*, p. 277 ; *Mémoires de Mathieu Molé*, tome I, p. 18-20, etc.

3. *Mémoires de Saint-Simon*, tome XI, p. 248.

4. Benoît, *Histoire de l'édit de Nantes*, tome IV, p. 309. L'ambassadeur vénitien Contarini disait en 1686 : « Le secret des délibérations est si impénétrable, que, mainte fois, un des ministres ayant discuté seul à seul avec le Roi une affaire de son département particulier, les autres n'en peuvent rien savoir. » (*Relazioni*, série FRANCIA, tome III, p. 315.)

5. Clairambault disait, en 1723, dans une lettre que M. Baschet a publiée (*le Dépôt des affaires étrangères*, p. 177, note) : « .... On doit trouver encore plus certainement les arrêts du Conseil dans les minutes originales qui doivent être dans les bureaux des quatre secrétaires d'État, supposé qu'elles y aient été conservées. J'ai été chargé jusqu'en 1716 de celles du département de M. le comte de Maurepas ; elles y sont en bon ordre depuis

14

répartition des provinces entre les quatre secrétaires d'État[1], et même certaines des attributions de ceux-ci, varièrent à plusieurs reprises dans le courant du dernier siècle de l'ancien régime, il s'ensuit que les recherches et vérifications ne se pouvaient faire qu'à grand'peine, si tant est qu'on en fît, d'un dépôt à l'autre, et que des dérogations aux précédents, des contradictions, des incohérences se produisaient chaque jour.

Réunies en un seul ensemble lors de la Révolution[2] et déposées aux Archives nationales, ces séries de registres nécessitent encore des recherches préalables, et quelque peu incertaines, lorsqu'il s'agit de retrouver un arrêt, même si l'on connaît exactement la date d'expédition, même lorsque l'objet de l'arrêt semble indiquer à l'avance quel secrétaire d'État dut le dresser et le signer. Voici ce que disait à ce propos le rédacteur de l'*Inventaire sommaire et tableau méthodique des fonds conservés aux Archives nationales*, qui a été publié en 1871[3] : « Les arrêts du conseil des dépêches forment.... une source précieuse et abondante. de renseignements sur le gouvernement de la France et sur des questions tenant aux intérêts privés ; toutefois la richesse même du fonds y rend les recherches assez difficiles. En effet..., chaque secrétaire d'État, outre les services publics qui faisaient l'objet principal de son ministère, maison du Roi, guerre, marine, affaires étrangères, avait l'administration d'un certain nombre de provinces ; mais les mêmes provinces n'étaient pas toujours placées dans les attributions du même ministère ; souvent aussi un secrétaire d'État formait différentes séries des arrêts du Conseil rendus sur sa proposition. Les arrêts du conseil des dépêches étant reliés par ministère, l'ordre chronologique général n'a pu être établi ; en outre, les Archives ne possèdent qu'une partie des arrêts rendus au rapport du ministre des affaires étrangères et du ministre de la marine. Pour trouver un arrêt, le seul moyen assuré est de chercher à la date dans toutes les séries de registres. »

L'importance de cette collection était bien connue de Saint-Simon, qui voulait qu'on en fît un dépôt particulier, et qu'on la transférât plus tard, par périodes successives, à la Bibliothèque royale[4].

1617, reliées en près de cent cinquante volumes avec des tables. J'ai l'inventaire d'environ vingt volumes de celles qu'avoit M. de Torcy, depuis 1661 jusqu'à 1702.... M. de la Vrillière doit en avoir depuis plus de cent ans. Mais c'est dans les minutes de M. le Blanc qu'il doit s'en trouver davantage, à cause de la guerre et des pays de frontières qui sont de ce département.... » (Minute conservée dans le ms. Clairambault 1175, fol. 165.)

1. Nous aurons l'occasion de dire ce qu'était ce « département » en parlant des secrétaires d'État.

2. En l'an III de la République : voyez l'Avant-propos du tome I de la *Correspondance des Contrôleurs généraux*, p. XLII. Il y eut, en 1790, un projet de réunir en un seul dépôt les papiers de toutes les sections du Conseil (*ibidem*, p. XXXVI et XXXVII).

3. Col. 34, préambule.

4. *Projets du gouvernement du duc de Bourgogne*, p. 54. « Il faut se souvenir. dit M. d'Avenel. que les secrétaires d'État ne prenaient point d'arrêtés :

Aujourd'hui la collection des registres d'arrêts en commandement, classés dans un seul ordre chronologique, sans qu'on ait pu tenir compte des anciennes séries qui représentaient la Maison du Roi, la Marine, la Guerre, les Affaires étrangères, les Affaires religieuses[1], occupe les numéros 1684 à 2660 de la série E[2]. Pour certaines secrétaireries, elle remonte jusqu'à l'année 1611 ; en général, elle n'est bien suivie qu'à partir de 1640. Quelques registres possèdent des tables chronologiques. Il existe aussi plusieurs inventaires, répertoires et recueils partiels[3] ; mais il n'y a pas encore de répertoire analytique général, quoique l'administration des Archives ait abordé, à plusieurs reprises, cette tâche, aussi délicate qu'immense comme proportions, qui mettrait à la disposition du public érudit ou des personnes intéressées « tout le travail ministériel de deux siècles en matière de législation, de finances, de sciences et d'arts[4]. »

Quant aux autres expéditions des quatre secrétaireries d'État, ce qui en a subsisté se trouve réparti aujourd'hui dans les dépôts des ministères qui leur ont succédé : aux Affaires étrangères, à la Marine, à la Guerre. Celles de la maison du Roi sont les seules qui soient entrées aux Archives : les séries ne remontent guère au delà du temps de Colbert[5] ; quelques registres d'expéditions anciennes avaient été jadis recueillis par Baluze[6], d'autres par Clairambault. On peut voir l'énumération sommaire des registres d'expéditions de Croissy, Torcy et leurs successeurs dans l'inventaire que le Dépôt des affaires étrangères vient de publier récemment.

presque tous les actes administratifs issus de l'initiative du monarque ou d'un ministre devaient revêtir la forme d'un arrêt du Conseil. Ils correspondaient ainsi, non seulement aux arrêts de notre conseil d'État actuel, mais encore aux arrêtés ministériels et aux décrets simples.... » (*Richelieu et la monarchie absolue*, tome I, p. 49.)

1. La plupart du temps, ces séries se distinguaient par les armoiries du secrétaire d'État frappées sur les plats de la reliure en vélin, en veau ou en basane. Il y a parfois plusieurs séries par année pour le même département.

2. L'*Inventaire sommaire* donne l'énumération des registres année par année. Ils contiennent, dit-on, une moyenne de deux cent cinquante arrêts, peut-être trois cents.

3. Ainsi on a aux Archives (E 2748) l'inventaire des arrêts rendus de 1617 à 1668 ; à la Bibliothèque nationale, ms. Clairambault 663, l'inventaire des minutes originales des quatre secrétaires d'État, de 1661 à 1702 ; aux Archives nationales encore (E 2749), des répertoires spéciaux d'arrêts de la Maison du Roi de 1669 à 1720, un répertoire plus général de 1611 à 1710, etc.

4. C'est l'expression de Camus, le fondateur des Archives nationales.

5. Les papiers de son prédécesseur Guénegaud du Plessis furent brûlés en 1673.

6. Ces registres avaient été formés conformément à un règlement très sage du 1er avril 1547. Voyez l'*Histoire du Dépôt des affaires étrangères*, par M. Armand Baschet, p. 9 et 11.

Disons, en terminant cet article, que Saint-Simon eût voulu la réorganisation du conseil des dépêches, avec un duc et pair pour chef, six « seigneurs » et deux secrétaires d'État seulement, ces derniers rapportant toutes les affaires venues de la province, mais n'ayant pas voix délibérative[1]. Ce plan ne fut pas agréé du Régent, en 1715, et le conseil des dépêches fit place alors, mais pour peu de temps, à un « conseil des affaires du dedans[2]. »

Je n'ai pas parlé d'une attribution du conseil des dépêches qui eut sa très grande importance sous le règne suivant, mais qui, sous Louis XIV, n'avait aucune raison d'être, puisque le droit de remontrances était alors supprimé. C'est généralement avec ce conseil que Louis XV eut à recevoir et à examiner les doléances ou protestations si fréquentes des Parlements ; c'est par des arrêts du conseil des dépêches qu'il cassait les remontrances[3], mais quelquefois aussi, comme nous l'avons vu, par des arrêts du conseil d'en haut[4]. En certaines circonstances, la séance du conseil était suspendue pour recevoir, dans la salle même, les députés du parlement de Paris.

1. *Projets de gouvernement du duc de Bourgogne*, p. 54-55.

2. *Mémoires de Saint-Simon*, tomes XI, p. 250, et XII, p. 238.

3. *Mémoires de Luynes*, tomes VIII, p. 475, IX, p. 415, 454, 480, X, p. 309, 326 et 433, XI, p. 144-145, 148-149, 172, 199, 290-291, 323, 470, 478, 487, 503, XII, p. 5, 7, 265-267, 330, 364, 404, 411, XIII, p. 425, XIV, p. 118-119, XV, p. 235-236, etc. Voyez, comme type de ces arrêts, celui du 20 novembre 1751, Arch. nat., E 2308, fol. 409. Quelques-uns sont reproduits dans les Appendices des *Mémoires de Luynes*.

4. Ci-dessus, p. 90. On peut voir dans le *Journal inédit d'Arnauld d'Andilly*, p. 80-81, dans les *Mémoires de Mathieu Molé*, tome I, p. 22-52, et dans le *Mercure françois*, tome IV, p. 80 et suivantes, le compte rendu d'une séance tenue par Marie de Médicis le 23 mai 1615, avec l'assistance des princes, des officiers de la couronne, ducs et pairs, courtisans, etc., et où le chancelier Sillery fit prononcer la « cassation et destruction » des remontrances et de l'arrêt du Parlement relatifs à l'administration de l'État. L'arrêt du Conseil, préparé par le président Jeannin, fut corrigé à plusieurs reprises.

LE CONSEIL DES FINANCES.

Un historique complet du conseil des finances, ou plutôt de la section du Conseil qui, avant Louis XIV, s'occupait des affaires de finances, a d'autant moins lieu de prendre place ici que ce sera une des parties les plus intéressantes du travail que préparent, d'une part, MM. L. Aucoc et Moranvillé, d'autre part, M. Noël Valois. Je me bornerai donc à indiquer les principales modifications faites sous le règne de Louis XIII, pour montrer ensuite comment la véritable organisation fut l'œuvre de Louis XIV et de Colbert : œuvre si solide, qu'elle dura à peu près intacte jusqu'à la fin du régime monarchique.

Dès le seizième siècle, et sans doute dès les temps plus anciens, un certain nombre de séances du Conseil étaient exclusivement consacrées, chaque semaine, aux matières intéressant « les finances du Roi, le repos et soulagement de ses provinces, » c'est-à-dire aux impositions ou autres matières de finance et à l'administration intérieure[1], tandis que les affaires politiques et contentieuses se traitaient à des jours différents ; mais, comme nous avons déjà eu l'occasion de le constater plusieurs fois, il n'y avait alors qu'un seul et même personnel pour le conseil « d'État et des finances[2] » aussi bien que pour le conseil des parties, personnel nombreux et disparate à l'excès, tellement attaché d'ailleurs à ses privilèges, ou plutôt aux avantages que lui assurait l'entrée dans les Conseils, que les Rois multipliaient en vain les tentatives de réforme et de réduction. Sous Charles IX, les règlements de 1564, 1571, 1572 et 1573, sous Henri III, ceux de 1582 et 1585, se succédèrent les uns aux autres sans aucun effet[3] ; et quand le dernier Valois laissa la couronne au Béarnais, cet inconvénient, aussi contraire à la dignité du Conseil qu'à son bon fonctionnement, subsistait comme par le passé, que toutes les personnes de la cour pourvues d'un brevet de conseiller au conseil d'État ou privé, princes, ducs, pairs, officiers de la couronne, gouverneurs, lieutenants de Roi, etc., avaient « libre entrée, séance et voix délibérative » au conseil des finances, pour « examiner toutes sortes de requêtes sur quelque sujet que ce pût être[4]. »

1. Le jeudi en 1560, le lundi en 1566, le mardi et le samedi en 1579, le mardi, le jeudi et le samedi en 1582, etc.

2. Celui dont Étienne Pasquier parle dans ses *Recherches de la France*, livre II, chapitre v.

3. Voyez les textes dans le ms. Marillac U 945, fol. 69 v° à 73 v° et 90-94, 111-112.

4. *OEconomies royales ou Mémoires de Sully*, tome II, p. 99. Le ms. Marillac U 945, fol. 201-202, contient le rôle officiel des conseillers en 1587, s'élevant à cinquante-deux (dont neuf seulement de robe), sans compter les membres de droit. André d'Ormesson nous a conservé les listes de 1578 et de 1586. Celle de 1584 se trouve dans le vol. *France* 761 du Dépôt

Lorsqu'Henri IV eut supprimé la surintendance, il reconnut la nécessité d'une réforme. Celle-ci fut encore insuffisante, parce que, tout en séparant le conseil des finances du conseil d'État et le réduisant à neuf membres titulaires et huit intendants, sous la présidence du duc de Nevers, il laissa encore subsister une grande affluence de membres de droit [1].

D'août à septembre, ce nouveau conseil préparait le brevet de la taille, puis faisait distribuer les commissions. Ensuite il examinait les états des recettes générales au point de vue des charges et assignations ; de même, les états de maniement des comptables, et particulièrement celui des états et pensions. Au mois de décembre se préparait, pour le Roi, un état général de ses finances, recette et dépense, comprenant l'assignation des charges sur chaque comptable et les frais de recouvrement ou d'avances. Les états de l'ordinaire et de l'extraordinaire des guerres, ceux de la dépense d'entretien des armées, etc., étaient également examinés, pour établir le rôle des charges de chaque recette générale. Le conseil faisait encore les taxes des offices, les commissions pour levée de « deniers d'impositions ou taxes nouvelles, » pour ventes de domaines, constitutions de rentes, suppressions d'offices, contrats d'emprunts, etc. ; il donnait son avis sur les réductions de dépenses volontaires (dons, pensions, gratifications), les décharges de tailles, les rabais de baux, les propositions de finances, les réserves de fonds extraordinaires, etc. Il contresignait chaque mois l'état de maniement en fonds comptants ou en assignations fourni par l'Épargne, ainsi que par les trésoriers comptables prenant assignation à l'Épargne ; il contrôlait les états particuliers de comptant et les rôles de certification ; il faisait l'adjudication des grandes fermes, etc.

des affaires étrangères, parmi des documents administratifs. D'après le règlement du 8 janvier 1585 (ms. U 945, fol. 95 v°), voici de quels personnages se composaient les Conseils : les princes du sang, les cardinaux, les autres princes, les ducs, les officiers de la couronne, le grand maître de l'artillerie, les membres du conseil des affaires, les secrétaires d'État, les contrôleurs et intendants des finances, les chanceliers et chevaliers d'honneur de la Reine mère et de la Reine, les secrétaires Sarred et Ruzé ; trente-trois conseillers titulaires (réductibles à trente et un) servant par quartier, le trésorier de l'Épargne et le secrétaire des finances en service. Pouvaient entrer aussi, mais seulement selon « les besoins du rôle, » les gouverneurs et lieutenants de Roi, les présidents et gens du Roi du parlement de Paris, les premiers présidents des autres cours ; puis, comme attachés à la personne du Roi, les commandeurs de l'Ordre en service, le capitaine des gardes en quartier, le grand prévôt, le mestre de camp de la garde française. Il est vrai que les princes et grands seigneurs n'assistaient guère aux séances, à moins que leurs charges ou gouvernements ne fussent en cause.

1. Règlement du 25 novembre 1594, dans le ms. Marillac U 945, fol. 202 v° à 210. Cette réforme, dit le vénitien Duodo, fut faite pour enlever au conseil d'État une partie de son autorité, et parce que le Roi croyait pernicieux d'initier trop de monde aux secrets de la finance. (Volume d'appendice de la première série des *Relazioni*, p. 161-162.) Voyez aussi les *OEconomics royales*, tome II, p. 95-96.

.C'est encore ce conseil qui prenait connaissance de « toutes les dé-pêches des trésoriers généraux et autres concernant les finances, pour en être la réponse promptement ordonnée. »

Le règlement de 1594 ajoute : « Ledit conseil se tiendra à la suite de S. M., et non ailleurs, si ce n'étoit de son exprès commandement, et s'assemblera tous les jours, s'il est nécessaire, et pour le moins trois fois la semaine, et les après-dînées, au logis de S. M., en un lieu qui pour ce sera marqué et réservé; et ne scra audit conseil rien résolu qu'au moins trois de ceux qui sont ordonnés pour le tenir, si tant ils sont près de S. M., ne s'y trouvent. »

Dès que Maximilien de Rosny eut pu entrer dans ce conseil[1] et que son crédit se fut affermi, « ses émulateurs quittèrent peu à peu l'administration des finances, et même ne vinrent plus au conseil, s'ils n'y avoient affaire pour le particulier d'eux ou de leurs amis... : de sorte que toute la créance au maniement des finances se trouva quasi réduite en sa seule personne[2].... » Il y avait alors séance pour les par-ties le lundi, le mercredi et le vendredi ; pour les affaires d'État et de finances, le mardi, le jeudi et le samedi. Le Chancelier présidait ; à son défaut, le plus vieux ou le plus digne des conseillers présents. Ceux-ci étaient très peu nombreux, ne se composant plus guère que de véritables travailleurs, et le fonctionnement n'en pouvait être que meilleur, « toutes sortes de personnes, et les plus pauvres toujours les premiers, étant bien assurés que leurs requêtes seroient en bref répondues, et ce qui leur avoit été promis sincèrement et promptement exécuté[3]. »

La mort tragique d'Henri IV ne permit pas à Sully de réaliser les réformes qu'il projetait de faire encore dans le conseil des finances, réformes fondamentales, portant et sur la composition et sur les attri-butions[4]. Bientôt même il lui fallut céder la conduite du conseil des finances aux princes que la Régente favorisait[5], d'abord au comte de Soissons[6], puis au prince de Condé, aux ducs de Nevers et de Mayenne, au maréchal de Bouillon, etc. Mais aussi, dès le 26 janvier 1611, pour

1. Sur ses provisions, voyez les *OEconomies royales*, tome 1, p. 225-226, et les *Remarques* de Marbault, à la suite du tome II, p. 28.

2. *OEconomies royales*, tome I, p. 285. Comparez M. Chéruel, *Histoire de l'administration monarchique*, tome I, p. 356-357; les *Relazioni*, éd. Ber-chet et Barozzi, série FRANCIA, tome I, p. 113 et 463.

3. *OEconomies royales*, tome II, p. 99 et 483.

4. Voyez le projet publié par P. Clément dans ses *Portraits historiques*, p. 95, 498-500 et 502-503, note 4, les *OEconomies royales*, tome II, p. 185-186, corres-pondance d'avril-mai 1607, et un règlement de janvier 1610 dans le ms. Fr. 16 248.

5. *Mémoires de Fontenay-Mareuil*, p. 35; P. Clément, *Portraits histo-riques*, p. 103 ; *Richelieu et la monarchie absolue*, par M. le vicomte d'Ave-nel, tome I, p. 51. Voyez ci-dessus, p. 91.

6. En décembre 1611, le comte « marqua du mécontentement de M. le Chancelier et de ceux du conseil des finances, desirant qu'ils allassent à son logis, qu'ils y portassent tous les états des finances, et qu'ils les lui laissassent pour les voir. » (*Mémoires de Pontchartrain*, p. 317.)

préparer les affaires, on créa une direction des finances, composée de
M. de Châteauneuf, du président de Thou, du contrôleur général Jeannin et d'un certain nombre de membres du Conseil renouvelables
chaque année. Telle doit être l'origine de ce conseil des finances au
petit pied, qui ne cessa plus de fonctionner depuis lors[1], soit qu'il
y eût ou non un surintendant, et que nous avons étudié dans son
dernier état, mais sous le même nom de direction, en parlant du conseil
privé et des bureaux ou commissions du Conseil[2].

Le chancelier Sillery, « qui avoit attiré à lui seul toute l'autorité dans
les affaires d'État et des finances[3], » présidait la direction.

En décembre 1614[4], « la Reine, qui avoit toujours le gouvernement
de l'État, pour donner contentement à Monseigneur le Prince sur les
plaintes qu'il faisoit que les choses résolues dans le conseil ordinaire
des finances se rapportoient au conseil de la direction, et après chez
M. le Chancelier, se résolut de supprimer et casser entièrement la direction, et, au lieu de ce, établir un conseil particulier des finances
qui se tiendroit une fois la semaine, qui étoit le samedi après dîner,
et à qui seul se rapporteroient tous les états de la recette et dépense
des finances et autres affaires plus particulières et importantes touchant lesdites finances ; lequel se tiendroit au Louvre, en présence de
Leurs Majestés, où assisteroient Monseigneur le Prince, M. de Guise,
M. de Nevers, le plus ancien cardinal, le plus ancien maréchal de
France, le plus ancien duc ou officier de la couronne, avec M. le Chancelier et ceux qui étoient de la direction, y compris M. de Bouillon. »

Le nouveau conseil tint d'ordinaire séance dans l'appartement d'entresol de la Reine mère, en présence de celle-ci ; il recevait les affaires préparées au préalable chez le Chancelier ou chez le surintendant Jeannin[5].

« Ce conseil, dit André d'Ormesson[6], étoit fort célèbre. Les conseillers d'État et les maîtres des requêtes y rapportoient les grandes affaires,
et [cet ordre] fut introduit par M. le Chancelier, lequel, pour empêcher
que Monsieur le Prince, qui se rendoit ordinaire aux Conseils, n'y prît
trop d'autorité, conseilla le Roi et la Reine de s'y trouver, et, à leur

<hr>

1. Voyez mon mémoire sur *Semblançay et la Surintendance des finances*
(1882), p. 42 et suivantes, et l'*Histoire de l'administration monarchique*,
par M. Chéruel, tome I, p. 359.

2. Voyez ci-dessus, p. 58-63.

3. André d'Ormesson cité par M. Chéruel, *Histoire de l'administration
monarchique*, tome I, p. 359.

4. *Mémoires de Pontchartrain*, p. 337 ; comparez le *Journal inédit d'Arnauld d'Andilly*, publié par M. Halphen, p. 15 : « Conseil de la direction
changé ; ordonné que la *semaine* (rôle des dépenses de l'exercice) se lira et
les principales affaires concernant les finances se traiteront tous les samedis,
etc. » On trouve ce règlement du 21 mai 1615 dans le ms. Fr. 16 218 (Harlay),
fol. 186-190.

5. *Journal inédit d'Arnauld d'Andilly*, p. 31-34, 62 et 67. C'est le conseil d'entresol mentionné plus haut, p. 64, note 3.

6. M. Chéruel, *Histoire de l'administration monarchique*, tome I, p. 359.

suite, tous les princes et grands seigneurs prenoient à faveur d'y assister. » On peut voir, par les listes qui nous sont parvenues [1], quelle « confusion », quelle « cohue » c'était alors [2] ; mais encore les gens de robe l'emportaient-ils en nombre, par le fait des ministres, tandis que la Régente eût donné volontiers la préférence aux gens d'épée [3]. Le prince de Condé, qui protestait contre un pareil encombrement, finit par déserter les Conseils [4] : ému de ses plaintes et de celles qui s'étaient produites aux États de 1614, le gouvernement de Marie de Médicis fit étudier un nouveau règlement, dont les bases furent arrêtées en août 1616 comme il suit [5] : le mardi et le jeudi, conseil des finances tenu au Louvre à huit heures du matin, « tout semblable à celui qui avoit accoutumé d'être tenu auparavant, et auquel la même confusion est demeurée,... et où Monsieur le Prince se trouveroit, comme il a toujours fait, et signeroit les arrêts ; » le mercredi et le vendredi matin [6], conseil de direction, composé uniquement de Monsieur le Prince, du président Jeannin, du contrôleur général Barbin et des quatre intendants. « Quant au samedi, ce jour fut destiné pour lors, le matin la *semaine* en un conseil de direction, après le faire arrêter à la Reine ; et le reste du jour devoit être employé au conseil des dépêches, c'est-à-dire pour les affaires d'État [7], auquel assistoient les princes et officiers de la couronne. »

Le gouvernement montra quelque vigueur pour maintenir les réformes contenues dans ce règlement [8], et, lorsque vint l'assemblée des

---

1. M. Chéruel, *Histoire de l'administration monarchique*, tome I, p. 358-361.

2. Telle qu'on y pouvait « couper la bourse. » (*Journal inédit d'Arnauld d'Andilly*, p. 41.) Et cependant, chaque année, le gouvernement déclarait que les porteurs de brevets de conseiller d'État non encore reçus à serment ne pourraient y être admis que l'année suivante. (Brevets originaux de 1611 à 1615, dans le ms. Fr. 16 218, fol. 182-185 et 198.)

3. *Mémoires de Bassompierre*, tome II, p. 65-66.

4. Le 30 avril 1615, il déclare qu'il ne viendra plus au Conseil si l'on n'en expulse beaucoup de monde, et en effet il manque, le 12 mai suivant, à une séance plénière tenue au Louvre. Le 11 juillet 1615, il demande que, « dans le conseil des affaires d'État, qui se tient les matins à dix heures, il ait la part que son rang requiert ; que l'on se serve, pour les finances, de ceux dont le feu Roi se servoit, et, entre autres, de M. de Sully ; que les arrêts et autres expéditions du conseil soient signés de sept personnes, savoir : de lui, de M. de Sully, M. le Chancelier, M. le Contrôleur général des finances, du rapporteur et des deux plus anciens du conseil. » (*Journal inédit d'Arnauld d'Andilly*, p. 72, 73 et 89.)

5. *Ibidem*, p. 75, 83 et 183-184. Voyez, dans le ms. Fr. 16 218, fol. 192-196, le projet arrêté à Loudun, de concert avec Monsieur le Prince.

6. Trois mois plus tard, on substitua à ces deux jours, pris par les secrétaires d'État pour conférer avec les ministres et de là aller chez la Reine, l'après-midi du mardi et du jeudi.

7. Le conseil des affaires et dépêches : ci-dessus, p. 91-92.

8. Le cardinal de Guise ayant voulu être du conseil de direction, la Reine, poussée par Concini, déclara qu'elle avoit fait deux fois la guerre pour empêcher que le prince de Condé ne fût de la direction, et qu'elle la

Notables, sans nier le droit des grands à prendre part aux délibérations politiques, on essaya de ne laisser dans le conseil d'État et des finances que le moindre nombre de membres possible, de les choisir avec soin dans le clergé, dans la noblesse, ou dans les personnages de « qualité, prudhomie, expérience et capacité » qui « avoient été employés aux principales charges et affaires du Royaume, » et de ne faire venir aux séances les princes, cardinaux, ducs, officiers de la couronne, gouverneurs, prélats, etc., et même les secrétaires d'État, surintendants, commissaires et intendants des finances, qu'en cas de nécessité et s'ils connaissaient déjà le service du Conseil[1].

On arrêta aussi les bases d'une délimitation d'attributions[2] : au conseil d'État et des finances devaient être réservés les requêtes, cahiers, articles et remontrances des provinces, les affaires relatives à l'observation des édits et ordonnances d'intérêt public, les affaires du clergé, les suppressions et remboursements d'offices, les adjudications de fermes, de travaux, d'ouvrages publics et de fournitures militaires, les rabais et diminutions sur les fermes, tailles et subventions, le brevet de la taille et des impositions, les états du Roi de chaque généralité, les états des fermes, l'état général des finances, etc.[3]. C'était, comme on le voit, un mélange d'affaires de finances et d'administration intérieure.

Mais cette première moitié du règne de Louis XIII « engendra » un nombre infini d'ordonnances relatives au Conseil, sans qu'aucune aboutît, à ce qu'il semble, sans qu'il en restât rien ou presque rien[4]. Ainsi, presque au lendemain de l'assemblée des Notables de 1617 et de l'édit de 1618 qui avait réduit leurs propositions en forme de loi, nous trouvons, sous la date du 5 août 1619, un nouveau règlement pour « apporter quelque ordre dans le conseil de la direction des finances. » Il répartit entre les membres du conseil et les intendants des finances toutes les provinces du Royaume, « afin que chacun d'eux ait à recevoir et rapporter les cahiers, articles et remontrances et requêtes qui viendront des provinces, » et ce « département » changera tous les deux ans, « afin que ceux du conseil soient mieux informés de l'état des af-

feroit encore deux fois plutôt que d'y laisser entrer le cardinal. » Condé fut arrêté quelques jours plus tard au sortir du conseil des finances. (*Journal inédit d'Arnauld d'Andilly*, p. 192 et 194.) On voit le maréchal d'Ancre aller plusieurs fois à la direction, et la séance se tenir une fois chez Barbin, avec les huissiers à chaîne d'or (*ibidem*, p. 222 et 233).

1. *Mémoires de Mathieu Molé*, tome I, p. 167-169. Comparez ci-dessus, p. 13-14.

2. Voyez ci-dessus, p. 92, ce qui a déjà été dit des réformes ou projets de réformes de 1617.

3. *Mémoires de Mathieu Molé*, tome I, p. 170-173.

4. « Chaque siècle y apporte sa règle ; chaque chancelier et garde des sceaux veut être obéi et méprise les règlements de ses prédécesseurs, sinon en tant qu'ils lui sont agréables et conformes à son desir, et lui servent de prétexte pour refuser les importuns. » (André d'Ormesson, cité dans l'*Histoire de l'administration monarchique*, tome I, p. 361.)

faires desdites provinces. » De même pour les fermes. Le nombre des conseillers titulaires est réduit à quinze[1]. Onze mois plus tard, dans un projet revêtu de la signature de Marie de Médicis et du contreseing de Bouthillier, mais qu'on sait être l'œuvre de Richelieu[2], il est dit que le troisième conseil devrait être composé du Chancelier et du Garde des sceaux, du Surintendant des finances et des intendants, des secrétaires des commandements et des « anciens et expérimentés conseillers d'État, devant lesquels on agira de la direction et maniement de toutes les finances de l'État, en sorte toutefois que les résolutions qui se prendront, tant en ce conseil que ès deux dessusdits, seront apportées au Roi en présence des princes de son sang et autres grands, pour être autorisées ainsi qu'il lui plaira. » Le projet de 1620, non plus que celui que j'ai cité déjà comme étant attribué à Richelieu, vers l'année 1625, n'eurent point de suites; mais Marillac, qui n'était pas encore garde des sceaux, fit adopter alors (règlement de Compiègne, 1ᵉʳ juin 1624) le système de division des conseillers d'État titulaires en ordinaires, au nombre de huit, en semestres, au nombre de dix, et en quatrimestres, au nombre de treize. Deux ans plus tard, le règlement de Châteaubriant (26 août 1626) porta le nombre des ordinaires à douze[3]. Ni cette exclusion d'une partie des membres du Conseil pendant les deux tiers ou la moitié de l'année, ni les autres efforts de Marillac, « esprit porté à faire des règlements dans le Conseil, » nous dit André d'Ormesson, ne purent maintenir un semblant de bon ordre : ordinaires, semestres ou autres furent bientôt en nombre double de celui que fixaient les règlements, et, plus que jamais, on distribua sans compter les brevets de conseiller aux seigneurs de la cour[4], aux premiers présidents, ou même aux simples présidents des Parlements, des Chambres des comptes, des Cours des aides ou du Grand Conseil, à des magistrats de tout rang, sous prétexte d'ancienneté, et enfin à des personnages quelconques qui avaient rendu un service ou versé une finance au Trésor royal[5]. A peine entrés au Conseil, la plupart des maîtres des requêtes briguaient et ob-

1. Ms. Marillac U 945, fol. 149-150; Guillard, *Histoire du Conseil*, p. 48.

2. Arch. nat., KK 1355, fol. 70 v° et 71; cité par M. le vicomte d'Avenel, dans *Richelieu et la monarchie absolue*, tome I, p. 43.

3. Citations d'après André d'Ormesson dans l'*Histoire de l'administration monarchique*, tome I, p. 363-364 et 368-372. Voyez ci-dessus, p. 22.

4. Encore la noblesse réclamait-elle contre certaines velléités de l'exclure, et le cardinal de Richelieu songea à lui donner satisfaction en intercalant, comme commissaires par quartier, quelques « sages gentilshommes » entre les gens de robe longue. (M. d'Avenel, *Richelieu et la monarchie absolue*, tome I, p. 124-125.) C'est vers ce temps-là, en décembre 1629, que le père de Saint-Simon, en pleine faveur, reçut un brevet, « distinction qui se donnoit déjà à presque tous les seigneurs, et qui n'avoit plus guère dès lors que le nom. »

5. *Journal d'Ol. d'Ormesson*, tome I, p. 64, 65, 70, 120, 152, 178-180, 424, 474; M. Chéruel, *Histoire de l'administration monarchique*, tome I, p. 367; M. le vicomte d'Avenel, *Richelieu et la monarchie absolue*, tome I, p. 52-53.

tenaient ce brevet ; tout au plus osait-on le leur faire attendre quelques
années et ne leur donner rang à côté des conseillers titulaires qu'au
bout de quelques autres années[1]. De là cet engouement pour les
charges de maîtres des requêtes qui les faisait monter à des prix exces-
sifs, « par l'espérance, dit le règlement de la Rochelle (janvier 1628)[2],
que plusieurs ont de parvenir à la dignité de conseiller en des conseils
et se préparer par ce moyen une honorable retraite, avec la commodité des appointements qu'ils en reçoivent,... faisant état que ce n'est
qu'une avance de quelques années, laquelle ils retireront avec intérêt,
revendant plus chèrement les mêmes offices après qu'ils auront obtenu
des brevets et la faculté de seoir auxdits conseils[3]. »

Au commencement de 1643, peu avant la mort de Louis XIII, on
ne comptait pas moins de vingt-trois conseillers ordinaires, vingt-deux
conseillers du semestre d'hiver et quinze du semestre d'été[4]. J'ai déjà
dit, en parlant du conseil privé, combien la régence d'Anne d'Autriche
fut pernicieuse et nuisible au bon ordre[5] ; on passa pourtant près d'une
année à préparer le règlement du 16 juin 1644[6].

Quant au personnel, ce règlement ne remédia encore à rien ; la Régente même, dès les premiers temps, augmenta le corps des conseillers
ordinaires de onze membres nouveaux. On voyait alors, selon l'expression du chancelier Séguier[7], « chaque jour produire un conseiller
d'État, comme après un naufrage, que la mer jetoit quelque ballot sur
terre, » et, si les membres de droit ou les porteurs de brevets éprou-
vaient quelque scrupule à siéger au conseil des parties, il n'en était
pas de même au conseil de direction, « célèbre pour le grand nombre, »
et au conseil des finances, dont les listes venues jusqu'à nous portent
cinquante, soixante-quinze, et jusqu'à cent vingt noms, gens d'épée,

1. *Journal d'Ol. d'Ormesson*, tome I, p. 166 et 169 ; *Histoire de l'administration monarchique*, tome I, p. 364. On trouvera un répertoire des brevets et commissions, ainsi qu'une partie des textes, dans les mss. Fr.
16 218, fol. 330-337, et 18 152, fol. 115-121 et 138-276, avec des listes du
Conseil de 1615, 1630, 1637 (Fr. 18 152, fol. 113, 127 et 128).

2. *Histoire de l'administration monarchique*, tome I, p. 372-373.

3. M. d'Avenel a fait ressortir la singularité de cette situation dans *Richelieu et la monarchie absolue*, tome I, p. 73-76, où il cite des vers de la sa-
tire xvi de Regnier, sur les maîtres des requêtes siégeant en finances.

4. *Journal d'Ol. d'Ormesson*, tome II, p. 635-637. On peut voir comment
ce conseil fonctionnait dans les fragments de mémoires d'André d'Ormesson
insérés à la fin du tome II, p. 812 et 833-880. Olivier, assidu alors aux directions, grande et petite, du mercredi et du samedi, en parle avec beaucoup de détails.

5. Ci-dessus, p. 14-15.

6. Guillard, *Histoire du Conseil*, p. 51-56. La minute originale du chancelier Séguier est dans le ms. Fr. 18 158, fol. 164 ; comparez le ms. Fr.
16 218, fol. 203-207, et voyez les renseignements que d'Ormesson donne sur
la préparation de certains articles dans son *Journal*, tome I, p. 111, 113,
115, 117, etc., et, sur le règlement même, p. 166-167, 175 et suivantes.

7. *Journal d'Ol. d'Ormesson*, tome I, p. 152.

gens d'église et gens de robe, hauts fonctionnaires et dignitaires, conseillers titulaires ou maîtres des requêtes brevetés [1].

Une des premières pensées du surintendant d'Hémery, en 1647, fut de « ne plus tenir de conseils de direction, ôter aux maîtres des requêtes les affaires de finances et les régler toutes dans la petite direction, retrancher le grand nombre des conseillers d'État, enfin rétablir l'ordre des affaires qui étoit du temps de M. de Sully [2]. » Mais les troubles de la Fronde survinrent, à la faveur desquels le corps des maîtres des requêtes fit interdire aux conseillers d'État qui n'avaient pas été maîtres des requêtes ou présidents à mortier de rapporter devant le conseil des parties, et dépouilla les intendants des finances, au conseil des finances même, de tout ce qui était affaires de particuliers [3].

Pour établir où en était définitivement le partage des attributions entre les diverses formes ou séances de conseil des finances au moment où Louis XIV prit le pouvoir, je n'ai, ici encore comme je l'ai fait pour les autres conseils, qu'à citer quelques-uns des textes de l'époque.

Le tableau que Guillard a reproduit en le rapportant au temps de la régence d'Anne d'Autriche [4], et dont j'ai déjà détaché divers fragments, divise les matières du conseil de finance (*sic*) en deux catégories :

« La première, où l'intérêt du Roi et de ses finances est mêlé ; à laquelle se rapportent les contestations d'entre le Roi et les traitants, les traitants entre eux, et les particuliers ; le fait des charges des trésoriers de l'Épargne, des parties casuelles, des deniers extraordinaires, trésoriers de l'ordinaire et extraordinaire des guerres, trésoriers de la maison du Roi, des menus, de la grande écurie, des gardes du corps, des gardes françoises et suisses, quant à ce qui est des états du Roi, billets, mandements, rescriptions et quittances de l'Épargne et de finances, dons, pensions, payements de gages, appointements, et assignations tirées sur les recettes, fermes, clergé, dons gratuits des États, petits traités et affaires extraordinaires du Roi ; édits, déclarations, arrêts du Conseil, et leurs exécutions ; exécution des articles accordés par les fermes, baux.... et traités, sociétés, avis donnés au Conseil ; le règlement des taxes arrêtées au Conseil en conséquence d'édits et arrêts, spécialement ceux qui n'ont été vérifiés ès Cours ; amirautés, marine, déprédations, représailles, rançons, échanges ; domaine du Roi, aliénations faites sur

---

1. *Journal d'Ol. d'Ormesson*, tome 1, p. 58-62, 76-80, 117, 175-177, etc. Il y avait parfois des réunions plénières, pour recevoir des remontrances ou des plaintes du Parlement, pour juger de grands procès, etc. (*Mémoires d'Omer Talon*, p. 64-67.)

2. *Journal d'Ol. d'Ormesson*, tome I, p. 389.

3. Voyez ci-dessus, p. 33 et 35. C'est seulement après les réformes de 1661 que les intendants reconquirent le terrain perdu (ci-dessus, p. 60), et Olivier d'Ormesson écrivait d'un ton navré, en janvier 1667 : « De conseil des finances pour les maîtres des requêtes, il ne s'en donne plus. » (*Journal*, tome II, p. 498.)

4. *Histoire du Conseil du Roi*, p. 87. Ce texte est bien informe.

le Roi aux engagistes, appellations des commissaires du domaine; commissaires départis dans les provinces, et tous commissaires extraordinaires non souverains; et généralement de toutes les finances du Roi, et de la contrariété des jugements et arrêts rendus par les commissaires établis souverains, et de l'homologation des ordonnances de MM. les maréchaux de France sur le fait et droit contentieux.

« La seconde, qui regarde nûment l'intérêt des particuliers. — A la seconde tombe la préséance des officiers, et le règlement de leurs fonctions, pour être l'une et l'autre attribuées par édit; les différends entre traitants et associés où le Roi semble avoir quelque intérêt; toutes exécutions d'édits, déclarations et arrêts qui attribuent quelques droits que l'on conteste, dont les appellations des commissaires départis font partie; payements de gages, droits, montres, appointements, emplois dans les états; règlements des exercices des charges de finance, et toutes les attributions de connoissance faites au conseil de finance; les décrets des offices des comptables saisis pour dettes du Roi; les oppositions au titre des offices èsquels le Roi, les apanagistes et engagistes ont intérêt. »

C'est à peu près la division faite par les règlements de 1630. Dans celui que prépara en 1644 le chancelier Séguier[1], les séances sont partagées ainsi : 1º le mardi et le vendredi, conseil privé ou des parties, pour les affaires de justice entre particuliers et communautés; 2º le mercredi et le samedi, conseil de direction pour les affaires des particuliers avec les traitants ou avec le Roi, jugées au rapport du Contrôleur général, des intendants des finances et des maîtres des requêtes le mercredi, et des conseillers d'État et maîtres des requêtes le samedi; 3º le jeudi, conseil des finances, pour lequel sont réservées les affaires de particulier à particulier, de communauté à communauté, et même de traitant à traitant, pourvu qu'il ne soit question de droits du Roi, et que le jugement ne donne recours au traitant contre S. M. En outre, dans l'après-dînée du mercredi, il se doit tenir un conseil où le Contrôleur général et les intendants des finances rapporteront les traités ou autres affaires concernant les finances ou les droits du Roi, et où viendront seulement « ceux qui y ont entrée jusqu'à présent. »

Un autre règlement du 7 octobre 1645[2] s'exprime en ces termes sur la manutention des affaires de finances :

« Premièrement, en chacune semaine, tous les vendredis au matin, tous les Surintendants des finances du Roi[3] et Contrôleur général d'icelles s'assembleront afin de voir et examiner les moyens de soutenir les dépenses de l'État et celles qui seront commandées par S. M. ; lesquels moyens seront par après rapportés et examinés aux directions particulières, et ensuite au Conseil, tous les mercredis après dîner; et, aux-

1. Ci-dessus, p. 116. Comparez le *Journal d'Olivier d'Ormesson*, tome I, p. cv, 106, 189, 295, et tome II, p. 843 et 855.

2. Arch. nat., registres de la Maison du Roi, O¹ 12, fol. 532.

3. Ils étaient trois alors.

dites assemblées des vendredis, il sera dressé un état contenant toutes les dépenses qui seront à faire, tant par comptables que par ordonnances de comptant, que pour intérêts, remboursements de dettes, prêts ou droits domaniaux, pensions et appointements du Conseil, et généralement de tout ce qui se paye par les trésoriers de l'Épargne, à la réserve des voyages et menus dons, ensemble des fonds sur lesquels lesdites dépenses devront être payées ou assignées : lequel état sera résolu, arrêté et signé par lesdits sieurs Surintendants et Contrôleur général, et sera donné copie d'icelui audit Contrôleur général en chacune assemblée.

« Nulles assignations ne seront changées qu'en l'assemblée qui sera tenue le vendredi d'après celle où lesdits payements et assignations auront été résolus, et il sera fait mention dudit changement dans ledit état de dépenses qui sera arrêté.

« Aucunes lettres de pensions, acquits patents, appointements, dons et gratifications ne seront contrôlées, èt les sommes y contenues ne seront acquittées, qu'à la fin de chaque année.

« Et nul payement ou remboursement de dettes, droits et rentes ne pourra être fait qu'en vertu des arrêts du Conseil. »

Enfin l'*État de la France* de 1648, reproduit dans la seconde série des *Archives curieuses de l'histoire de France*[1], donne quelques détails intéressants sur le conseil des finances :

« Après le conseil étroit, qui est proprement le conseil privé et d'État, est le plus grand et le plus étendu, comme étant composé de plus de vingt-cinq ou trente personnes qui prennent tous la qualité de conseillers du Roi dans ses conseils d'État et privé. Ce conseil s'assemble ordinairement au Palais-Royal, et est composé de la Reine, de M. le duc d'Orléans, de M. le prince de Condé, quand il est à la cour, de M. le Chancelier, de M. le Surintendant des finances, des quatre intendants des finances, de plusieurs conseillers d'État, de trois trésoriers de l'Épargne, de trois trésoriers des parties casuelles, de quatre secrétaires ou greffiers du Conseil, servant par quartier. En ce conseil, aussi bien qu'au conseil étroit, il y a toujours une chaire vide, de velours violet, pour le Roi, qui s'y mêt quand il s'y veut trouver présent pendant sa minorité ; à main droite, une place vide ; après, se met le Chancelier, et ensuite les conseillers d'État suivant l'ordre de leur réception. A main gauche se mettent MM. les princes du sang. MM. les Surintendants des finances se mettent derrière, sur un banc à part, le secrétaire ou greffier au bout de la table, et les maîtres des requêtes se tiennent debout tout à l'entour. Les matières qui s'y traitent sont toutes de finance, en sorte que, quand les affaires touchent le Roi ou des personnes qui ont immédiatement traité avec lui, les intendants en font le rapport ; et si ce sont des particuliers qui demandent des [dé]-

---

1. Tome VI de la deuxième série, p. 436-437. Nous avons déjà constaté que ce texte est en partie répété dans l'*État des Conseils du Roi* imprimé en 1658 (ci-dessus, p. 35), et même dans l'*État de la France* de 1663.

charges ou qui aient quelque différend avec les traitants ou partisans, ce sont les maîtres des requêtes de l'hôtel[1], lesquels, avant que d'en faire leur rapport, communiquent les affaires entre eux, en une assemblée qu'ils font au Palais, et qu'on appelle la jurisprudence des requêtes du Roi. En faisant leur rapport au conseil, ils disent qu'ils ont communiqué les affaires entre eux et qu'ils sont de tel avis, suivant lequel le conseil donne souvent les arrêts; mais, quelquefois aussi, le conseil suit son sentiment particulier et des avis tous contraires. Les affaires des finances sont auparavant digérées dans un autre conseil particulier, qui se tient tous les mardis, et quelquefois aussi les vendredis, chez le Surintendant des finances, lequel conseil s'appelle *direction*, et on dispose toutes les affaires des finances en sorte que, quand on fait rapport au Conseil, il ne s'y trouve plus aucune difficulté pour les faire passer[2]. Ce petit conseil est composé du Surintendant des finances, du Contrôleur général et des intendants des finances, et du greffier du conseil qui est en quartier. Quelquefois s'y trouve aussi le trésorier de l'Épargne, le trésorier des parties casuelles, qui sont en exercice. Les conseils des finances se tiennent le mercredi et le samedi, et quelquefois le jeudi, selon la volonté de M. le Chancelier, qui donne Conseil quand il lui plaît.... »

Dans les derniers temps du ministère de Mazarin, le personnel du Conseil (c'est-à-dire du conseil des finances et de celui des parties) comportait encore, d'après les états[3], une soixantaine de membres titulaires, sans compter les princes, ducs et pairs, maréchaux de France et autres grands seigneurs ; mais, en fait, comme le jeune roi n'y prenait séance que très rarement[4], « quand il lui plaisoit » et pour la forme, les courtisans se dispensaient aussi d'y venir[5], et le surintendant Foucquet avait réduit l'assistance ordinaire à deux contrôleurs généraux, deux directeurs et deux intendants des finances. Encore « régloit-il tout à sa fantaisie, se contentant de payer aux autres de bons appointements[6]. »

---

1. Le règlement de 1644 dit aussi que les affaires de comptabilité, de gages, de parties rayées ou mises en souffrance dans les comptes, seront rapportées par le Contrôleur général ou les intendants, à moins que, l'instance étant réglée, elles puissent être rapportées par un maître des requêtes après communication à l'intendant compétent.

2. Le conseil de direction, dit François Duchesne (*Nouveau style du Conseil*, 1662, p. 483), « se devroit aussi nommer, ce semble, conseil de finances, puisque, dans icelui, il ne se parle que de finances. »

3. Règlement de 1657; *État des Conseils du Roi* de 1658, p. 9-10, et *État de la France* de 1663, tome I, p. 491. Les pièces originales de 1657, avec listes et départements d'attributions, se trouvent aux Archives nationales, carton K 118, nᵒˢ 88³ et suivants.

4. Il y était entré pour la première fois le 7 octobre 1649.

5. L'*État* de 1648 dit que le conseil des parties est « tout de même que le conseil des finances, si ce n'est que MM. les princes du sang et Messieurs des finances ne s'y trouvent point s'ils ne veulent, ce qui arrive fort rarement. »

6. *Mémoires de l'abbé de Choisy*, p. 577-578.

L'organisation définitive du conseil royal des finances fut une des premières et des principales œuvres de Colbert; elle suivit à dix jours de distance la chute du Surintendant et consomma la prise de possession de Louis XIV. Celui-ci a lui-même raconté, dans ses *Mémoires*[1], quel était l'état des choses lorsque Foucquet fut frappé, et quelles mesures lui parurent nécessaires pour mettre fin aux dilapidations de la surintendance[2] : « Outre les conseils de finances et les directions qui s'étaient tenus de tout temps, je voulus, pour m'acquitter avec plus de précaution de la surintendance, établir un conseil nouveau, que j'appelai *conseil royal*.... » On a aussi un discours d'ouverture, rédigé par Colbert, et prononcé par le Roi dans la première séance[3]. Enfin le règlement du nouveau conseil (15 septembre 1661), préliminaire de quinze ou vingt années de prospérité qui seront à jamais l'honneur des noms réunis de Louis XIV et de Colbert, se trouve dans une grande quantité de recueils et d'histoires financières[4]. Je me bornerai donc à indiquer ici les principales attributions du conseil royal des finances ; elles restèrent les mêmes jusqu'à la fin de l'ancien régime.

Ce conseil fixe le montant total des impositions directes, puis le contingent respectif de chaque généralité, et, enfin, dans chaque généralité, le contingent de chaque élection. Avec le conseil des dépêches, il arrête les termes des contrats à intervenir entre le Roi et les États provinciaux. Il dresse les baux des fermes, dirige leur adjudication et en surveille l'exécution, ainsi que le recouvrement, par régie ou par traité, des taxes indirectes dont la création est préalablement soumise à son examen. De lui relèvent aussi la gestion du domaine royal et l'administration forestière, les concessions ou autorisations industrielles. Il a la haute main sur la comptabilité des caisses royales et sur le service monétaire, règle les créations d'offices nouveaux ou leur suppression, les émissions de rentes et les augmentations de gages ou de finances. La signature de toutes les ordonnances comptables est réservée au Roi seul[5]; mais le conseil examine les projets de distribution des fonds, et, l'exercice fini, il vérifie les états au vrai et les comptes des receveurs et trésoriers. Il a même une juridiction contentieuse, en ce sens qu'un particulier peut toujours, selon le *Traité des droits* de

1. Partie des *Mémoires* rédigée par Pellisson sur les notes du Roi : tome II de l'édition Dreyss, p. 526-529; *OEuvres de Louis XIV*, tome I, p. 104-113.

2. « De toutes les fonctions souveraines, dit-il, celle dont un prince doit être le plus jaloux est le maniement des finances ; c'est la plus délicate de toutes. »

3. *Lettres de Colbert*, publiées par P. Clément, tome II, p. ccii.

4. L'*État de la France* le publia pour la première fois en 1663, tome II, p. 482. Il est reproduit aussi dans le recueil des *Anciennes lois françaises* d'Isambert (tome XVIII, p. 9), où cependant manquent la plupart des règlements relatifs aux Conseils.

5. Voyez l'introduction de Dreyss aux *Mémoires de Louis XIV*, tome I, p. xxv-xxxi, et le rapport de l'ambassadeur Alvise Grimani (1664), dans les *Relazioni*, série Francia, tome III, p. 85-86.

Guyot, se pourvoir devant lui en opposition aux arrêts rendus par les autres conseils sur des questions de finance [1].

Le conseil royal *des* ou *de* finances [2], que souvent on désigne simplement du nom de conseil *royal*, ou même de Conseil tout court [3], est présidé par le Roi en personne [4], qui a successivement appelé ou appellera à y siéger avec lui le Dauphin [5], le duc de Bourgogne [6] et le duc de Berry [7], tous ayant déjà pris part aux travaux du conseil des dépêches et devant, après un stage suffisant, monter au conseil d'État, ainsi que nous l'avons vu plus haut. Quant au bavard Monsieur, il n'entra jamais aux Finances, où la discrétion la plus absolue était de rigueur. « La première chose, avait dit le Roi en 1661, la première chose que je desire de vous est le secret, et, comme je l'estime important et nécessaire pour la bonne conduite de mes affaires, je suis bien aise de vous dire que, si j'apprends que l'on dise quelque chose de ce qui se sera passé ici, je suivrai l'avis qui m'en sera donné jusqu'à son origine, pour ôter de mon Conseil celui qui aura été capable de cette foiblesse [8]. »

Ni princes du sang, ni bâtards non plus dans ce conseil.

Les ministres et secrétaires d'État n'y ont point place, quoique les

1. P. Clément, *Histoire de Colbert*, tome I, p. 150-152 ; comte de Luçay, *les Secrétaires d'État*, p. 436-445 ; Dreyss, *Mémoires de Louis XIV*, tome I, p. xxi-xxvi.

2. Saint-Simon emploie les deux façons d'écrire à deux lignes de distance, au tome XII des *Mémoires*, p. 174 ; comparez tome X, p. 116.

3. *Journal de Dangeau*, tome X, p. 503 ; *Correspondance des Contrôleurs généraux*, tome I, n° 765, et tome II, n°⁸ 921 *n*, 1055 *n*, 1123, etc.

4. « C'est dans ce conseil, disait Louis XIV, que j'ai travaillé continuellement.... à démêler la terrible confusion qu'on avoit mise dans mes affaires. » (*OEuvres*, tome I, p. 108.)

5. Le Dauphin entrait depuis longtemps à ce conseil lorsque le Roi commença à lui donner voix délibérative et à prendre son avis : ce fut en juillet 1688 (le 2 selon Dangeau, tome II, p. 152, avec Addition de Saint-Simon, le 6 selon M. de Sourches, tome II, p. 183).

6. Le duc de Bourgogne, appelé à ce conseil en décembre 1702 (ci-dessus, p. 70). n'y entra qu'après la mort de son père, lorsque le Roi commença à « se décharger sur lui du gros et du plus pesant des affaires. » (*Éloge inédit du duc de Bourgogne par Saint-Simon*, p. 9-10 ; *Mémoires*, tome VIII, p. 431-438 ; *Journal de Dangeau*, tomes IX, p. 300, X, p. 504, et XIV, p. 72.) Il ne cachait pas sa répugnance pour toutes les « turpitudes » financières ; mais, une fois contraint de prendre sa place d'héritier de la couronne, il ne manqua plus aucun conseil, quel qu'il fût, afin de « se rendre capable d'affaires de guerre et de paix. » Son père, au contraire, n'avait guère pris part aux travaux (*Journal de Dangeau*, tome X, p. 504).

7. Le duc de Berry entra au conseil des finances le 3 février 1714, mais n'y figura jamais que pour la forme, ainsi que partout ailleurs, sauf au jeu et à la chasse (*Journal de Dangeau*. tome XV, p. 75-76 ; *Mémoires de Saint-Simon*, tomes IX, p. 469, et X, p. 115, 116 et 131).

8. Discours d'ouverture et prestation de serment des conseillers ; dans le tome II des *Lettres de Colbert*, p. cci-cciii.

règlements anciens leur aient donné entrée dans les conseils où se doivent traiter « toutes matières concernant les finances de S. M., le repos et soulagement de ses provinces. »

Chef-né de tous les conseils, le Chancelier prend rang dans celui-ci immédiatement après le Roi[1] ; c'est lui qui dirige les travaux de la grande direction des finances, comme nous le verrons plus loin ; c'est même lui qui a remplacé le Roi, comme président, en 1674[2]. Mais, en face du Chancelier, et devant le suppléer au besoin[3], siège un chef du conseil royal des finances, « pour, en cette qualité, et conjointement avec les autres conseillers du Roi en icelui, lui donner ses bons avis, tant sur la levée et distribution des finances, que sur tout ce qui concerne le gouvernement, économie et bonne administration d'icelles[4].... »

On était, dit notre auteur, au lendemain de la chute de Foucquet. Avant de « glisser en la place de contrôleur général, suffoquée jusqu'alors par celle de surintendant, » Colbert voulait persuader au Roi que toutes les fonctions de la charge supprimée lui reviendraient. « Le Roi crut les faire par les *bon* et les signatures dont Colbert, souple[5] commis, l'accabla, tandis qu'il saisit toute l'économie et tout le pouvoir des finances, et qu'il s'en rendit le maître plus qu'aucun surintendant ;

---

1. Le Chancelier prétendait seul être traité de *Monsieur* dans ce conseil, et voulait qu'on lui adressât la parole (*Journal d'Ol. d'Ormesson*, tome II, p. 336). Voyez ci-après, p. 135.

2. Le règlement du 10 avril 1674 porte que le conseil royal des finances se tiendra chez M. le Chancelier, et que toutes les matières ordinaires et accoutumées y seront traitées, savoir : conclusion et exécution des affaires extraordinaires ; signature des rôles de taxation, états au vrai, états de finances, etc.; résolution des diminutions demandées par les fermiers. Le Roi se réserve d'arrêter à son retour de l'armée les rôles, états de menus de comptant et états au vrai du Trésor royal ; mais le conseil lui enverra chaque semaine un compte rendu des affaires, et, chaque mois, les calculs de recettes et de dépenses. « S. M. recommande particulièrement à ceux qu'elle a fait l'honneur d'appeler audit conseil de maintenir le bon ordre qu'elle a établi dans ses finances, sans s'en départir pour quelque cause que ce soit. » (Arch. nat., E 1775.)

3. Boucherat fut longtemps empêché par la maladie de siéger au conseil des finances (*Journal de Dangeau*, tome VII, p. 56).

4. Commission de M. de Villeroy, dans le registre de la maison du Roi O¹ 11, fol. 37. — Pierre Clément a publié, au tome II des *Lettres de Colbert*, p. cxcvi, la minute d'une instruction que Colbert avait faite pour le Roi. Dans ce nouveau conseil, y est-il dit, « S. M. fera la distribution entière et absolue de toutes ses finances,... et ensuite ledit conseil fera toutes les autres fonctions des finances. Et après que S. M. aura expliqué ses intentions en deux ou trois différents rencontres, elle se déclarera au maréchal de Villeroy en particulier, et ensuite en public, qu'elle a fait choix de sa personne pour être chef de ce conseil, après lui avoir expliqué sa résolution de se réserver la distribution, et elle lui fera lire le règlement qu'elle aura résolu. En même temps, il faudra lui donner ses provisions. »

5. Ou *simple* ?

mais, ne se trouvant pas d'aloi à exercer cette autorité sans voile, il en imagina un de gaze en persuadant au Roi de créer une charge toute nouvelle de chef du conseil des finances, qui auroit l'entrée dans ceux que le Roi tiendroit, dans les grandes directions, qui présideroit chez lui aux petites [1], qui feroit des signatures d'arrêts en finances, et qui, avec un nom et une représentation, ne feroit rien en effet dans les finances et lui laisseroit l'autorité entière d'y tout faire et d'y tout régler.... Cela valoit quarante-huit mille livres de rente, avec d'autres choses encore [2]. »

Nommé à cette place, le maréchal de Villeroy, qui avait été gouverneur du Roi et chef de son éducation, reçut le compliment suivant du maréchal de la Meilleraye, ancien surintendant [3] : « Petit maréchal mon ami, tu seras le chef des finances, mais en idée, comme je l'ai été [4], moi qui te parle, et Colbert en sera le chef véritable. Mais que t'importe ! tu auras de gros appointements, et n'est-ce pas assez ? » Ce « bon valet, » comme l'appelait Mazarin [5], était ministre d'État depuis douze ou treize ans [6], et l'on avait cru que, s'il ne succédait pas au cardinal, tout au moins aurait-il la surintendance ; mais Mazarin, en mourant, ne l'avait point désigné parmi ceux qui devaient prendre la direction des affaires [7], et le jeune roi se borna à reconnaître ses services par une vaine dignité. « Sa destinée, dit Mme de Motteville [8], étoit d'être toute sa vie proposé pour les premières places sans les avoir, et d'avoir les titres les plus honorables.... sans en faire les fonctions, quoiqu'il fût très habile et très capable de les faire. » En effet, nous avons vu que le maréchal, bien que chef du nouveau conseil, ancien gouverneur du Roi, et même ministre d'État, n'eut jamais que ce simple titre de ministre sans en faire les fonctions ni prendre part aux travaux du conseil d'en haut [9]. L'auteur des *Mémoires du marquis de Sourches*

1. Ci-dessus, p. 59 et 62-63.

2. *Mémoires*, tome X, p. 280 ; comparez l'article du maréchal de Villeroy dans les GOUVERNEURS DU ROI, tome IV des *Écrits inédits de Saint-Simon*, p. 439, et un passage du *Parallèle des trois premiers rois Bourbons*, p. 216.

3. Voyez les *Mémoires de l'abbé de Choisy*, p. 590, et comparez le rapport, déjà cité, de l'ambassadeur vénitien Alvise Grimani, en 1664 (*Relazioni*, série FRANCIA, tome III, p. 85).

4. Sous Mazarin, en 1649.

5. M. Chéruel, *Histoire de France pendant la minorité de Louis XIV*, tome IV, p. 267.

6. Il avait pris séance au conseil des ministres le 28 décembre 1648 (*Gazette* de 1649, p. 24).

7. *Mémoires de Monglat*, p. 351, et lettre de Pomponne, publiée par Monmerqué à la suite des *Mémoires de Coulanges*, p. 381.

8. *Mémoires*, tome IV, p. 310.

9. Ci-dessus, p. 74, note 5, et p. 79. Quoi que dise Saint-Simon du « crédit et de la considération infinie » dont le maréchal jouissait, on voit, par un passage du *Journal d'Ol. d'Ormesson*, tome II, p. 421-422, qu'il ne pouvait même pas faire nommer un intendant de son choix dans son gouverne-

parle de lui en ces termes, dans son préambule daté du 25 septembre 1681[1] : « On pouvoit encore mettre au nombre des ministres M. le maréchal duc de Villeroy, qui avoit été gouverneur du Roi. Il étoit chef de son conseil de finance, il entroit dans le conseil des dépêches, et il étoit commissaire dans toutes les affaires que le Roi jugeoit en personne et où il y alloit de l'intérêt de l'État et de la religion. C'étoit avec une grande justice que le Roi l'employoit : il avoit toute la probité et toute la droiture dont un homme est capable, et conservoit, à l'âge de quatre-vingt-quatre ans, toute la netteté d'esprit et toute la mémoire d'un habile homme qui n'en auroit eu que trente. Je ne parle point de son expérience, et je dirai seulement qu'il avoit été, dès sa jeunesse, dans les plus grandes affaires. »

Lorsque Villeroy mourut, en 1685, sa succession fut vivement convoitée, comme le rapporteront les *Mémoires*[2]. Le duc de Créquy, premier gentilhomme de la chambre, se mit en campagne, presque assuré du succès ; d'autres courtisans portaient le maréchal de Bellefonds et vantaient ses capacités financières. Mais, après une semaine d'hésitation, le crédit de Mme de Maintenon fit nommer celui des premiers gentilshommes de la chambre que l'on considérait comme chef du parti « dévot ». « Le Roi, raconte Dangeau, dit le soir à M. le duc de Beauvillier qu'il l'avoit choisi pour remplir la place de chef du conseil des finances. M. de Beauvillier représenta à S. M. qu'il n'avoit nulle connoissance de ces affaires-là, et que peut-être S. M. se repentiroit de son choix, et qu'il la prioit de vouloir encore y faire réflexion. Le Roi lui répliqua qu'il y avoit bien pensé, et qu'il y songeât lui-même pour lui rendre demain matin réponse positive. » Et le lendemain (6 décembre 1685) : « M. de Beauvillier accepta l'emploi dont le Roi l'avoit honoré, disant toujours à S. M. qu'il s'en croyoit pourtant incapable. Le Roi lui répondit : « Vous me faites plaisir de l'accepter de bonne vo- « lonté, car, si vous vous y étiez opposé, je me serois servi de mon « autorité pour vous le faire accepter[3]. »

A la même date, nous lisons dans les *Mémoires de Sourches :* « La cour fut dans un extrême étonnement lorsqu'elle apprit que le Roi avoit nommé.... M. le duc de Beauvillier... ; et c'étoit, à la vérité, une chose surprenante que de voir un homme de trente-sept ans dans cette im-

ment de Lyon, et qu'en dépit des promesses du Roi, qui s'était engagé à prendre un des trois candidats présentés par lui, on lui envoya l'intendant de Caen.

1. Tome I, p. 17.

2. Tome X, p. 280-283 ; Addition à Dangeau, 1685, tome I, p. 263.

3. *Journal de Dangeau*, tome I, p. 262-263. Saint-Simon s'est servi de ce texte pour faire d'abord une première rédaction, celle des Ducs créés par Louis XIV, que M. Faugère a reproduite au tome IV des *Écrits inédits*, p. 447, puis celle de l'article Créquy-Poix (*ibidem*, tome VI, p. 155-156 et 159-160), celle de l'Addition à Dangeau, tome XV, p. 221-222, et enfin celle des *Mémoires*, tome X, p. 281. La commission de M. de Beauvillier fut expédiée le jour même que Dangeau indique, 6 décembre (Arch. nat., O¹ 29, fol. 539).

portante place, qui n'avoit jamais été occupée que par des vieux seigneurs. Mais, d'un autre côté, la vertu et le mérite de M. de Beauvillier étoient si généralement reconnus de tout le monde, qu'il y eut peu de gens qui ne se réjouirent de son élévation, et qu'il ne se trouva personne qui osât trouver à redire au choix que le Roi avoit fait[1]. » Mme de Sévigné se hâta d'apprendre cette importante nouvelle à Bussy-Rabutin : « Je sais que mon cousin votre fils est à Paris ; il vous aura mandé le choix très exquis que le Roi a fait du duc de Beauvillier pour remplir la place du maréchal de Villeroy. C'est un mérite et une vertu qui ne sont pas contestés[2]. Il a bien de l'esprit, et « la capacité « n'attend pas le nombre des années »…. En un mot, tous les gens désintéressés sont contents de ce choix. Vous devez l'être plus qu'un autre, puisque c'est le fils de votre fidèle ami qui est à la tête du conseil, et qui sera bien avant dans les affaires[3]. » Comme on peut le penser, Bussy, toujours vigilant, n'avait pas attendu cet avis pour adresser ses félicitations au nouveau chef du conseil des finances ; mais, lorsqu'il voulut mettre celui-ci à contribution, le duc lui échappa, déclarant qu'intervenir pour le payement d'une ordonnance, « ce seroit empiéter sur la charge de Contrôleur général, » et « qu'ils s'étoient fait une loi absolue de ne rien usurper l'un sur l'autre[4]. »

Ce n'était qu'un premier échelon pour Beauvillier, qui bientôt devint gouverneur du duc de Bourgogne et de ses frères, puis ministre d'État (1691)[5]. Quelle fut sa valeur comme personnage principal de l'administration financière ? Esprit spéculatif plutôt que laborieux, plus capable de contemplation que d'action, il dirigeait à merveille sur le papier, nous dit Ézéchiel Spanheim[6], qui critique à plusieurs reprises ce choix de Louis XIV[7]. Néanmoins l'estime bien justifiée du Roi pour celui qu'il appelait « un des plus sages hommes de la cour et du

---

1. *Mémoires du marquis de Sourches*, tome I, p. 338.

2. Ce sont exactement les termes dont se sert M. de Sourches.

3. Lettre du 15 décembre 1685, tome VII, p. 480-481.

4. *Correspondance de Bussy*, tome V, p. 483 et 511.

5. Voyez ci-dessus, p. 74 et 79 ; *Mémoires de Saint-Simon*, tome X, p. 283.

6. *Relation de la cour de France*, p. 414. L'ambassadeur P. Venier, en 1695 (*Relazioni*, série FRANCIA, tome III, p. 513), dit que le duc a gagné tout le monde par une bonté rare, des manières affables, des discours agréables, mais que l'étude a médiocrement développé chez lui l'intelligence et les autres qualités naturelles, que le bon sens l'inspire plutôt que la connaissance des choses, et que, dans le Conseil, il opine selon son sentiment, mais ne sait point aller contre le courant. « *Se non buono per ideare, bastante per conoscer l'ottimo.* » Quatre ans plus tard (*ibidem*, p. 593), Erizzo s'exprime de même : le duc vote toujours dans le sens du bien et contre les procédés violents, ne peut souffrir que la force prime les droits de la raison, et mérite, par ses manières douces et sincères, par une bienveillance constante, la haute faveur et la confiance complète que le Roi lui a accordées, etc.

7. C'est ce qui ressort aussi du *Journal de Torcy* que M. Frédéric Masson vient de publier.

Royaume, » et surtout sa grande et digne fermeté dans toutes les
affaires importantes, soit qu'elles regardassent les droits de la justice
ou l'intérêt de l'État, firent une situation exceptionnelle à ce représentant unique de l'aristocratie titrée dans les Conseils, plus encore
lorsque la disparition de Monseigneur eut laissé le duc de Bourgogne
seul héritier de la couronne[1].

M. de Beauvillier mort, la charge revint au fils du premier titulaire,
au second maréchal de Villeroy, qui fut nommé chef du conseil par
commission du 2 septembre 1714[2] et ministre le 19 du même mois[3].
La régence de 1715 ne put enlever à ce maréchal son titre, alors même
que le nouveau conseil des finances créé en septembre 1715 eut M. de
Noailles pour président[4] et pour véritable administrateur des finances ;
et plus tard, disgracié et exilé à Lyon, il demeura encore chef du
conseil[5]. C'était comme un titre viager, qui ne se perdait que par la
mort ; mais, dans la seconde partie du dix-huitième siècle, il resta quelquefois vacant[6].

Saint-Simon, en revenant à plusieurs reprises sur le troisième chef du
conseil des finances[7], « valet à tout faire, » comme son père, n'aura pas
d'expressions assez méprisantes pour caractériser son incapacité, sa futi-
lité, son ineptie, qui l'eussent perdu sans ressource, si Mme de Maintenon ne l'avait soutenu quand même, et qui embarrassaient souvent le
Roi « au point d'en baisser la tête, d'en rougir, et de perdre sa peine à le
redresser et à tâcher de lui faire comprendre le point dont il s'agissoit. »

On a vu plus haut, dans une citation des *Mémoires*, que le produit
officiel de la charge de chef du conseil royal était de quarante-huit
mille livres, « avec d'autres choses encore[8]. » Le duc de Luynes porte
ce chiffre à cinquante-quatre mille[9] ; mais, en fait, les documents de
comptabilité fournissent un total beaucoup plus considérable. De ce
chef seulement, M. de Beauvillier touchait : pour les trois quarts de ses
appointements, trente mille livres ; pour le quartier retranché[10], dix
mille livres ; pour son commis, six mille livres ; pour ses domestiques
(en raison des séances de la petite direction), mille livres ; pour ses
valets de chambre, douze mille livres, et pour sa gratification extraor-

---

1. *Mémoires de Saint-Simon*, tome X, p. 279, 280 et 283.
2. Arch. nat., O¹ 58, fol. 201.
3. *Journal de Dangeau*, tome XV, p. 236 et 244.
4. Saint-Simon dit avoir refusé ce poste.
5. *Mémoires de Saint-Simon*, tome XIX, p. 95.
6. J'ai donné la liste des chefs du conseil royal, parallèlement avec celle
des Contrôleurs généraux, à la suite du mémoire sur *Semblançay* et *la
Surintendance des finances* (1882). C'était une bonne retraite pour un grand
personnage : voyez les *Mémoires du baron de Besenval*, tome II, p. 116).
7. *Mémoires*, tomes X, p. 304, 305 et 314, et XI, p. 219, 255 et 267.
8. Dangeau dit (tome I, p. 260) : « Quarante-huit mille deux cents livres. »
9. *Mémoires*, tome VI, p. 365.
10. J'ai expliqué qu'on indemnisait ainsi le fonctionnaire ou dignitaire
privé d'un quartier par la loi générale sur les gages et appointements.

dinaire, trente-six mille livres. Soit ensemble : quatre-vingt-quatre mille deux cents livres[1].

Le conseil royal créé en 1661 comportait trois conseillers, dont un intendant des finances. Cette dernière place, réservée pour Colbert[2], lui resta naturellement lorsqu'il eut échangé son titre provisoire d'intendant[3] contre celui de contrôleur général[4].

Je n'ai pas à insister ici sur le grand rôle qu'il joua pendant vingt-deux ans dans les conseils de Louis XIV ; c'est matière trop connue de tout le monde[5]. Sa place au conseil royal passa, après lui, aux Contrôleurs généraux ses successeurs ; mais chaque nouveau pourvu était obligé de se faire délivrer des lettres de commission en forme[6].

Les titulaires des deux autres places furent toujours pris parmi les membres du conseil d'État les plus expérimentés, sans que l'ancienneté constituât un droit exclusif, car l'on vit, par exemple, des conseillers moins anciens être préférés au doyen Marillac et à l'ambassadeur Amelot de Gournay, qui cependant avait parole du Roi[7]. Aussi les convoitises étaient-elles grandes. « Ces deux places, dit quelque part le chan-

1. L'ambassadeur Venier parle de cent mille livres, chiffre rond.

2. Il avait pris séance au Conseil dès le 16 mars 1661 (*Gazette*, p. 271 ; *Muse historique* de Loret, tome III, p. 334).

3. Ses attributions en cette qualité, de 1661 à 1665, sont exposées dans le recueil des *Lettres de Colbert*, tome II, p. 749-750.

4. Nous avons vu que les anciens contrôleurs généraux, du temps de là surintendance, avaient séance dans le Conseil. Ils siégeaient au bas bout de la table vis-à-vis du Roi. Un arrêt du 12 décembre 1665 fixa les places pour Colbert et pour les deux autres contrôleurs qu'on n'avait pu encore rembourser (Arch. nat., E 1726, fol. 389). On trouvera une notice sur le rang et les fonctions du Contrôleur général au conseil dans le manuscrit Lancelot 104, fol. 273-277.

5. Entre autres témoignages contemporains, voyez les relations vénitiennes, dans le tome III de la série FRANCIA, p. 85, 95-97, 126-127, 153, 183-188, 213, 215, 274, 379-381.

6. J'ai publié celles de Claude le Peletier (7 septembre 1683) et de Pontchartrain (20 septembre 1689) dans le tome I de la *Correspondance des Contrôleurs généraux*, Appendice, p. 542 et 538. Voyez ce que les *Œconomies royales* (tome I, p. 225-226) disent des formules de provisions usitées sous Henri IV, pour le conseil de 1595.

7. *Mémoires de Villars*, p. 279. Amelot de Gournay, employé depuis 1705 en Espagne (voyez ci-après, p. 163 et 169) et très apprécié pour les services qu'il rendait dans ce poste difficile, sollicita longtemps comme récompense une place de conseiller au conseil royal des finances ; mais il avait le tort irrémissible d'être ou de passer pour être janséniste, et, quoique le Roi eût fini par lui promettre, en 1707, la place qu'il demandait, on se contenta, quand il revint de Madrid, de le nommer conseiller ordinaire, à titre de plus ancien semestre. « Il.... demeura.... réduit au simple emploi de conseiller d'État et confondu avec les manteaux, après avoir régné en effet en Espagne et fait trembler tous les ministres. » Cette disgrâce dura jusqu'en 1715. (*Mémoires de Saint-Simon*, tome VII, p. 58 ; *Revue des Sociétés savantes*, 7ᵉ série, tome V, p. 214 ; *Lettres inédites de Mme des Ursins*, publiées par M. Geffroy, p. 253.)

cclier Daguesseau [1], excitoient l'ambition de tous les conseillers d'État. Elles les tiroient de pair, pour ainsi dire, et les approchoient fort près du ministre par l'honneur d'assister deux fois la semaine à un conseil où le Roi étoit présent avec le Chancelier, le chef du conseil et le Contrôleur général. M. de Breteuil, grand-père de celui qui est aujourd'hui secrétaire d'État, disoit que ceux qui remplissoient ces deux places étoient comme de petits dieux placés entre le Conseil ordinaire [2], qu'il comparoit à la nature humaine, et les ministres, qu'il regardoit comme les dieux de la terre. »

Dans le langage courant, il arrivait encore qu'on donnât à ces deux conseillers l'ancien titre de directeurs [3], comme au temps où le Surintendant avait deux ou trois assistants ainsi qualifiés [4]. Ils ne prêtaient point de serment particulier, ayant déjà rempli cette formalité en entrant au conseil d'État [5], mais recevaient des lettres de commission spéciales [6]. Conformément à l'édit de création du conseil, ils prenaient rang entre eux deux du jour de leurs brevets de conseiller d'État. Le produit de leurs places équivalait à la gratification des ministres d'État, ou même la dépassait, si l'on compte ce que leur rendaient les bureaux et commissions extraordinaires du Conseil [7]. Sur les rôles de la capitation, les deux conseillers au conseil royal étaient placés dans la deuxième classe et taxés à quinze cents livres, comme les princes, ducs, maréchaux de France, gouverneurs, officiers de la couronne, etc., tandis que les simples conseillers d'État payaient trois fois moins dans la quatrième classe [8].

Quand Claude le Peletier quitta les finances, il eut une commission pour garder sa place, en surnombre, au conseil des finances [9], et il y resta jusqu'en 1697 ; mais Chamillart refusa la même faveur en 1708 [10].

Comme le donne à entendre un contemporain qui devait être bien

1. Vie de son père, dans le tome XIII de ses *OEuvres*, p. 71.
2. Le conseil privé des parties.
3. *Journal de Dangeau*, tome VI, p. 75-77, à propos du refus de Courtin, en février 1697, d'accepter la place devenue vacante par la mort de Pussort.
4. Ci-dessus, p. 111-112 ; *Semblançay et la Surintendance*, p. 42-46.
5. *Journal de Dangeau*, tome VI, p. 82.
6. Commission pour Pussort, 25 avril 1672, dans le registre O¹ 16, fol. 293.
7. Voyez ci-dessus, p. 56. Les appointements étaient de dix mille livres : à quoi s'ajoutaient les appointements de conseiller d'État (cinq mille cent livres), trois mille livres de secrétaire, quinze cents livres de commis. Si les bureaux (et non le bureau) valaient six à sept mille livres, comme le dit Dangeau (tome I, p. 251 ; comparez tome IX, p. 7), le total réel approchait plutôt de trente mille livres que de vingt mille, comme le dit encore le *Journal* (tome VI, p. 75). M. de Luynes, en donnant le chiffre de quinze à seize mille livres (*Mémoires*, tome V, p. 456), ne compte évidemment que les produits directs de la place.
8. *Correspondance des Contrôleurs généraux*, tome I, Appendice, p. 568.
9. *Ibidem*, tome I, p. 558.
10. *Journal de Dangeau*, tome XII, p. 83.

informé [1], le rôle des conseillers était plus important en apparence qu'en réalité. Si le Contrôleur général, véritable maître de ce conseil, y laissait arriver quelque affaire, il était bien rare que les deux conseillers ne fussent pas acquis d'avance à son opinion, alors même que celle-ci se trouvait plus conforme à l'esprit de finance qu'à la justice et au bien public. De son côté, dans le conseil royal comme dans les autres, Louis XIV s'était fait une loi de suivre l'avis du Contrôleur général dès qu'il réunissait la pluralité des suffrages.

Parmi les conseillers au conseil royal qui se succédèrent de 1661 à 1715 [2], le plus honorable, tant par son labeur que par l'indépendance de son caractère, fut sans contredit Henri Daguesseau, qui ne craignit jamais de manifester et de soutenir ses opinions personnelles [3]. Ayant été nommé en 1695, de préférence à plusieurs prétendants, et venant remercier le Roi, celui-ci lui dit : « Je connois votre mérite et votre probité, et j'apprends que votre fils [4] se porte fort au bien, et qu'en cela il suit vos conseils. Beaucoup de gens me disent du bien de plusieurs personnes; mais je ne les crois pas : ce qu'on m'a dit de votre fils vient d'une bonne part, en sorte que je ne puis que je ne le croie. » Quand il se présenta également chez le Contrôleur général : « Vous avez toute l'obligation au Roi, lui dit Pontchartrain; quant à moi, je n'y ai eu aucune part. » Et il ajouta : « Vous trouverez dans le conseil une grande division; mais vous y mettrez la paix par votre douceur [5]. »

De 1701 à 1708, on y fit entrer les deux directeurs des finances créés à la demande de Chamillart. Leur fonction « fut de faire au conseil des finances tous les rapports dont le Contrôleur général étoit chargé, après le lui avoir fait en particulier, tellement que cela le déchargea de l'examen et du rapport d'une infinité d'affaires, et de travailler avec lui (?). » Les intendants des finances, à qui échéait jusque-là le travail préparatoire, « de garçons du Contrôleur général qu'ils étoient, le devinrent des directeurs, chez qui il leur fallut aller porter le portefeuille [6]. » Mais ces directeurs [7] furent supprimés lorsque Desmaretz,

---

1. *Vie d'Henri Daguesseau*, dans les *Œuvres du Chancelier*, tome XIII, p. 73.

2. Première charge : Alexandre de Sève (1661), Pierre Poncet de la Rivière (1673), Louis Boucherat (1681), François d'Argouges (1685), Henri Daguesseau (1695-1715). Deuxième charge : Étienne d'Aligre (1661), Henri Pussort (1672), Auguste-Robert de Pomereu (1697), Michel le Peletier de Souzy (1702-1715). Voyez le ms. Lancelot 104, fol. 266-277.

3. Comme le duc de Beauvillier au conseil d'État : ci-dessus, p. 75.

4. Alors avocat général.

5. Papiers du P. Léonard, Arch. nat., MM 824, fol. 99; *Œuvres du chancelier Daguesseau*, tome XIII, p. 73.

6. *Mémoires de Saint-Simon*, tome III, p. 53-54; *Journal de Dangeau*, tome X, p. 503-504. Par suite, Chamillart put se dispenser souvent de venir au conseil (*ibidem*, tome XI, p. 403).

7. Armenonville et Rouillé du Coudray, ce dernier remplacé en 1703 par Desmaretz. L'édit de création de juin 1701 est imprimé dans l'Appendice

pourvu en 1703 d'une des deux charges, devint contrôleur général ; l'autre titulaire, Armenonville, se trouva donc réduit à « la sèche fonction de simple conseiller d'État, » et il n'eut même pas l'avancement que son ancienneté lui permettait d'espérer. « Ce pauvre homme, si entêté du monde et de la cour, vit disparoître en un moment celle qui remplissoit ses antichambres, congédia ses bureaux, et nettoya son cabinet de papiers de finance pour y faire place aux factums des plaideurs [1]. » Tout le maniement des affaires revint alors aux intendants des finances, qui « en avoient fait un grimoire pour qu'il ne pût être connu que d'eux [2]. » Nous avons vu que ceux-ci, ayant titre de conseillers d'État, avec entrée soit au conseil privé, soit dans les bureaux, soit dans les grande et petite directions, s'étaient fait attribuer, au détriment des maîtres des requêtes, le droit exclusif de rapporter les affaires de finance [3], et qu'ils avaient en outre toutes facilités pour faire donner à ces affaires, par le Contrôleur général, le tour qui leur plaisait le mieux. Desmaretz prit même l'un d'eux pour le suppléer au conseil des finances lorsqu'il ne pourrait aller aux séances [4].

D'après un document qui paraît être exact [5], toute la dépense du conseil des finances, appointements, gages du Conseil [6], pensions des officiers et membres du conseil, y compris le Chancelier, le chef du conseil, le Contrôleur général, avec ses commis, et les intendants des finances, s'élevait, en 1703, à la somme de sept cent mille livres. Il y avait en outre des gratifications sous forme d'acquits patents.

Le conseil des finances fut profondément modifié, comme les autres, par la régence du duc d'Orléans, en 1715 [7] ; mais il retrouva en 1722 les attributions que lui avait données le règlement de 1661 [8].

A l'époque où le conseil des finances ne faisait qu'un avec celui des parties, il siégeait au Louvre, dans la salle ou chambre du Conseil [9], le mercredi, le samedi, et quelquefois le lundi, s'il plaisait au Chancelier [10]. De notre temps, Louis XIV ne tient plus de séances que le mardi et le samedi matin, après la messe ; encore celle du samedi est-elle supprimée quand la cour séjourne à Marly [11]. A Versailles ou à Fontainebleau,

du tome II de la *Correspondance des Contrôleurs généraux*, p. 508, ainsi que les provisions de Desmaretz (p. 510).

1. *Mémoires*, tome V de 1873, p. 394. — 2. *Ibidem*, tome XI, p. 255.
3. Ci-dessus, p. 11-12, 33 et 117, note 3.
4. Édit de mars 1708 : Guillard, *Histoire du Conseil*, p. 752-755.
5. Papiers du Contrôle général, G[7] 973, états de dépenses dits : *États du Roi.*
6. Ci-dessus, p. 39.
7. *Mémoires*, tome XII, p. 232-233. On trouve un état de répartition des affaires du conseil des finances (1715) dans le ms. Lancelot 9, fol. 101-112.
8. M. de Luçay, *les Secrétaires d'État*, p. 242 et suivantes.
9. Dans le pavillon du Dôme : ci-dessus, p. 41, note 5.
10. *État des Conseils du Roi* de 1658, p. 5, et *État de la France.*
11. *Mémoires de Saint-Simon*, tome VIII, p. 139 ; *Journal de Dangeau*,

on se réunit dans le cabinet du Conseil, comme pour les séances du conseil d'en haut ; il y a aussi des séances à Marly ou à Trianon [1].

Aucune affaire n'arrive directement au conseil des finances. Celles que le Contrôleur général ne se réserve pas de traiter seul avec le Roi, comme nous allons le voir, sont d'abord communiquées à un des bureaux (ou commissions) du conseil d'État dont il a été parlé plus haut [2], pour passer devant un certain nombre de conseillers d'État et de maîtres des requêtes, et aller de là à la grande ou à la petite direction des finances [3]. Selon leur importance, elles y reçoivent une solution, ou bien sont renvoyées au conseil des finances, quelquefois au conseil des parties.

Saint-Simon estime que le travail du conseil lui-même était plus fictif que réel. « Il se passoit, dit-il [4], presque entier en signatures et en bons que le Roi mettoit et faisoit au lieu du Surintendant, en jugement d'affaires entre particuliers que leur nature ou la volonté du ministre y portoit [5], et en appel du jugement du conseil des prises des vaisseaux ennemis, mais marchands [6].... Toutes les autres (affaires) y étoient rapportées par le Contrôleur général.... Rien autre n'y étoit agité ni délibéré. Tout ce qui s'appelle *affaires de finances*, taxes, impôts, droits, impositions de toute espèce, nouveaux [droits], augmentation des anciens, régies de toutes les sortes, tout cela est fait par le Contrôleur général, seul chez lui, avec un intendant des finances dont la fonction est d'être son commis, quelquefois avec le traitant seul. Si la chose est considérable à un certain point, elle est rapportée au Roi par le Contrôleur général seul, dans son travail avec lui tête à tête, tellement qu'il sort des arrêts du conseil en finance qui n'ont jamais vu que le cabinet du Contrôleur général, et des édits bursaux les plus ruineux qui, de même, n'ont pas été portés ailleurs, que le secrétaire d'État ne peut refuser de signer, ni le Chancelier de viser et sceller sans voir, sur la simple signature du Contrôleur général ; et ceux qui entrent au conseil des finances n'en apprennent rien que par l'impression de ces pièces devenues publiques, comme tous les particuliers les plus éloignés des affaires. Cela se passoit ainsi alors, et s'est toujours continué de même depuis jusqu'à aujourd'hui. »

Dans sa *Lettre anonyme au Roi*, qui est datée de 1712 [7], il disait déjà : « Il est très ordinaire que les ministres qui assistent au conseil

tomes XV, p. 276 et 441, XVI, p. 96 et 109. La séance est mise une fois au lundi, pour cause de départ (*Journal*, tome XV, p. 164).

1. Pendant la campagne de 1672, la Reine a présidé les séances dans sa propre chambre; en 1674, c'est le Chancelier qui a fait cette fonction, comme nous l'avons vu plus haut (Arch. nat., O¹ 16, fol. 51 et 246 v°, et E 1775, 18 avril 1674).

2. Ci-dessus, p. 48. — 3. Ci-dessus, p. 51 et suivantes.

4. *Mémoires*, tome VIII, p. 139-140.

5. Ci-après, p. 134 et suivantes. — 6. Ci-après, p. 139 et 154.

7. *Écrits inédits* publiés par M. Faugère, tome IV, p. 32-33.

royal des finances avec Votre Majesté n'apprennent les édits et les déclarations qui en portent le nom et sont censées en émaner que par les entendre crier sous leur fenêtre et les envoyer acheter, comme le plus commun des gens.... Tout s'y réduit au mécanique manuel et trompeur de la surintendance, ou à l'examen léger et court de quelque procès particulier, par quoi le conseil des finances n'est plus qu'un vain fantôme, comme la Chambre des comptes, et tous ceux qui y sont d'autres fantômes, qui (à commencer par Votre Majesté même) ignorent si, pourquoi, quand et comment les choses les plus principales et les plus légères se passent en matière de finance, qui est uniquement en la main despotique du seul Contrôleur général. »

Forbonnais s'exprime de même[1] : « Il ne faut pas imaginer.... que l'établissement seul du conseil royal eût été capable de produire ce bon effet (l'unité de système et de vues).... Dans un conseil, les choses ne peuvent être vues que par extrait, et celui qui rapporte une affaire se rend aisément le maître de la décision par la manière dont il expose les raisons respectives. Des conseils ou bureaux inférieurs, où les affaires seroient auparavant discutées en commun, formeroient une sûreté de plus du côté de l'examen et de la surprise : encore ces avis seroient-ils éludés ou négligés, si ceux qui ont l'autorité en main en faisoient un mauvais usage.... Il paroît que des bureaux bien composés pour la discussion des affaires, et dont il sortiroit des avis motivés, seroient une barrière de plus contre ces passions particulières, un grand soulagement pour les personnes chargées des diverses parties du ministère, un dépôt de lumières propre à perpétuer les bons principes, à former des sujets, et que ce moyen ne devroit pas être négligé : mais le choix des supérieurs peut seul porter l'administration à sa perfection. »

Effectivement, si les affaires contentieuses, dont il sera question plus loin, étaient approfondies, discutées et délibérées, non seulement avec un grand soin, mais avec une remarquable indépendance de la part des juges, il semble en revanche que les grandes questions de gouvernement et d'administration financière ne faisaient guère que passer pour la forme devant le conseil. Voici un exemple entre beaucoup, que je prendrai dans Saint-Simon. Chacun se souvient du récit de cette séance où fut décidée l'imposition du dixième[2] : « Sans dire mot à personne, Desmaretz fit son projet, qu'il donna à examiner et à limer à un bureau qu'il composa exprès.... Ce fut donc à ces gens si bien triés à digérer l'affaire, à en diriger l'exécution et en dresser l'édit. » Le mardi 30 septembre 1710, le Contrôleur général entra au conseil avec l'édit dans son sac, tandis que, d'autre part, les membres du conseil ne savaient si l'affaire, dont on parlait beaucoup dans le public, « baiseroit ou non le bureau. » Après un discours du Roi et un autre de Desmaretz, Daguesseau père, premier à opiner, ayant demandé à en être dispensé faute d'un

1. *Recherches et considérations sur les finances*, éd. in-4°, tome I, p. 284.
2. *Mémoires*, tome VIII, p. 136-142, et *Lettre anonyme au Roi*, dans le tome IV des *Écrits inédits*, p. 32-33.

examen suffisant du texte qu'on soumettait au conseil, tous se turent,
sauf M. de Beauvillier, lequel dit quelques mots pour appuyer le projet
du ministre que, comme neveu du grand Colbert, « il croyoit un oracle
en finance…. Ainsi fut bâclée cette sanglante affaire, et immédiatement après signée, scellée, enregistrée parmi les sanglots suffoqués, et
publiée parmi les plus douces, mais les plus pitoyables plaintes. »

La même chose, au dire de Saint-Simon, s'était passée pour la capitation de 1695[1], et je crois volontiers, avec lui, qu'il en était ordinairement
ainsi pour la plupart des édits, règlements ou déclarations en matière
de finance, qui portaient la mention obligatoire : « De l'avis de notre
Conseil, » mais dont la manutention était complètement accaparée par
le Contrôle général, les intendants, les premiers commis, etc. Cette tradition subsistait encore dans son entier lorsque finit l'ancien régime[2].

Par contre, le jugement des litiges de finance où le Roi avait intérêt
revient de droit au conseil, à moins que les affaires n'aient été vidées
préalablement à la grande ou à la petite direction[3]. C'est ce que notre auteur a appelé tout à l'heure « l'examen court et léger de quelque procès
particulier, » et nous avons vu qu'un maître des requêtes désigné par
le Contrôleur général entrait alors au conseil, pour faire le rapport[4].

D'autres affaires difficiles et délicates exigent le concours du bureau de
conseillers d'État qui les a examinées, ou d'une commission nommée *ad hoc*
par arrêt du Conseil. Ces commissaires entrent aux Finances, comme nous
les avons vus entrer aux Dépêches, avec le maître des requêtes rapporteur[5], et s'assoient sur des chaises sans bras, coupant, par ancienneté
d'entrée au Conseil, les ministres, les secrétaires d'État, le Contrôleur
général, mais non pas les ducs et officiers de la couronne, s'il s'en trouve
autour de la table. Ils opinent immédiatement après le rapporteur.

Olivier d'Ormesson parle de plusieurs séances de ce genre pour y
avoir pris part dans les derniers temps de sa vie. Le jeudi 26 mars
1663, « après le dîner, conseil des finances, où je vis M. Colbert. M. le

1. Voyez notre tome II des *Mémoires de Saint-Simon*, Appendice, p. 461-
464, et le *Journal de Dangeau*, tome V, p. 102, 105, 110, 116, 121, 136.

2. Voyez les citations du *Compte rendu* de Necker et des remontrances
de la Cour des aides faites par M. de Luçay, *les Secrétaires d'État*, p. 442-443.

3. Article LXXVI du règlement de 1673. — Selon le mémoire sur les Conseils
dressé par les trois abbés d'Estrées, de Thésut et de Longepierre, et cité ci-
dessus, p. 2, note 1, comme ayant été transcrit par Saint-Simon (Dépôt des
affaires étrangères, vol. *France* 1195), le conseil des finances, la grande et la
petite direction étaient redevenus de simples « conseils de justice, » et ne
jugeaient plus que les cas contentieux depuis que Colbert s'était réservé de
régler les questions administratives en tête à tête avec le Roi. A la petite
direction, on rapportait les affaires où le Roi se trouvait intéressé avec des
particuliers ; à la grande direction, les affaires de finances entre particuliers ;
au conseil, les affaires les plus importantes, retirées de l'une ou l'autre direction.

4. Ci-dessus, p. 31, 33, 35, etc.

5. *Journal de Dangeau*, tomes VIII, p. 272, et X, p. 504 ; *Mémoires de
Saint-Simon*, tomes V, p. 146, et XII, p. 174 et 258-259.

Pelletier de la Houssaye[1] rapporta plusieurs affaires, et une de M. le président de Chevrières, pour des francs-alleux de Dauphiné. Durant qu'il parla, il tourna toujours la tête du côté du maréchal de Villeroy et de M. Colbert, sans adresser la parole à M. le Chancelier, sans néanmoins qu'il le fît avec affectation[2]. »

Le jeudi 18 mars 1666, d'Ormesson lui-même rapporta un procès des courtiers de Bordeaux, en présence des intendants des finances, de Colbert et des deux autres contrôleurs généraux des finances, dont les charges n'étaient pas encore remboursées[3]. Le jeudi 17 septembre suivant, il fit un autre rapport sur la même affaire, le conseil des finances siégeant chez le Chancelier[4]. Le jeudi 19 novembre 1665, il avait déjà rapporté une affaire entre le sénéchal et le juge-mage de Montpellier[5]. Il parle aussi d'un jugement prononcé, probablement le jeudi 19 décembre 1666, contre M. de Verthamon-Villemenon, pour factum injurieux à l'endroit de l'archevêque de Paris, jugement rendu par le Roi lui-même[6].

Pour ces différents cas, il n'y a pas de doute, car les indications d'Olivier d'Ormesson sont précises. Il arrive au contraire qu'en examinant quelques autres séances « de justice[7], » on ne distingue pas si c'est conseil des finances ou conseil des dépêches, et, quoique j'aie déjà insisté sur ce point en parlant du second de ces conseils, il ne sera pas inutile de citer encore quelques mentions prises dans nos chroniqueurs.

Dangeau écrit, à la date du 9 avril 1715[8] : « Le Roi tint le conseil de finances, et, avant le conseil, le Roi se fit rapporter une affaire pour un bénéfice que M. de Bouillon prétendoit pouvoir donner comme seigneur de Château-Thierry ; et le Roi croyoit que c'étoit à lui de le donner comme les comtes souverains de Champagne l'avoient toujours donné. M. Gilbert rapporta l'affaire devant le Roi, et la rapporta à merveille : il l'avoit fort approfondie, et dit même, dans son rapport, qu'il avoit cru le devoir faire plus exactement que jamais, connoissant le penchant que le Roi avoit à se condamner toujours lui-même. Le Roi gagna le procès tout d'une voix. Après le jugement de cette affaire, M. Desmaretz entra, et le conseil de finances commença. »

---

1. Maître des requêtes de 1660 à 1674.

2. *Journal*, tome II, p. 336. Le lendemain, sur ce que le Chancelier en faisait ses reproches au rapporteur, disant qu' « il n'y avoit que lui de *Monsieur* au Conseil, » le rapporteur s'excusa d'inadvertance. Le Roi était à Chartres ce jour-là.

3. *Ibidem*, p. 452. Il n'est pas dit si le Roi présidait.

4. *Ibidem*, p. 473. Ce doit être une séance « en direction ».

5. *Ibidem*, p. 408. — 6. *Ibidem*, p. 478-480.

7. On trouve souvent cette expression de conseil de *justice* appliquée à l'ancien conseil d'État et finances, pour dire qu'il siège au contentieux : ci-dessus, p. 134, note 3. Ne pas confondre avec le « conseil de justice » de 1665, qui était une commission de conseillers d'État choisis pour réformer l'administration de la justice (*Lettres de Colbert*, tome VI, p. 5-9, 369, 371, 377, etc.).

8. *Journal*, tome XV, p. 397.

Nous devons donc avoir affaire ici à un conseil des dépêches réuni extraordinairement avant la séance de Finances, et où le Contrôleur général n'entrait pas. L'arrêt, qui se retrouve, comme tous ceux de même catégorie, non pas dans les liasses du conseil des finances, mais dans la série des registres d'arrêts expédiés en commandement[1], porte, outre la signature du chancelier Voysin, celles du rapporteur Gilbert de Voisins et des quatre conseillers d'État Marillac, Harlay, Rouillé et Trudaine.

Mais, une autre fois, le 29 mars 1689, Dangeau dit : « Le Roi fut longtemps au conseil de finances, pour terminer l'affaire de Bretagne[2]. » Il s'agissait de liquider la banqueroute du trésorier des États de Bretagne, Harouys, et de colloquer les créanciers par classes. Cette fois encore, quoique rendu en Finances, l'arrêt, avec le rôle des créances, se retrouve dans les registres de M. de Croissy, secrétaire d'État de la province[3], et il porte les signatures : 1° du Chancelier ; 2° du chef du conseil et du Contrôleur général ; 3° des maîtres des requêtes de la Briffe et du Buisson (celui-ci intendant des finances), rapporteurs.

Le mardi 6 mai 1692, « le Roi jugea dans son Conseil le procès intenté entre la duchesse de Nemours, héritière présomptive du duc de Longueville, le prince de Condé..., le prince de Conti..., et un nommé Porlier, légataire du défunt chevalier de Longueville, au sujet de sa succession ; et le Roi déclara par son arrêt que la succession de ce bâtard lui étoit dévolue par droit de déshérence[4]. »

Le samedi 14 avril 1708, « le Roi, après le Conseil, travailla avec M. Desmaretz, comme il fait présentement après tous les conseils de finances.... L'après-dînée, il jugea une grande affaire du cardinal de Bouillon contre les moines réformés de Cluny, qui dura quatre grosses heures. Le Roi voulut que cette affaire fût jugée devant lui et par ceux qui sont du conseil de finances ; il y avoit, outre cela, le rapporteur, qui étoit M. Turgot, et les commissaires étoient M. de Ribeyre, M. Voysin et M. de Harlay. Il y eut trois voix pour M. le cardinal de Bouillon, qui furent celles de MM. de Harlay, [le] Peletier et Desmaretz. Il y en eut cinq contre, qui furent celles du rapporteur, de MM. Voysin, de Ribeyre, de Beauvillier, du Chancelier ; et le Roi, dans les affaires des particuliers, se range toujours au plus de voix. Ainsi l'arrêt du Grand Conseil qui avoit déjà condamné le cardinal de Bouillon subsiste dans son entier[5]. » L'arrêt du 14 avril est classé, comme celui de Harouys, dans la série des registres des secrétaires d'État[6] ; il porte les signa-

---

1. Arch. nat., E 1979, fol. 548.

2. *Journal*, tome II, p. 362. Comparez les *Mémoires de Sourches*, tome III, p. 65.

3. Arch. nat., E 1852, fol. 41.

4. *Mémoires de Sourches*, tome IV, p. 32. L'arrêt (E 604, n° 70) est signé du Chancelier, du Contrôleur général, du rapporteur (frère de Pontchartrain), de trois conseillers d'État et des six intendants des finances. Le Roi était alors à l'armée.

5. *Journal de Dangeau*, tome XII, p. 118. — 6. Arch. nat., E 1943, fol. 149-176.

tures du maître des requêtes rapporteur, Turgot, et celles des conseillers d'État commissaires, le Peletier de Souzy, de Ribeyre, Voysin, de
Harlay.

Le mardi 10 août 1700, après dîner, on juge dans un conseil extraordinaire l'affaire de l'évêque de Chartres, Godet des Marais, contre son
chapitre : « Le Roi, fort sollicité par Mme de Maintenon, et on peut
ajouter par la raison et la religion, usa de son droit, ce qu'il n'a pas
fait six fois en tout son règne, qui est de faire l'arrêt par son avis,
sans égard à ceux du Conseil. Le Chancelier, qui n'aimoit pas Monsieur
de Chartres, et qui craignoit que le Roi, en certaines affaires, ne s'ac-
coutumât à l'exercice de ce droit, s'y opposa tant qu'il put, mais inuti-
lement, et n'y gagna que défiance et ordre de lui apporter l'arrêt. Il le
fit le lendemain, et osa l'adoucir en faveur du chapitre. Le Roi écouta
ses raisons, puis le biffa, et lui en fit refaire un autre tel qu'il l'avoit
décidé, et qui donna entier gain de cause à Monsieur de Chartres [1]. »

Le mardi 9 juin 1705, à Trianon, « le Roi tint conseil de finances
et jugea une affaire dont il s'étoit réservé la connoissance sur un jugement rendu au Grand Conseil. M. le cardinal de Bouillon et M. l'abbé
d'Auvergne, son coadjuteur à Cluny, prétendent que M. de Verthamon,
le premier président du Grand Conseil, a fait expédier l'arrêt fort dif-
féremment de ce que les juges avoient jugé ; et cette affaire faisoit
beaucoup de bruit, et il y avoit beaucoup de division dans le Grand
Conseil sur cela. Le Roi a réglé que l'arrêt demeureroit tel qu'il avoit
été expédié ; mais il y a des voies ouvertes au cardinal de Bouillon et
à l'abbé d'Auvergne pour revenir contre : si bien que les parties paroissent contentes [2]. »

Dans une Addition à ce passage du *Journal* et dans ses *Mémoires* [3],
Saint-Simon dit, contrairement à Dangeau, que l'affaire fut jugée au
conseil des dépêches ; cependant le mardi était jour de Finances. L'arrêt
ne porte que la seule signature du Chancelier, et il est classé dans la
série des registres [4]. En 1710, dit-il encore [5], le cardinal ayant renouvelé
ses plaintes contre le Grand Conseil, « la chose alla si loin qu'elle fut
longtemps devant le Roi, et lui en espérance qu'elle seroit évoquée
pour être jugée au conseil de dépêches. » Mais le chancelier Pontchartrain la fit renvoyer devant la grand'chambre du Parlement.

En 1702, puis en 1715, une affaire de haute importance pour les
Jésuites fut portée devant le conseil des finances : il ne s'agissait de
rien moins que de faire rendre les droits de famille et d'hérédité aux no-
vices renvoyés de la Compagnie avant qu'ils eussent prononcé des vœux
définitifs. La première fois, l'affaire fut discutée trois mardis de suite,
dans de longues séances extraordinaires d'après-dînée [6], avec l'assistance

---

1. Addition de Saint-Simon au *Journal de Dangeau*, tome VII, p. 354.
2. *Journal de Dangeau*, tome X, p. 343.
3. Tome IV, p. 273. — 4. Arch. nat., E 1932, fol. 284.
5. *Mémoires*, tome VIII, p. 56.
6. *Journal de Dangeau*, tome VIII, p. 409, 410 et 423.

de plusieurs conseillers d'État et du maître des requêtes Camus de Pontcarré, qui devint premier président du parlement de Rouen l'année suivante. Les Jésuites, dit Saint-Simon [1], « eurent le crédit de faire évoquer l'affaire devant le Roi, où ils crurent mieux trouver leur compte ; en effet, ils ne se trompoient pas : le Roi fut tout à fait favorable aux Jésuites, et voulut bien que les juges s'en aperçussent. Pontcarré.... ne remplit pas leur attente : ni lui ni la pluralité ne chercha point, en cette occasion, à plaire.... Le Chancelier parla si fortement, qu'Aubercourt [2] et les Jésuites furent condamnés.... Le Roi ne voulut pas user d'autorité sur le fond d'un jugement si important à l'état des familles, mais ne put s'empêcher d'en montrer son déplaisir à plusieurs reprises, et, à la fin, de succomber au moins en quelque chose à son affection pour les Jésuites, en faisant ajouter en prononçant, et de sa pleine puissance, que les jésuites renvoyés de la Compagnie auront une pension viagère de leur famille.... » Cet arrêt fut rendu dans un conseil extraordinaire tenu après dîner, le mardi 30 mai 1702. Il révoquait l'édit accordé à la Compagnie par Henri IV (septembre 1603), et décidait qu'après deux ans de noviciat, le jésuite qui rentrerait dans le monde ne pourrait réclamer autre chose qu'une pension de sa famille [3]. En 1715, le P. Tellier, craignant la mort prochaine du Roi, revint à la charge : « La demande fut, comme l'autre fois, portée devant le Roi, qui, comme l'autre fois, admit quelques conseillers d'État pour être juges avec ses ministres, en sa présence. Il y eut en tout douze juges, qui n'imitèrent pas tous les premiers. Grisenoy [4], maître des requêtes fort jeune,... fut rapporteur. » Quoique les Jésuites eussent compté sur lui, Grisenoy « fit le plus beau rapport du monde, mais le plus fort contre eux et le plus nerveux.... Six furent de son avis, six contre. Le Roi fut pour ces derniers, et l'arrêt passa presque comme le P. Tellier le vouloit [5]. » Ce jugement fut rendu le mardi 4 juin 1715, en séance d'après-dînée, le Roi ayant déjà tenu le conseil des finances le matin, puis travaillé avec Desmaretz. Est-ce un conseil des finances extraordinaire, comme l'indiquent le jour de mardi et le texte de Dangeau, ou un conseil d'État, plutôt même qu'un conseil de dépêches, ainsi que l'expression de Saint-Simon : « avec ses ministres », nous porterait à le croire, ou bien une jonction de tous les trois ? En tout cas, la décision ne fut pas promulguée sous la forme d'un arrêt, mais sous celle d'une déclaration royale, qui ne parut que six semaines plus tard [6].

1. *Mémoires*, tome III, éd. 1873, p. 278-279 ; comparez l'Addition au passage de Dangeau du 30 mai 1702, tome VIII, p. 423.

2. Le profès qui avait donné lieu à l'affaire en réclamant une part du patrimoine de sa famille.

3. Arrêt du 38 mai 1702, non retrouvé.

4. Chauvelin de Crisenoy, plus tard garde des sceaux et secrétaire d'État des affaires étrangères.

5. *Mémoires de Saint-Simon*, tome XI, p. 147-148.

6. Déclaration du 16 juillet 1715, imprimée.

Un autre procès des Jésuites, porté également devant le conseil des finances, à la fin de 1705, fit grand bruit à ce que rapportent Dangeau et Saint-Simon lui-même [1]. Les Pères avaient pour adversaires les habitants de Brest, et la cure de cette ville était l'objet du litige. Le samedi 28 novembre, « le Roi, outre le conseil de finances qu'il avoit tenu le matin à son ordinaire, tint conseil encore l'après-dînée.... Les Jésuites gagneront (*ou* gagnèrent) les principaux articles; mais toutes les parties paroissent contentes. » Selon Saint-Simon, cet « étrange et grand procès » fut gagné par les Jésuites de la « seule voix unique du Roi, » c'est-à-dire sur partage des opinions [2].

Le 1er octobre 1712, le Conseil fut assemblé après dîner, sur convocation extraordinaire, pour juger l'affaire de Madame la Duchesse contre ses cohéritiers de la maison de Condé [3]. L'arrêt est signé du Chancelier et de MM. d'Ormesson, le Peletier (de Souzy), Daguesseau, Amelot et Rouillé, rapporteur et commissaires [4].

Ainsi, dans certains cas, il n'est guère possible de discerner s'il s'agit du conseil des finances ou du conseil des dépêches : en effet, la délimitation, la séparation entre les deux conseils était si insuffisante, ou, pour mieux dire, si arbitraire, qu'on pouvait, sans scrupule, porter une affaire de l'un à l'autre. Peut-être même était-ce la règle ordinaire de les réunir ensemble dans ces séances d'après-dînée du mardi et du samedi, comme nous avons vu le fait se produire, au témoignage de Saint-Simon, pour l'affaire du duc de Rohan contre les Guémené [5].

D'autre part, une affaire passait parfois du conseil des finances au conseil des dépêches [6], ou bien à celui des parties. « M. de Broust le père, écrit le duc de Luynes, m'a dit qu'il avoit vu M. Orry mettre en délibération à ce conseil un arrangement proposé pour les Finances [7]. »

Lorsqu'il y avait à juger en appel sur un arrêt du conseil des prises maritimes dont il sera parlé plus loin [8], l'Amiral, comme chef de ce conseil, entrait aux Finances, après la séance ordinaire, pour assister

1. *Journal*, tome X, p. 481, avec annotation de Saint-Simon dans sa table manuscrite.

2. Arch. nat., E 1933, fol. 266-281. L'arrêt est rendu sur le rapport du maître des requêtes Bosc du Bouchet, avec l'assistance des conseillers d'État Daguesseau, de Ribeyre, de Pontchartrain, Voysin et Rouillé.

3. *Journal*, tome XIV, p. 228 et 233. Je remarque que ce fut aussi, sous Louis XV, le conseil des finances qui délibéra sur les conditions du mariage du prince de Condé en avril 1753 (*Luynes*, tome XII, p. 422).

4. Arch. nat., E 1965, fol. 10-26.

5. Ci-dessus, p. 102. Voyez encore un cas cité par Dangeau, tome VII, p. 368-369. En 1744, pendant l'absence de Louis XV, les deux conseils ne firent qu'un et se tinrent ensemble à la Chancellerie : voyez ci-dessus, p. 97.

6. *Mémoires de Luynes*, tome XII, p. 422-423 et 454 : affaire du maréchal de Belle-Isle contre ses vassaux du comté de Gisors.

7. *Mémoires du duc de Luynes*, tome XVI, p. 209 ; Luçay, *les Secrétaires d'État*, p. 450.

8. Ci-après, p. 154.

au rapport de l'affaire, et il prenait rang immédiatement à la droite du Roi, au-dessus de M. de Beauvillier[1].

On conçoit que ces attributions contentieuses étaient une lourde surcharge pour un conseil dont le caractère eût dû être plutôt administratif : c'est seulement dans les derniers jours de l'ancien régime qu'il en fut soulagé. Ayant constaté par sa propre expérience que le Contrôleur général était incapable de veiller seul à la marche d'une « machine devenue immense, » et en outre à « toutes les décisions contentieuses et à tous les arrêts qui, censés rendus au conseil royal des finances, émanoient cependant de la simple disposition du Contrôleur général ; » que, par suite, les plaintes sur ces arrêts étaient fréquentes, et que « leur discrédit auprès des Cours étoit une source continuelle de difficultés, » Necker créa en 1777 un comité de trois conseillers d'État, sous la présidence de M. de Beaumont, avec des maîtres des requêtes, pour donner son avis sur toutes les affaires contentieuses[2].

On trouve plusieurs formules dans les arrêts rendus en finances : « Le Roi s'étant fait représenter l'arrêt rendu...; ouï le rapport du sieur ***, contrôleur général[3]..., S. M., en son Conseil, a ordonné.... » — « Sur la requête présentée au Roi en son Conseil...; le Roi, en son Conseil, ayant égard à ladite requête, a ordonné.... » — Ou bien : « Vu au conseil d'État du Roi...; le Roi, étant en son conseil royal des finances[4].... » — Tandis que les deux premières formules ne peuvent appartenir qu'à des arrêts rendus sous la présidence du Chancelier, dans les bureaux de direction des finances[5], la dernière, dont il existe d'ailleurs bien des variantes, implique la présence du Roi en personne au conseil des finances ou son intervention directe par entretien tête à tête avec le Contrôleur général. Dans ce cas-là, ce sont les bureaux de la Chancellerie ou ceux d'un des secrétaires d'État qui expédient « en commandement. » L'expression est expliquée par ce billet de Colbert joint à un arrêt du 19 février 1665 : « Le Roi m'ordonne de dire de sa part à M. de la Vrillière qu'il prenne, s'il lui plaît, la peine de signer l'arrêt ci-joint, et de lui en parler au premier jour[6]. » Saint-Simon, dans les *Projets de gouvernement du duc de Bourgogne*[7], dit : « S'il y a choses à signer en commandement, un des secrétaires

---

1. *Journal de Dangeau*, tomes V, p. 211, et XV, p. 96, 265.

2. *OEuvres de Necker*, éd. 1786, tome III, p. 73-75.

3. Ou d'un directeur des finances, de 1703 à 1708.

4. On trouve aussi : « Fait au conseil du Roi, S. M. y étant, tenu pour les finances, à Versailles. »

5. Est-ce aussi le cas des séances de jeudi citées plus haut, p. 135, d'après Olivier d'Ormesson ?

6. Arch. nat., E 1728. L'arrêt, relatif aux restes de gabelles, est précédé de très longs considérants et porte, avec les signatures des membres du conseil des finances, « commissaires à ce députés, » celle du rapporteur Rouillé. Le billet est daté du 20.

7. Page 55.

(du conseil de dépêches), toujours le même, les portera à signer au secrétaire d'État des finances.... A cette vue, le secrétaire d'État sera tenu de signer sur-le-champ, sans difficulté quelconque.... Ceci n'est guère que pour ce qui regarde finances dans ce conseil. »

Tous les arrêts doivent recevoir la signature du Chancelier, alors même qu'il n'a pas assisté à la séance; le Contrôleur général n'y appose son nom que comme rapporteur[1]. Jadis, au contraire, les Surintendants avaient eu tout à la fois, avec le maniement des deniers et la conduite des affaires, le droit de signer en commandement, comme les secrétaires d'État, et celui d'expédier les arrêts; mais on a vu plus haut que Louis XIV, en supprimant la surintendance, n'avait pas voulu donner aux Contrôleurs généraux l'ordonnancement et l'expédition. « Il est singulier, dit à ce propos un mémoire de l'année 1773[2], que le département le plus chargé, celui auquel le secret et la célérité sont le plus nécessaires, soit le seul où l'expédition se trouve séparée de l'administration. Il a même fallu, par un abus notable, établir comme principe que les secrétaires d'État signeroient sans examen, et sur simple présentation, les expéditions préparées par le Contrôle général. Cette formalité, ainsi réduite, n'est donc plus qu'une source de retards, qui peuvent s'aggraver par le défaut de concorde entre les uns et les autres. »

Il est certain que nombre d'arrêts ainsi envoyés à l'expédition par le Contrôle général n'avaient point passé préalablement au conseil. Ainsi, le mercredi 12 juin 1697, à minuit, c'est-à-dire par le courrier qui arrivera à Paris entre le 13 et le 14, l'intendant de Soissons demande un arrêt général d'attribution pour juger en dernier ressort des émeutiers arrêtés sur plusieurs points de son département. En recevant cette lettre, le contrôleur général Pontchartrain écrit sur la marge une apostille ainsi conçue : « Expédier l'arrêt incessamment, pour que je lui envoie aujourd'hui par un courrier. » L'arrêt fut expédié et envoyé le jour même où la dépêche avait pu être soumise par le commis à Pontchartrain, le samedi 15 juin; mais encore avait-il dû passer par les bureaux de la Chancellerie ou d'une des secrétaireries d'État[3]. Les papiers du Contrôle renferment une grande quantité de dossiers de ce genre, où le *bon* officiel et l'annotation mise au-dessous : « J'expédie l'arrêt, » indiquent que la procédure a été ainsi réduite à sa plus simple expression.

Il était d'usage aussi que le Contrôleur général envoyât *recta* aux intendants les arrêts qu'ils devaient faire exécuter, sans y joindre, selon la règle, une commission scellée. Le collège des secrétaires du Roi protestait contre cet abus.

En dehors des arrêts, nous avons encore les édits, déclarations, or-

---

1. Arch. nat., U 945, fol. 49 v° à 50; Tolozan, *Règlement du Conseil*, p. 24.

2. Arch. nat., K 899, n° 41.

3. L'arrêt est signé, « le Roi étant en son Conseil, » par le Chancelier et le Contrôleur général (Arch. nat., E 1899).

donnances, lettres patentes, rôles de finance, etc., qui étaient délibérés et arrêtés dans les séances du Conseil ou des directions, et qui s'expédiaient, sur les minutes du Contrôle général, en forme directe, avec la signature du Roi, ou plutôt d'un commis de secrétairerie imitant le seing royal[1]. De ce nombre étaient les « résultats », c'est-à-dire les contrats par lesquels le Roi, acceptant la proposition d'un traitant, fermier, ou autre particulier, lui attribuait une régie, un recouvrement de finance, un débit d'offices nouveaux à vendre[2]. Les résultats, revêtus de la signature royale, se remettaient au secrétaire d'État, après avoir été contresignés du Contrôleur général, comme rapporteur, du Chancelier et du Garde des sceaux, s'ils étaient en commandement, ou bien au secrétaire du conseil de quartier, s'ils n'étaient pas en commandement. Dans le premier cas, le secrétaire d'État en délivrait une expédition sur parchemin, comme d'un arrêt, et une copie collationnée de lui, sur papier, était déposée au greffe du conseil pour recevoir les soumissions ou cautions du traitant. Dans le second cas, le résultat même se déposait au greffe, qui délivrait l'expédition en parchemin et recevait les soumissions[3].

C'est encore au conseil des finances que le Roi arrêtait certains comptes, ceux de l'armée par exemple[4].

Il y avait quatre « secrétaires ordinaires du conseil et direction des finances[5] » dont les offices, vénaux et très productifs, valurent jusqu'à un million sous Louis XV[6]. Le document de 1658 que j'ai déjà cité plusieurs fois s'exprime ainsi sur ces officiers[7] : « Les secrétaires du Conseil se tiennent derrière les conseillers d'État, et couverts ainsi que MM. les maîtres des requêtes, et celui desdits secrétaires qui est en

---

1. Le duc de Luynes dit, sous Louis XV, que les plus nombreuses signatures du Roi sont par rapport à la finance et aux bâtiments (comme surintendant de l'un et l'autre département), mais qu'une grande quantité de provisions, brevets, commissions, etc., sont signés par des commis qui imitent l'écriture du Roi. (*Mémoires du duc de Luynes*, tome XII, p. 374-375.)

2. On a vu (p. 61-62) comment se faisaient ces adjudications en grande direction.

3. Mémoire des greffiers dans le carton des Papiers du Contrôle général coté G[7] 1841, qui renferme des états, extraits, délibérations, etc.

4. Séance du 30 septembre 1697 : *Journal de Dangeau*, tome VI, p. 200.

5. M. de Luçay, *les Secrétaires d'État*, p. 12-13 et 445. Ces secrétaires, de même origine que les secrétaires d'État, mais séparés et distingués d'eux depuis 1564, ne doivent pas être confondus avec le collège des secrétaires du Roi et des finances, qui avaient le droit de signer en chancellerie, sous cette mention : « Par le Roi, » toutes sortes d'expéditions et de copies authentiques. Avant même la séparation des conseils, et de tout temps, même au quinzième siècle, il y avait des secrétaires particuliers pour celui des finances.

6. Plusieurs financiers célèbres, comme Cornuel, Béchameil, Berryer, Foucault, Catelan, Bossuet, eurent de ces offices.

7. *État des Conseils du Roi*, 1658, p. 7 ; reproduit dans l'*État de la France* de 1663, p. 499.

quartier, et, en son absence, l'un des autres secrétaires, se tient aussi debout et couvert derrière la chaise de M. le Chancelier, avec un portefeuille de velours noir, écrivant sur son plumitif les délibérations et résolutions du Conseil sur les affaires qui s'y traitent, après avoir lu les avis des opinants. Et à la fin du Conseil, il apporte les arrêts qui ont été auparavant dressés suivant les délibérations du Conseil et signés des rapporteurs, et se met au bout de la table, joignant la chaise du Roi, de l'autre côté de M. le Chancelier : desquels arrêts il lit le dispositif (se tenant debout et découvert), et, après qu'ils ont été signés de M. le Chancelier et de M. le Surintendant, il les prend pour en faire faire les expéditions, lesquelles il signe, et garde les minutes. »

Le nombre des décisions rendues sous le couvert du conseil des finances suffirait, à lui seul, à faire comprendre qu'il y eût une impossibilité absolue de suivre toujours la filière et les formalités de rigueur. Pour le dix-septième et le dix-huitième siècle, il nous reste de trois à quatre cent mille minutes originales d'arrêts, sans compter les édits, déclarations et lettres patentes[1]. Comme les arrêts eux-mêmes faisaient loi, la conservation des minutes et originaux, ainsi que celle des procès-verbaux des séances, aurait dû être, de tout temps, organisée et maintenue soigneusement. A différentes reprises, des mesures furent adoptées en ce sens ; mais elles restèrent longtemps inefficaces, et de là provinrent des dilapidations regrettables. En 1730, le financier Paris de la Montagne disait : « Il faut pénétrer dans les bibliothèques particulières pour trouver le peu qu'il nous reste d'originaux ou de copies d'anciennes pièces depuis le règne de Charles VIII jusqu'à la minorité de Louis XIV, comme de règlements des conseils d'État du Roi, de règlements de secrétaires d'État et des finances, de registres du conseil d'État et des finances[2]. » Et en effet les registres de résultats ou procès-verbaux (on ne faisait pas alors de minutes) du seizième siècle, abandonnés aux soins des secrétaires du conseil, s'étaient éparpillés dans certaines bibliothèques de familles parlementaires : les plus anciens, de 1563 à 1626, parmi les manuscrits du chancelier Séguier[3],

1. J'établis ce chiffre d'après un calcul moyen fait sur des cartons pris au hasard, de distance en distance. Celui de M. Rodolphe Dareste donnerait un chiffre double. M. d'Avenel compte quarante-huit mille arrêts pour une période de dix-neuf ans (*Richelieu et la monarchie absolue*, tome I, p. 46, note 3, et 49).

2. Arch. nat., KK 1005^c. Voyez l'Avant-propos du tome I de la *Correspondance des Contrôleurs généraux*, p. xxi.

3. Soixante-deux volumes, recouverts en veau ou cuir fleurdelisé, estimés douze cents livres à la mort du Chancelier (Delisle, *le Cabinet des manuscrits*, tome II, p. 91). Le plus ancien de ces registres (1563-1567) avait été retiré par le Roi, en 1629, des mains de l'évêque de Belley, petit-fils de M. de Saint-Bonnet, secrétaire du Conseil ; c'est aujourd'hui le ms. Fr. 18 156, anc. Saint-Germain 440.

d'autres dans les collections de Mesmes, Colbert[1] ou Clairambault[2]. Mais les minutes d'arrêts avaient beaucoup moins souffert ; Colbert, et surtout son successeur Claude le Peletier, s'efforcèrent de mettre fin aux détournements que commettaient soit les secrétaires du conseil des finances, soit les commis, et, en 1684, un dépôt unique du conseil des finances, comprenant les minutes d'arrêts depuis Henri IV, ainsi que celles des règlements, traités, baux, etc., passés par les conseils ou les directions, fut créé au Louvre, « pour la sûreté d'icelles et pour donner moyen aux particuliers qui y avoient intérêt et qui pouvoient avoir besoin, d'y avoir recours. » Là aussi furent réunis les papiers de la chambre de justice de 1661, ceux des commissions extraordinaires du Conseil[3], ceux de l'administration de Foucquet et de plusieurs trésoriers, et beaucoup d'autres documents de même genre : le tout sous la surveillance d'un commis du Contrôle général et d'un fonctionnaire qualifié du titre de garde héréditaire des anciennes minutes du conseil des finances et des commissions extraordinaires[4]. Des tentatives d'inventaire partiel furent faites de 1691 à 1696 par l'intendant du Buisson, et, à la fin de 1716, par M. de Baudry. A cette dernière époque, sous la Régence, le désordre était toujours fort grand, beaucoup de liasses étant rentrées tardivement et se trouvant encore dans l'état où les héritiers des secrétaires ou des greffiers les avaient versées[5] : les gardes du dépôt (l'office avait été dédoublé), le Fèvre et Arrault, firent accepter par le commissaire général des finances le Pelletier de la Houssaye un plan de classement chronologique, ainsi qu'un projet d'inventaire à exécuter sous la direction du maitre des requêtes Angran[6].

Je ne puis faire ici l'historique de ce dépôt, en ayant déjà indiqué quelques points ailleurs[7] : il suffira de dire que la Révolution le trouva en très bel ordre dans le vieux Louvre, et qu'il fut transféré aux Archives nationales. Cet établissement possède aujourd'hui (série E)[8] dix-huit cent neuf cartons de minutes d'arrêts rangés dans l'ordre chronologique, de

1. Mss. Fr. 4004 à 4009, résultats de 1591 à 1593, et 4010, résultats de 1581 ; Mélanges Colbert 87, résultats de 1582 à 1588, etc.

2. Mss. Clairambault 1097, fol. 87 (original du procès-verbal du 22 février 1595), et 655.

3. Ci-dessus, p. 58.

4. *Correspondance des Contrôleurs généraux*, tome I, Avant-propos, p. XII. Cet office, créé en août 1691, fut remplacé en février 1710 par un office de secrétaire ordinaire, garde et dépositaire des archives des Conseils et des commissions extraordinaires, que l'édit de mars 1716 supprima aussi.

5. Les plus anciens documents remontaient à 1583.

6. Arrêt du 10 février 1722, résumant tout l'historique du dépôt. On devait laisser à part les papiers des chambres de justice, de la réformation de la noblesse, de la taxe des francs-fiefs, des liquidations de la chambre de charité chrétienne. (Arch. nat., E 2036, à la date.)

7. *Correspondance des Contrôleurs généraux*, tome I, Avant-propos, p. XXXIII, XXXVI, note 2, XXXIX et XL.

8. *Inventaire méthodique*, col. 37-42.

1593 à 1791[1], sans compter les rôles de taxes domaniales du règne de Louis XIV[2], et une série de recueils divers. En outre, les papiers du Contrôle général renferment la suite des projets d'arrêts préparés pour le Conseil ou pour les directions de 1700 à 1747[3] et de 1748 à 1790[4]. On a encore une série d'édits, déclarations, etc., en matière de finances, rendus de 1696 à 1747[5], et même quelques fragments du plumitif du conseil et des directions[6].

D'autre part, le Cabinet des manuscrits de la Bibliothèque nationale possède certains articles qui proviennent évidemment du dépôt du Louvre. Ainsi on trouve dans les manuscrits de Clairambault[7] une série de minutes originales du temps même de Louis XIV; dans le fonds Français[8], les tables d'enregistrement des arrêts rendus entre 1699 et 1708.

Il était urgent pour le Contrôleur général d'avoir sous sa main des répertoires raisonnés, bien tenus au courant, de tous les édits et arrêts rendus en matière de finance. Le fonds du Conseil et celui du Contrôle général en renferment plusieurs, remontant jusqu'au temps de Colbert[9].

L'importance des archives du conseil des finances, à tous les points de vue de l'histoire générale ou particulière, financière, législative ou judiciaire, n'a jamais été méconnue, même depuis la chute de l'ancien régime. Il y a un demi-siècle, Augustin Thierry fit entreprendre un dépouillement des arrêts de ce conseil et de celui des dépêches relatifs aux privilèges des communautés et des corporations d'arts et métiers. Actuellement, l'administration des Archives nationales commence la publication des arrêts du conseil des finances depuis l'année 1591 ; un premier volume, confié aux soins de M. Noël Valois, qui y joindra une étude approfondie sur les Conseils jusqu'au temps d'Henri IV, est en cours d'impression, et, quelques difficultés que présente une entreprise de cette nature, il est à espérer qu'on la mènera aussi loin et aussi vite que possible, pour la satisfaction des historiens à venir.

1. On s'occupe depuis quelques années de relier ces minutes en volumes, mais sans changer le numérotage. Les arrêts sont réunis par séance, cotés et numérotés avec soin.

2. Principalement sous le ministère de Pontchartrain. Ces documents sont dans la série Q[5].

3. G[7] 1882 à 1888.

4. H 1541 à 1569.

5. G[7] 1913 à 1928. Voyez aussi un autre carton du même fonds du Contrôle général, G[7] 1841, contenant des états, extraits, délibérations, etc. Une série d'édits et déclarations de même nature fut remise par le premier commis Villiers du Terrage, en l'an VI (*Correspondance des Contrôleurs généraux*, Avant-propos, tome I, p. xxxv et xlii).

6. E 1683.

7. Vol. 338 et suivants.

8. Mss. Fr. 10 845-10 852.

9. *Inventaire sommaire et tableau méthodique*, col. 39-42 et 161.

CONSEILS ET BUREAUX DIVERS.

Il me reste maintenant à parler de quelques autres conseils ou assemblées consultatives revêtues du nom de conseil, mais dont l'existence ne fut que temporaire, ou bien qui n'étaient, en réalité, que des bureaux ou commissions du Conseil, ayant ou n'ayant pas le droit de rendre des arrêts et de prendre des décisions.

Ce sont : 1° le conseil de guerre ; 2° le conseil de conscience ; 3° le conseil des affaires de la religion prétendue réformée ; 4° le conseil de police ; 5° le bureau des prises ; 6° le bureau ou conseil de commerce.

Le Conseil de guerre.

Un conseil de guerre, qui devait être permanent et régulier, existait au seizième siècle[1]. Delisle de Hérissé[2] parle assez longuement de celui qui fonctionna, dit-il, dans la première partie du dix-septième, et qu'on appelait parfois conseil *de milice* ou conseil *d'État et de guerre*. Il croit que cette institution datait de décembre 1617[3]. En effet, lors de la réunion des Notables, le gouvernement offrit de créer un conseil spécial pour « tout ce qui appartient au fait des armes et de la guerre, soit en temps de paix ou en temps de guerre[4], » et il est également question d'un conseil de guerre dans les projets de 1620 et 1625[5] ; mais l'ordonnance de 1630[6] confond les choses de la guerre avec les autres attributions du conseil des affaires et dépêches, de même que le document reproduit dans l'*Histoire du Conseil* de Guillard[7]. Les mémoires du secrétaire d'État Brienne parlent d'un conseil établi par le duc d'Orléans, après la mort de Louis XIII, pour délibérer « de ce qui étoit à faire pour le maintien des gens de guerre. » Ce conseil siégeait le vendredi, avec l'assistance des maréchaux de France et celle des secrétaires d'État, qui obtinrent de s'y asseoir[8]. C'est sans doute celui-là que, selon Delisle de Hérissé, Louis XIII, puis Monsieur, pendant la minorité, prési-

1. On le trouve en 1563 : ci-dessus, p. 4 ; mais, par un passage des *Mémoires de Vieilleville* reproduit p. 44, note 6, il semble évident que les décisions de guerre se prenaient, comme celles de politique, en assemblée plénière du conseil d'État.

2. Ms. Lancelot 100, fol. 21 v° à 22.

3. Elle existait avant cette époque, puisqu'on voit, dans le *Journal inédit d'Arnauld d'Andilly*, p. 102, à la date du 13 août 1615, siéger un conseil de guerre de vingt et une personnes, où il n'y eut que le Chancelier, M. d'Épernon, le commandeur de Sillery et Bullion pour opiner à la guerre.

4. *Mémoires de Mathieu Molé*, tome I, p. 176.

5. M. d'Avenel, *Richelieu et la monarchie absolue*, tome I, p. 43, note 1.

6. Ci-dessus, p. 92-93. — 7. Ci-dessus, p. 67.

8. *Mémoires de Brienne*, p. 67 et 81.

dèrent en diverses occasions; mais, si l'on trouve encore mention d'un conseil de guerre permanent en apparence, soit dans l'*État des Conseils* de 1658, soit dans les éditions de l'*État de la France* qui se succédèrent depuis lors jusqu'en 1686, je ne crois pas qu'il y ait lieu de tenir autrement compte de ces indications et assertions.

Delisle de Hérissé dit en terminant : « Le conseil de guerre a été tenu quelquefois depuis la majorité du Roi ; mais il se tenoit dans la chambre du Roi. S. M. s'y trouvoit ordinairement, et le premier ministre, les autres ministres d'État, les maréchaux de France et quelques anciens lieutenants généraux y assistoient[1]; mais, depuis l'an 1677, on ne parle plus de ce conseil, et les affaires qui y étoient traitées sont aujourd'hui réglées dans le conseil d'État que le Roi tient avec ses ministres. » En effet, les conseils de guerre dont il est fait mention par Dangeau, Saint-Simon, etc., ont un caractère exclusivement militaire, qui ne permet en rien de les rattacher aux Conseils du Roi[2].

Le Conseil de conscience.

L'*Almanach royal* compte aussi celui-ci comme un des conseils du Roi[3], quoiqu'il soit d'une nature toute différente.

En 1620, Richelieu avait voulu faire établir un conseil composé des cardinaux, du Chancelier et du Garde des sceaux, avec quelques archevêques, évêques et prélats ou autres personnes de vie exemplaire, pour traiter les affaires concernant « l'état et police de l'ordre ecclésiastique. » Puis, en 1625, il avait demandé la création d'un bureau de quatre ecclésiastiques de rang supérieur, « premiers en dignité et en mérite, » assistés de deux laïques, pour « délibérer et donner avis tant de tout ce en quoi le Roi pourra craindre que sa conscience soit intéressée, que du mérite de ceux qui prétendront être nommés aux prélatures et bénéfices[4]. »

Sous la régence d'Anne d'Autriche, il y eut un conseil de conscience exclusivement ecclésiastique, dont faisaient partie, avec Mazarin, le P. Vincent, le P. de Gondy, et les évêques de Beauvais et de Lisieux[5].

Le premier soin du jeune Louis XIV, en prenant le pouvoir, fut de créer un pareil conseil et d'y appeler, avec le P. Annat, son confes-

---

1. C'est le texte de l'*État de la France*, ou à peu près : voyez l'année 1672, tome II, p. 66, ainsi que les années 1658, 1661, 1665, 1678, 1686.

2. Voyez par exemple le *Journal de Dangeau*, tome XII, p. 413, 12 mai 1709.

3. Après avoir parlé des quatre conseils, il ajoute : « Il y a encore le conseil de conscience.... »

4. *Richelieu et la monarchie absolue*, par M. le vicomte d'Avenel; tome I, p. 45, d'après le projet présenté en 1620 par Marie de Médicis; *Lettres du cardinal de Richelieu*, publiées par Avenel, tome II, p. 169.

5. *Mémoires de Mme de Motteville*, tome I, p. 167. Ce conseil disposait des bénéfices : voyez le *Journal d'Ol. d'Ormesson*, tome I, p. 59. Selon les *Mémoires de Brienne*, p. 77, c'est Mazarin qui avait reçu de Louis XIII la mission de nommer aux bénéfices jusqu'à ce que le Roi fût majeur.

seur, et le grand aumônier la Motte-Houdancourt, évêque de Rennes, deux prélats célèbres : Marca, archevêque de Toulouse, et Péréfixe, évêque de Rodez[1]. L'objet principal de ce conseil était la distribution des bénéfices. « On y examinoit, dit l'abbé de Choisy, tous les sujets l'un après l'autre ; il étoit difficile d'y faire passer son ami dans la foule. Le mérite y étoit discuté sévèrement par trois ou quatre hommes qui ne s'accordoient pas toujours ; et par là le Prince voyoit la vérité. » Mais, comme le conseil n'était établi ni réglé par aucun acte en forme, il changea insensiblement et fut réduit ainsi à l'archevêque de Paris et au confesseur du Roi, puis à ce dernier seul, lorsque le crédit du P. de la Chaise l'eut emporté sur toute autre compétition[2]. M. de Harlay conserva quelque temps une certaine participation aux affaires comme président d'un bureau spécial du Conseil chargé des matières ecclésiastiques[3], et, en qualité de chef-né du clergé de France, il continua à venir prendre une audience du Roi le mercredi, avant la séance du conseil d'État, ou le vendredi, avant l'arrivée du confesseur[4] ; mais celui-ci était seul admis à une longue conférence tête à tête chaque semaine, dans l'après-dînée du vendredi[5], et la veille des jours de communion[6] ; seul surtout, il disposait en maître de tous les bénéfices, et ce n'est que peu à peu que Mme de Maintenon fit admettre l'évêque de Chartres, puis le cardinal de Noailles, assez avant dans la faveur du Roi « pour balancer la distribution des bénéfices et y entrer elle-même

1. *Œuvres de Louis XIV*, tome I, p. 30-31, et *Mémoires*, tome II, p. 387 ; *Mémoires de l'abbé de Choisy*, p. 581.

2. Voyez notre tome II des *Mémoires de Saint-Simon*, p. 199, note 1, et 348-350, et la *Relation de la cour de France en 1690*, par Spanheim, p. 243 et suivantes, où se trouvent de longs détails sur le rôle du prélat et du jésuite dans la direction des affaires religieuses. Il en est parlé de même dans les relations des ambassadeurs vénitiens Foscarini (1683) et Venier (1695).

3. Voyez ci-dessus, p. 48, et une citation du *Moréri* rapportée dans notre tome II des *Mémoires*, p. 199, note 1 ; *Journal de Dangeau*, tome I, p. 88 et 273 ; *Mémoires de l'abbé de Choisy*, p. 599. L'abbé le Gendre dit (*Mémoires*, p. 119) que « M. Pussort avoit fait plus de difficulté qu'aucun autre conseiller d'État de se trouver au bureau de Monsieur de Paris, pour examiner avec lui les affaires qu'on y renvoyoit. » Quand la disgrâce vint pour M. de Harlay, ce bureau disparut, et ses attributions furent transférées à un autre bureau présidé par l'archevêque de Reims, qui, lui, était conseiller d'État d'Église (*Journal de Dangeau*, tome I, p. 6, avril 1684).

4. C'est pour profiter de ces privances que les amis de Fénelon eussent voulu Paris, et non Cambray, comme Saint-Simon l'a raconté en 1695 : voyez notre tome II, p. 346.

5. L'*État de la France* de 1698, souvent arriéré, dit encore (tome III, p. 31) : « Les matières ecclésiastiques dont le Roi prend connoissance sont réglées par S. M. sur le compte qui lui en est rendu quelquefois par M. l'archevêque de Paris, et ordinairement par le P. de la Chaise, confesseur ordinaire du Roi. » L'*Almanach royal* commence en 1704 à dire que le P. de la Chaise assiste seul au conseil de conscience.

6. Voyez notre tome IV, p. 349, note 2.

de derrière ces deux rideaux [1]. » Fénelon désapprouvait cette abdication du Prince aux mains d'un religieux incapable transformé en ministre d'État, et il demandait le retour au conseil de 1661 [2].

Mais l'abus fut bien autre quand le P. de la Chaise eut été remplacé par le P. Tellier. Saint-Simon nous dira comment celui-ci, « pour mettre les demandeurs en désarroi, éviter de trouver le Roi prévenu en faveur de quelqu'un pour qui on auroit parlé à temps, et se rendre plus libre et plus maître des distributions, » se mit à donner les bénéfices en dehors des jours ordinaires consacrés par un pieux usage [3], comment il « ne voulut que des va-nu-pieds et des valets à tout faire, » supprima la publicité des nominations, les remerciements au Roi, etc. [4].

A côté du conseil de conscience, on voit se tenir quelquefois des réunions extraordinaires pour affaires ecclésiastiques. Ainsi, le lundi 19 juin 1690, M. de Sourches dit que le Roi a délibéré, dans un conseil composé seulement du Chancelier, de l'archevêque de Paris et du Contrôleur général, sur les économats et portions congrues [5]. En mars 1697, une commission composée du cardinal de Bouillon, de l'archevêque de Paris (Noailles), de Fénelon, non encore disgracié, des ducs de Beauvillier et de Noailles, de M. de Barbezieux et du P. de la Chaise, fut chargée d' « examiner les moyens de remédier aux désordres qu'il y pouvoit avoir par les aumôniers des régiments dans les armées, sur l'administration des sacrements [6]. » Très probablement, cette commission n'eut qu'une existence temporaire.

Quelquefois le jour de conseil de conscience était consacré au jugement de certaines contestations de nature religieuse [7]. Le vendredi 12 mai 1702, « le Roi travailla, le matin et l'après-dînée, à juger une grande affaire qu'il y avoit entre les archevêques de Lyon et de Rouen, l'archevêque de Lyon prétendant la primatie sur Rouen, comme il l'a sur Tours, sur Sens et sur Paris; mais il perdit son procès tout d'une voix. S. M. eut la patience d'écouter durant cinq heures le rapport de cette affaire [8]. » Mais nous avons vu d'autres litiges d'Église jugés simplement en conseil des dépêches ou en conseil des finances, et aux jours ordinaires [9].

1. *Mémoires de Saint-Simon*, tomes VI, p. 236, VII, p. 123, et XII, p. 138-140.

2. Lettre au Roi, dans le tome XXIV, p. 342, des *Œuvres de Fénelon*. Louis XIV lui-même reconnut l'inconvénient dans son testament : voyez les *Projets de gouvernement du duc de Bourgogne*, p. 186-187 et 195.

3. La veille des jours de communion.

4. *Mémoires*, tome VIII, p. 98-99.

5. *Mémoires de Sourches*, tome III, p. 249-250.

6. *Journal de Dangeau*, tome VI, p. 79.

7. Voyez ci-dessus, p. 84, note 2.

8. *Journal de Dangeau*, tome VIII, p. 411. Saint-Simon, parlant du même fait (tome III des *Mémoires*, éd. 1873, p. 277-278), dit que Pontcarré rapporta l'affaire devant les conseillers commissaires, puis devant le Roi. L'arrêt original est aux Archives, E 1922, n° 21.

9. Ci-dessus, p. 98, 101, 103, 135, 137, etc.

A la mort de Louis XIV, il fut créé un conseil de conscience, dont Saint-Simon racontera longuement la formation, la composition et la fin rapide[1]. Celui-là aura pour attributions « les matières de Rome, les affaires des divers diocèses de nature à avoir besoin de la main du Roi, celles des divers ordres et communautés qui pouvoient passer pour majeures, certaines matières bénéficiales particulières. » Notre auteur eût voulu qu'on y réservât deux ou trois places pour des « seigneurs, » autant pour les « notables ecclésiastiques, » et quatre ou cinq pour des représentants du Parlement ; mais on se borna à y faire entrer le procureur général, l'avocat général Joly de Fleury[2] et un conseiller clerc. La distribution, ou, comme on dit plus tard, la *feuille* des bénéfices, fut alors remise aux mains du cardinal de Noailles. L'ancien évêque de Fréjus devint chef du conseil de conscience en mars 1723.

Le Conseil des affaires de la religion prétendue réformée.

Dangeau dit, à la fin de l'année 1684, dans son tableau des occupations du Roi : « Les lundis, après dîner, il y a un conseil pour les affaires de la Religion (prétendue réformée)[3]. Le Roi n'y assiste point ; mais on lui rend compte quand il y a quelque affaire importante[4]. » Après la révocation de l'édit de Nantes, il paraît y avoir eu une réorganisation de ce conseil, qui, selon le P. Léonard[5], fut composé du Chancelier, de l'archevêque de Paris, de Seignelay, de Pussort et du P. de la Chaise. Enfin Dangeau raconte ce qui suit, sous la date du 4 juillet 1699[6] : « Tout le temps que le Roi donne au conseil qu'on appelle le conseil de dépêches, qui se tient les lundis de quinze jours en quinze jours, étoit presque employé aux affaires des religionnaires, et on n'avoit quasi pas le loisir d'y parler des autres affaires du dedans du Royaume. Pour remédier à cet inconvénient, le Roi établit un conseil particulier, qui sera composé du Chancelier, de M. de Beauvillier, de tous les secrétaires d'État, tant ceux qui sont en charge que les survivanciers, de MM. Daguesseau et de Pomereu. Ce conseil se tiendra tous les quinze jours, le samedi, après dîner ; et puis, à la fin du mois, le Roi marquera un jour où on lui rapportera le précis de ce qui aura été agité

1. *Mémoires*, tomes XI, p. 255 et suivantes, XII, p. 226 et suivantes et 230-232, XVI, p. 104.

2. C'est ainsi qu'on retrouve dans les mss. Joly de Fleury, n°ˢ 1468-1475, les procès-verbaux ou répertoires de ce conseil.

3. Il y avait, en 1578, un conseil secret pour les affaires du protestantisme (Luçay, *les Secrétaires d'État*, p. 21).

4. *Journal*, tome I, p. 89.

5. Bibl. nat., ms. Fr. 10 265, fol. 99 v° et 102 v° ; cité par Jal, dans son *Dictionnaire critique*, p. 1007.

6. *Journal*, tome VII, p. 107.

dans ce conseil, qui n'est établi que pour les affaires des religionnaires ;
et, le jour que le Roi donnera pour cela, Monseigneur, Monsieur et
M. de Pomponne y entreront. Le Roi avoit même proposé à M. de Pomponne d'être du conseil particulier qui sera tenu les samedis ; mais il
s'en est excusé sur son grand âge. »

Selon le chancelier Daguesseau [1], c'est son père qui avait inspiré
la création de ce conseil, pour que les mesures prises contre les protestants, à l'issue de la guerre, eussent un caractère d'uniformité. La
première séance eut lieu le 13 septembre 1699 [2]. La *Gazette d'Amsterdam*, dans les correspondances qu'elle recevait alors de Paris [3], donne
les détails qui suivent :

« S. M. a établi un nouveau conseil pour les affaires qui concernent
les nouveaux réunis, dans lequel on examinera les procès-verbaux des
archevêques, des évêques et des intendants des provinces, sur quoi le
conseil leur envoyera ses délibérations. Il est composé, etc.... Ils s'assembleront toutes les semaines à Versailles, dans l'appartement de
M. le Chancelier, en son absence dans celui de M. le duc de Beauvillier,
et, une fois le mois, devant S. M. » — « .... Les lettres de Paris font
remarquer que le nouveau conseil que le Roi a établi pour les affaires
des Réunis n'est composé que de personnes séculières, savoir : de M. le
Chancelier, de MM. les quatre secrétaires d'État, et de MM. Daguesseau
et de Pomereu, conseillers d'État, sans qu'il y ait aucun ecclésiastique
adjoint. » — « Les nouvelles de Paris du 13 de ce mois contiennent
les particularités suivantes sur l'établissement dont on a parlé, d'un
nouveau conseil d'État pour toutes les affaires qui concernent les nouveaux réunis du Royaume. On dit que la résolution en a été prise par
le Roi sur les remontrances qui lui ont été faites de divers abus commis dans l'exécution de ses ordres, soit parce que ceux qui en étoient
chargés n'agissoient pas dans le même esprit, ni dans les mêmes vues
que S. M., soit parce qu'en divers lieux on a trop poussé les choses et
effarouché les esprits : ce qui a engagé un grand nombre de personnes
à quitter leurs domiciles et à tout risquer pour chercher une retraite
libre dans les pays étrangers. On a donc trouvé que ces moyens
pratiqués jusqu'à présent, au lieu de produire l'effet qu'on s'en étoit
promis, ont eu des suites toutes contraires, et si désavantageuses au
bien de l'État, qu'il a été jugé nécessaire de prendre d'autres mesures
sous l'inspection d'un conseil composé de ministres éclairés et séculiers,
et qui pût agir et donner ses ordres sous les yeux de S. M. On tient
que ce conseil, non seulement connoîtra de ce qui se passera dans tout
le Royaume touchant les nouveaux réunis, mais que ce sera un tribunal où ils pourront présenter leurs requêtes et leurs remontrances,
et même y appeler des jugements de toute autre jurisdiction. Les in-

1. *OEuvres*, tome XIII, p. 64.
2. *Journal*, tome VII, p. 149.
3. Année 1699, n° LVII et Extr. LVII, LVIII et LXII.

tendants et commissaires départis dans les provinces seront tenus d'y
donner avis de toutes choses, et d'agir selon les résultats qui leur seront envoyés sur l'examen qui aura été fait de leurs procès-verbaux.
Les archevêques et les évêques agiront aussi dans la même dépendance
et sous les mêmes ordres. Enfin ce sera un tribunal où l'on jugera les
affaires de Religion en dernier ressort, et de telle sorte que la politique
n'en souffre point. Le conseil fera rapport au Roi des affaires les plus
importantes, et soulagera S. M. de celles qui seront de moindre conséquence. Il ne s'est encore assemblé qu'une fois. » — « On écrit de
Paris que le nouveau conseil s'applique fortement aux affaires de la
Religion, et qu'il travaille principalement à s'assurer des enfants, des
biens, et à empêcher la sortie de ceux qu'on soupçonne avoir dessein
de se retirer dans les pays étrangers. On continue de mettre les enfants
dans les convents et dans les collèges, pour les élever et instruire dans
les principes de la religion romaine. On s'est assuré du bien de divers
particuliers, soit par des cautions, ou par des consignations d'argent en
main tierce, comme l'on a fait depuis peu à une personne mise en
liberté, à qui on a fait consigner une somme considérable pour servir
de sûreté à l'égard de ses enfants. On marque aussi que l'ordre a été
envoyé dans toutes les provinces de veiller de près sur tous ceux qu'on
soupçonnera de quelque dessein de retraite hors du Royaume. Mais
on dit que le conseil est dans la résolution de ne forcer personne d'aller à la messe, et qu'ayant fait réflexion que cela n'a servi qu'à donner
lieu à des profanations, par le trop grand empressement d'un zèle ecclésiastique et inconsidéré, on se contentera que les nouveaux réunis
aillent aux prédications. C'est une chose assez surprenante qu'au bout
de quinze ans on trouve plus de difficulté dans cette affaire qu'au
commencement. »

Par deux autres mentions de Dangeau[1] on voit que ce conseil continua à se réunir en 1700 et 1701, et que tous les membres du conseil
des dépêches y entraient ; mais il n'en est plus question ni dans l'état
des conseils que le même chroniqueur donne à la fin de l'année 1705,
ni dans l'*Almanach royal* ou l'*État de la France*, et le chancelier Daguesseau dit en effet que cette institution ne dura que quelques années.

Le Conseil de police.

Il y eut aussi un conseil de police qui commença à tenir ses séances
chez le chancelier Séguier en septembre 1666, et où Pussort dirigeait
tout, comme dans la plupart des autres commissions[2]. Louis XIV[3] dit

1. *Journal*, tome VII, p. 395, et VIII, p. 272.
2. *Journal d'Ol. d'Ormesson*, tome II, p. 475-476, 480-481, 491, 498.
3. *Mémoires de Louis XIV*, tome II, p. 222.

qu'il l'établit « pour l'exacte observation des points particuliers, » et qu'on lui rendait compte du travail une fois par semaine; mais il est évident que ce conseil n'avait de raison d'être que par la vacance de la charge de lieutenant civil[1], et qu'il cessa de fonctionner lorsque la police, en mars 1667, eut été détachée de cette charge au profit, non pas de Pussort, comme on l'avait cru, mais de la Reynie.

Cette commission temporaire était composée de conseillers d'État.

Le Bureau des prises.

Il avait existé un conseil de marine sous le règne de Louis XIII[2] et sous la régence qui suivit[3]. Du temps de Louis XIV, les seules mentions que donne Dangeau ne s'appliquent pas à un conseil régulièrement organisé, mais plutôt au travail du Roi avec le secrétaire d'État de la marine[4], ou bien à des conseils réunis pour une circonstance spéciale[5].

Mais, lors du rétablissement de la charge d'amiral pour le comte de Vermandois, une « assemblée pour les affaires de la marine » fut réorganisée par le règlement du 23 septembre 1676[6], et composée de Colbert et des deux conseillers au conseil des finances, de trois autres conseillers d'État, de deux maîtres des requêtes, de Seignelay, secrétaire d'État du département, et du secrétaire général de la marine. Cette assemblée, véritable bureau du Conseil, que l'Amiral devait présider dès qu'il serait en âge, avait pour principale attribution le jugement des prises faites en mer sur les ennemis[7]; elle pouvait rendre elle-même des arrêts et les envoyer au *visa* du Chancelier et à l'expédition d'un

---

1. M. Daubray était mort le 11 septembre 1666.

2. Ms. Lancelot 100, fol. 23 v°.

3. L'ambassadeur vénitien Morosini parle, en 1653, d'un conseil de marine présidé par le duc de Vendôme, qui était alors grand maître et surintendant général de la navigation : *Relazioni*, série FRANCIA, tome II, p. 510.

4. En 1684, le Roi tenait le conseil de marine deux fois par semaine, avec M. de Seignelay seul (*Journal*, tome I, p. 89). Olivier d'Ormesson mentionne aussi une séance du conseil pour la marine et les affaires du commerce tenue par le Roi le dimanche 3 août 1664 (*Journal*, tome II, p. 199).

5. Le 13 février 1692, « le roi d'Angleterre étant venu rendre visite au Roi, S. M. tint avec lui un conseil de marine, auquel assistèrent le secrétaire d'État de Pontchartrain, le comte de Tourville, vice-amiral, le comte de Châteaurenault, le marquis d'Amfreville et Gabaret, lieutenants généraux. » (*Mémoires de Sourches*, tome IV, p. 10.) — « A quatre heures, le Roi tint un conseil de marine. » (*Journal de Dangeau*, tome XIV, p. 178, lundi 27 juillet 1712.) Voyez ci-dessus, p. 83, note 6.

6. Ms. Joly de Fleury 2513, fol. 2-3; imprimé dans le recueil du *Code des armées navales* (1758) et dans celui des *Anciennes lois françaises*, tome XIX, p. 165.

7. Voyez le *Code des prises* de 1784, où toutes les lois sur ce sujet sont étudiées depuis 1400.

secrétaire d'État ; mais, si les parties intéressées le demandaient, le jugement était réservé au Conseil lui-même, ainsi que la revision et cassation des arrêts de l'assemblée [1].

Cette assemblée ou bureau, qu'il ne faut confondre ni avec les conseils de marine qui siégeaient dans chaque port de guerre, ni avec les conseils des constructions maritimes établis par Colbert en 1670-1671 [2], et dont je ne trouve pas trace dans l'histoire de ce ministre, ni même dans sa correspondance, fonctionna jusqu'en 1695 chez le doyen du Conseil, Henri Pussort. Il y avait séance tous les jeudis ; le personnel se composait de sept conseillers d'État et six maîtres des requêtes, dont un, d'Argenson, faisait les fonctions de procureur général. Le jeune Jérôme de Pontchartrain y avait été adjoint en 1693, comme survivancier de la marine [3].

Depuis que le comte de Toulouse a été installé dans les fonctions d'amiral de France et qu'on a rétabli « toutes les distinctions, l'autorité et les avantages dont son office d'amiral pouvoit être susceptible entre ses mains [4], » le « bureau des prises faites en mer » tient séance chez lui et sous sa présidence, tous les mercredis, avec les mêmes commissaires, à peu près, que par le passé. Les arrêts se rendent au nom de l'Amiral [5].

Quand il y a appel de ces arrêts au Roi en son Conseil, l'Amiral et le maître des requêtes rapporteur se transportent au conseil des finances, où le secrétaire d'État fait le rapport [6]. L'arrêt se rend alors sous la signature du Chancelier, avec la formule « le Roi étant en son Conseil. » De même, lorsque le conseil des finances a à juger quelque question de prises, l'Amiral et le secrétaire d'État y entrent [7].

Les Archives nationales possèdent une partie des procédures et jugements du bureau ou conseil des prises depuis 1695 [8].

Le bureau ou conseil des prises avait pour secrétaire l'académicien Valincour, secrétaire général de la marine et secrétaire des commande-

1. On peut voir quelle était la procédure antérieure, pendant la minorité de Louis XIII, dans le *Journal inédit d'Arnauld d'Andilly*, p. 37, janvier 1615.

2. *Anciennes lois françaises*, tome XVIII, p. 432 ; *Lettres de Colbert*, tome III, *passim* ; *Siècle de Louis XIV*, chapitre XXIX.

3. Nommé à ces fonctions le 25 février 1692, il devint membre du conseil en mars 1695.

4. Voyez notre tome II des *Mémoires de Saint-Simon*, p. 224 et 225.

5. Règlement du 9 mars 1695, dans les *Anciennes lois françaises*, tome XX, p. 234 ; *Journal de Dangeau*, tomes IV, p. 228, et V, p. 159 et 171.

6. *Mémoires de Saint-Simon*, tomes VIII, p. 139, XI, p. 254, et XII, p. 259 ; *Mémoires du duc de Luynes*, tome VI, p. 192. Voyez ci-dessus, p. 139.

7. *Mémoires du duc de Luynes*, tome VI, p. 192. — M. Rodolphe Dareste a parlé du conseil des prises dans son livre sur *la Justice administrative en France*, p. 97 et 102-103.

8. *Inventaire méthodique*, col. 41-42.

ments de l'Amiral, avec qui Saint-Simon entretint des relations très familières.

On remarquera que, malgré l'appellation courante de « conseil des prises, » l'*Almanach royal* plaçait le « bureau des prises faites en mer », non parmi les conseils, mais au milieu des bureaux d'affaires de finances. C'était un des bureaux qui pouvaient rendre des arrêts par eux-mêmes. De plus, celui-ci ne fonctionnait qu'en temps de guerre[1].

Il ne faut pas le confondre avec un conseil consultatif établi en 1688, pour la défense des intérêts de l'Amiral ou la discussion des affaires relatives à l'Amirauté, et qui était composé d'un magistrat, M. Benoise, du secrétaire général Valincour, et de plusieurs avocats célèbres[2].

En 1699, le conseil ou bureau des prises est porté pour trente-neuf mille sept cents livres sur les états budgétaires.

Le Conseil ou Bureau de commerce.

Quoique l'institution régulière de ce conseil ou bureau ne date que de 1700, et que d'ailleurs Saint-Simon n'en parle guère ou point, il a tenu une trop grande place dans l'histoire économique de la fin du règne de Louis XIV et dans la « mécanique gouvernementale, » pour que j'hésite à en parler ici.

Je dois commencer par rappeler les précédents, peu nombreux et très distants les uns des autres. On trouve sous Louis XI les traces d'une sorte de conseil devant lequel les négociants du Royaume venaient exposer leurs vues et formuler leurs requêtes[3]; mais cette notion est fort vague, et c'est seulement sous Henri IV que nous constatons l'existence authentique et officielle d'une « commission » instituée dans les années 1601-1602, pour « vaquer au rétablissement du commerce et manufactures dans le Royaume. » M. Poirson, qui a fait un résumé des travaux de cette « assemblée sur le fait du commerce[4] », a peut-être eu tort de la qualifier du nom de *chambre de commerce*, comme le faisaient quelques contemporains. Elle était composée de membres du conseil d'État et des compagnies souveraines, qui se firent aider par un contrôleur général du commerce, Barthélemy de Laffémas, et par les principaux fabricants et marchands. Leur concours fut utile à Sully, comme on en peut juger par les procès-verbaux que Laffémas publia en 1604[5],

1. Au début de la guerre de Succession, il fut continué par un arrêt du Conseil du 12 mai 1702.

2. Le plumitif des délibérations de ce conseil est conservé aux Archives nationales, G 478.

3. Aug. Thierry, *Essai sur l'histoire du tiers état*, p. 66.

4. *Histoire de Henri IV*, tome II, p. 99-107.

5. Ils sont réimprimés en tête du tome IV de la première série de *Mélanges* de la collection des Documents inédits sur l'histoire de France (1848).

cependant les historiens des finances[1] disent que cette institution fut
bientôt abandonnée[2].

Lorsque Richelieu devint grand maître de la navigation et du commerce (1626-1627), il ressuscita le même conseil, s'en fit le chef, et y
appela quatre conseillers d'État et trois maîtres des requêtes[3]; mais on
ne voit guère que ce nouveau conseil ou bureau ait duré ou fonctionné
activement. En tout cas, il tomba entièrement sous Mazarin[4].

Colbert était depuis trois ans au pouvoir lorsque, en 1664, il songea
à faire un conseil de commerce indépendant de celui des finances. Certains documents relatifs à cet essai nouveau ont échappé à l'historien
du grand ministre. C'est d'abord le premier canevas, ou « projet pour
former un conseil de commerce[5] ». Colbert y examine « s'il vaut mieux
traiter cette matière de commerce dans le conseil de finances, ou com-
poser un nouveau conseil en y appelant MM. les secrétaires d'État, y
ajoutant quelques autres. »

Si l'on s'en tient au conseil de finances, le Roi y siégera-t-il seul avec le
Chancelier; ou bien y appellera-t-il M. de Morangis[6], le Tellier et Lionne ?
Dans le premier cas, les personnes qui composent le conseil, mieux in-
struites des affaires, pourront prendre chacune une part du travail, et ne
feront aucun obstacle aux propositions. Dans le second cas, « ce sera une
contradiction presque perpétuelle, qui non seulement partagera les esprits,
mais même les fera pencher de l'autre côté : en M. le Chancelier, M. de
Villeroy, M. d'Aligre, par foiblesse; en M. de Sève, par esprit de contradiction et de jalousie; M. de Lionne, peu de connoissance et foiblesse. »

Si, au contraire, on préfère un nouveau conseil, « il ne paroîtra pas
dans le monde un concours commun et universel de toutes les personnes
qui ont quelque part aux bonnes grâces du Roi et en l'administration
des affaires d'État. Toutes les matières du commerce consistant en l'exécution des traités avec les princes étrangers et en expéditions des secrétaires d'État, tant au dehors qu'au dedans du Royaume..., s'ils n'y
sont présents, ils ne pourront pas juger de leur exécution, ni même
faciliter l'exécution des ordres et lettres de S. M....., pour lesquelles
ce sera toujours peine et embarras, parce que la véritable fonction de
secrétaire d'État est d'être présent dans tous les conseils, recevoir les
ordres de la bouche du Roi même, et faire les expéditions résolues. Si
le département du commerce, qui est nouveau et qui n'a jamais fait
aucune partie des matières d'État, ni [été] distribué à MM. les secrétaires

1. Savary, *Dictionnaire du commerce*, tome II, p. 584-585; Forbonnais,
Recherches et considérations sur les finances, édition in-4°, tome I, p. 81;
M. Fagniez, article sur *l'Industrie en France sous Henri IV*, dans la *Revue
historique*, septembre-octobre 1883, p. 95-96.

2. La commission siégeait encore en 1606 (*Archives curieuses*, tome XIV,
p. 414).

3. Savary, *ibidem*; Forbonnais, *ibidem*, p. 182.

4. M. Chéruel, *l'Administration monarchique*, tome II, p. 211-212.

5. Bibl. nat., ms. Baluze 216, fol. 175.

6. Antoine Barrillon, très ancien conseiller d'État et directeur des finances.

d'État, pouvoit être donné de nouveau à quelqu'un qui entendît bien cette matière, ce seroit un remède à tous ces inconvénients, en la même forme que le Roi a ordonné au sieur Courtin d'écrire touchant les matières de commerce et les autres. Mais, à ce défaut, il vaut mieux que le conseil soit composé des secrétaires d'État, parce que les inconvénients de leur défaut seroient presque insurmontables. »

On voit que le but de Colbert était de se faire du commerce un département particulier; en attendant qu'il y parvînt, il se réserva la haute main dans le nouveau conseil.

Les secrétaires d'État étaient alors Lionne (affaires étrangères et marine), le Tellier (guerre), Guénegaud du Plessis (maison du Roi), la Vrillière (protestants); les deux premiers furent seuls appelés au conseil de commerce, avec le Chancelier, le chef et les trois conseillers du conseil des finances, Colbert en tête. La première séance eut lieu le 3 août 1664. Colbert adressa au Roi, ou du moins prépara[1] un grand discours où il était moins question du nouveau conseil que de l'historique du commerce pendant les temps antérieurs et des projets conçus pour son rétablissement par l'orateur, qui recommandait de faire examiner dans chaque séance « une nature de commerce en particulier. »

Comme il demandait que cette création nouvelle fût portée à la connaissance du public, la *Gazette* publia quelques jours après cet article[2] :

« Tous les marchands, ou, pour mieux dire, tout le Royaume, ont été fort agréablement surpris, depuis peu de jours, des nouvelles assurances que S. M. leur a données de les vouloir favoriser efficacement en toutes occasions. On s'étoit déjà bien aperçu, par diverses marques, qu'elle connoissoit pleinement de quelle importance il étoit à son État d'y rétablir le commerce, et même ce qu'elle avoit exécuté et ce qu'elle fait tous les jours pour cela nous avoit persuadé qu'elle ne pouvoit aller plus loin sur cette matière. On sait que, depuis trois ans, elle a fait une grande dépense en armements de mer pour donner une chasse perpétuelle aux corsaires de Barbarie, qu'elle a accordé en toutes rencontres l'escorte de ses vaisseaux de guerre à ceux de nos marchands; qu'elle donne des assistances particulières pour former les compagnies des Indes orientales et occidentales; qu'elle a fait une suppression de tous les péages qui se levoient sur les rivières du dedans du Royaume; qu'elle a fait entreprendre partout un travail prodigieux pour l'acquittement des dettes de toutes les villes et communautés; qu'elle a accordé à ses peuples la décharge de plus de dix millions de livres sur les tailles et celle de quatorze ou quinze cent mille livres sur les gabelles, par la diminution d'un écu sur chaque minot de sel; qu'elle a fait aussi de notables dépenses pour la réparation de tous les ponts, ouvrages et chemins publics, et qu'elle donne avec facilité audience à nos marchands

---

1. *Lettres de Colbert*, publiées par P. Clément, tome II, p. CCLXIII-CCLXXII; *Histoire de Colbert*, par le même, tome I, p. 334-336.

2. *Gazette* de 1664, 23 août, p. 834.

lorsqu'ils ont besoin de sa protection, et tous les ordres nécessaires pour leur en faire ressentir les effets. Mais, S. M., suivant les emportements de l'amour qu'elle a pour ses peuples, ayant connu que, quelque diminution qu'elle fît sur les impositions, elle ne pouvoit leur procurer l'abondance que par le moyen du commerce, elle déclara naguère qu'outre les conseils qu'elle tient tous les jours deux fois pour la conduite des affaires du dedans et du dehors de son État, elle vouloit encore prendre, sur le peu de temps qu'elle donne à ses divertissements, quatre heures tous les quinze jours, pour tenir un *conseil de commerce*. Et comme il n'y a jamais de différence entre les résolutions de ce grand prince et leur exécution, le 3 de ce mois, il tint le premier à Fontainebleau ; le 16, il tint le second à Vincennes, et, S. M. l'ayant composé du chancelier de France, du duc de Villeroy, des sieurs d'Aligre, le Tellier, de Sève, de Lionne et Colbert, après leur avoir expliqué ses intentions, elle ordonna aux secrétaires d'État d'écrire à tous les gouverneurs des provinces, aux compagnies souveraines et subalternes, et à tous les intendants, pour les en informer et leur enjoindre de donner une entière protection à tous les marchands et négociants, leur rendre bonne et prompte justice, expédiant leurs procès par préférence à tous autres, afin qu'ils ne soient point divertis de leur trafic, et tenir la main à l'exécution de tous les règlements de police pour la conservation et l'augmentation des manufactures. Elle les chargea aussi d'envoyer de pareilles lettres aux maires et échevins des villes [1], pour faire savoir ces choses aux marchands et négociants et les inviter à tenir toujours des députés auprès de S. M. pour donner leurs avis et lui représenter ce qui concerneroit le commerce; offrant, s'ils ont peine d'en trouver, de tenir elle-même une personne à sa suite, à qui elle donnera des appointements pour avoir correspondance avec tous les marchands du Royaume et pour la sollicitation de leurs affaires. Elle a aussi ordonné qu'il seroit marqué une maison de commerce dans le lieu où elle sera logée, pour la commodité de tous ceux qui se rendront auprès d'elle, et qu'on travailleroit à la réformation des tarifs des droits d'entrée et de sortie du Royaume, pour les diminuer tous les ans jusques à douze ou quinze cent mille livres. Enfin, pour donner toutes les marques possibles de l'ardeur qu'elle a pour l'avancement d'une chose qu'elle a jugée si utile à ses sujets, elle a déclaré qu'elle emploieroit tous les ans un million de livres au rétablissement des manufactures et pour de nouvelles, et qu'elle feroit des gratifications aux marchands qui achèteroient des vaisseaux neufs ou en

1. Feu M. Pierre Clément a publié la lettre écrite aux échevins de Marseille, le 26 août, dans le tome II, 2ᵉ partie, p. 426, des *Lettres de Colbert*. Depping avait donné la lettre aux commerçants de Paris dans le tome III, p. xxvii, note, de la *Correspondance administrative du règne de Louis XIV*. Cette dernière lettre a été reproduite aussi par le vicomte Hutteau d'Origny, en 1857, dans le tome Iᵉʳ (seul publié) d'une *Histoire du bureau du commerce et du conseil royal des finances et du commerce*, qui contient aussi l'édit de septembre 1664 et quelques autres documents, p. 97-132.

feroient bâtir, ainsi qu'à ceux qui entreprendroient des voyages de long cours. Elle a encore ordonné que tous les procès pendants en son Conseil où lesdits marchands auroient intérêt seroient rapportés en sa présence, et déclaré qu'elle vouloit employer de grosses sommes pour rendre navigables toutes les rivières de son Royaume qui le peuvent être, comme aussi qu'on examinât soigneusement si la communication des mers Océane et Méditerranée étoit possible, auquel cas elle y emploieroit volontiers jusques à deux millions d'or. Il seroit difficile de marquer tous les ordres que S. M. a donnés en si peu de temps et les avantages qu'on en doit attendre, et nous n'avons à craindre, sous un prince si plein d'amour pour ses peuples et d'une si grande application à l'établissement de leur bonheur, que la destinée de l'empereur Tite, qu'on appeloit les *délices du genre humain ;* car il semble que Dieu se contente de montrer ces princes extraordinaires. Mais nous espérons que nos prières obtiendront du Ciel que la durée du règne de ce digne monarque sera aussi longue qu'elle nous est nécessaire. »

Un édit du mois suivant (septembre 1664)[1] fit connaître officiellement l'établissement du conseil de commerce et les mesures qui en étaient le corollaire. Tout sera fait, y était-il dit, « pour exercer l'industrie de nos sujets et leur procurer les moyens d'employer utilement les avantages qu'ils ont reçus de la nature, de bannir la fainéantise et divertir par des occupations honnêtes l'inclination si ordinaire de la plupart de nos sujets à une vie oisive et rampante sous le titre de divers offices sans fonctions et sous de fausses apparences d'une médiocre attache aux bonnes lettres ou à la pratique[2], laquelle dégénère le plus souvent, par leur ignorance et par leur malice, à une dangereuse chicane, qui infecte et ruine la plupart de nos provinces. »

La représentation des grands centres de commerce auprès du nouveau conseil demandait à être réglée soigneusement. Un arrêt du 5 décembre 1664[3] ordonna que, chaque année, les marchands des dix-huit villes les plus importantes du Royaume éliraient deux d'entre eux, et que le Roi choisirait trois des premiers élus pour résider auprès de sa personne, tenir correspondance avec les pays de leur région et donner avis de tout ce qu'il y aurait à faire pour l'augmentation du commerce. Quant aux autres élus, ils s'assembleraient par tiers, le 20 juin de chaque année, dans trois villes que le Roi désignerait, pour constater l'état du commerce et des manufactures, et en adresseraient un procès-verbal à Colbert, alors intendant des finances.

A partir de cette date, on trouve, en 1664, 1665, et années suivantes, dans les registres des arrêts expédiés en commandement par les secrétaires d'État, les arrêts du nouveau conseil, bien reconnaissables à cette formule : « Le Roi étant en son conseil tenu pour le fait du commerce, »

---

1. Publié en partie par Depping, tome III, p. xxvi-xxix, puis par M. Chéruel et M. Hutteau d'Origny.

2. La pratique de la jurisprudence, ou plutôt de la procédure.

3. Cité par Pierre Clément, dans l'*Histoire de Colbert*, tome I, p. 336, note.

ou celle-ci : « Sur la requête présentée au Roi étant en son conseil de commerce,... ouï le rapport du sieur Colbert, conseiller au conseil royal ayant le département du commerce.... » Sauf l'arrêt du 14 mars 1665[1] ordonnant une enquête pour l'établissement du canal de Languedoc, lequel est signé à droite par le chancelier Séguier, le chef du conseil des finances, maréchal de Villeroy, et les deux conseillers d'Aligre et de Sève, à gauche par Colbert, tous ceux que j'ai relevés ne sont revêtus que des deux signatures de Séguier et de Colbert. Ils sont en très petit nombre, se présentent à des intervalles fort éloignés, mais portent tous sur des matières ou des questions intéressantes : protection donnée aux armateurs et négociants maritimes (5 décembre 1664)[2], desséchement des grandes landes situées au sud de Bordeaux (27 mars 1665), attribution d'une part aux marchands dans la composition des corps de ville (2 juin 1665), organisation des corps de métiers d'Arras et règlement pour les marchands étrangers établis à Dunkerque (7 avril et 7 mai 1665), fondation d'une manufacture de draperies à Pontlabbé (23 juin 1665), rétablissement de la fabrique des castors (21 juillet 1666), prescriptions pour l'abatage des veaux (25 octobre 1666), prohibition d'exporter les cuirs de bestiaux (12 mars 1667), règlements pour la fabrication des étoffes (14 mai 1667), etc.[3].

Par un passage du *Journal d'Olivier d'Ormesson*[4], on voit que des maîtres des requêtes étaient attachés, soit d'une manière permanente, soit temporairement, à ce conseil de commerce.

Je ne saurais dire combien de temps il subsista. Il est à croire que Colbert, devenu contrôleur général et secrétaire d'État de la marine, ayant par conséquent toutes les affaires commerciales dans son double département, finit par trouver que sa direction et celle du conseil des finances suffisaient amplement pour mener à bonne fin le développement du négoce français. En tout cas, le conseil de commerce ne devait plus fonctionner dans les derniers temps de son ministère; un simple comité consultatif l'avait remplacé, pour décider sur les litiges qui se produisaient souvent entre les marchands ou négociants et les fermes générales. C'est chez Bellinzani, collaborateur familier du ministre, que se tenait chaque semaine une assemblée de trois fermiers généraux et trois représentants du commerce : « On envoyoit à Paris les pièces; on proposoit l'affaire, on y répondoit; très souvent on s'accordoit, et, quand les opinions étoient partagées, M. de Bellinzani décidoit par l'avis où

1. Arch. nat., E 1728, registre du secrétaire d'État de la Vrillière. Quelques arrêts sont publiés en partie dans le livre de M. Hutteau d'Origny.

2. Imprimé du temps, dans la collection Rondonneau, aux Archives nationales.

3. Arch. nat., E 1723, 1726, 1727, 1728, 1733, 1737, aux dates.

4. Tome II, p. 324, à la date du 10 mars 1665 : « Je fus au conseil (*des parties*). Le Roi envoya querir M. le Chancelier pour assister au conseil de commerce, qui est un nouveau conseil composé de (*un blanc*) et de MM. Voysin et [le] Pelletier de la Houssaye, maîtres des requêtes. »

il se rangeoit. Ainsi, sur-le-champ, sans écritures ni significations, l'affaire étoit décidée et exécutée en vertu d'un ordre que MM. les fermiers généraux délivroient dans l'instant[1]…. » Colbert mort, l'assemblée cessa d'exister, son président fut jeté en prison, et il y mourut quelques mois plus tard.

Pendant les années qui suivirent, c'est-à-dire sous les ministères de Claude le Peletier et de Pontchartrain, la direction des affaires commerciales fut tout entière aux mains du Contrôleur général, pour l'intérieur, et du secrétaire d'État de la marine, pour l'extérieur, sans concours ni de conseil, ni de députés; mais, vers 1695, Pontchartrain, au profit duquel les deux départements se trouvaient alors réunis, fit passer cette direction à l'un de ses principaux conseillers, son cousin germain par alliance, Henri Daguesseau, l'ancien intendant du Languedoc, le père de l'avocat général qui devait être plus tard chancelier. Daguesseau, rappelé de son intendance dès 1685, pour prendre part aux travaux du conseil d'État, venait d'être nommé, en août 1695, conseiller au conseil royal des finances. Intègre, désintéressé, laborieux, net et précis, c'était, au dire de Saint-Simon et de tous les contemporains, un administrateur des plus remarquables. Pontchartrain n'agit plus que d'après ses avis, non dans les affaires de finance, du soin desquelles il était obligé de se reposer sur des esprits moins scrupuleux, mais pour tout ce qui était perception des deniers de l'État, développement et soutien du commerce, manutention de la police générale, etc.; et Daguesseau s'y prêta d'autant plus facilement, que sa modestie lui faisait trouver un plaisir délicat à travailler gratuitement pour le public, et à laisser même tout l'honneur au Contrôleur général. Un objet lui plaisait entre tous et finit par former pour lui une espèce de département particulier : c'était la conduite des affaires relatives au commerce et aux manufactures. Il en fut investi peu à peu, mais ne prit aucun titre officiel, quoiqu'il existât, pour tout ce qui était relations du commerce extérieur avec la ferme générale, un poste analogue de directeur général du commerce et des grandes compagnies, occupé successivement par Bellinzani, par le financier Morel de Boistiroux et par le fermier général Jean-Baptiste de Lagny[2]. Ce fut Daguesseau qui, dans les derniers temps du ministère de son cousin, provoqua le rétablissement, définitif cette fois, d'un conseil de commerce : c'est à lui qu'il convient d'en reporter l'honneur.

« Il sentit, dit son fils[3], que la promptitude des décisions d'un ministre, chargé de bien d'autres affaires, avoit souvent besoin d'être re-

1. *Correspondance des Contrôleurs généraux*, tome II, Appendice, mémoire du député de la ville de Paris, p. 503.

2. Cette commission rapportait douze mille livres, tandis que Daguesseau ne recevait pas d'appointements spéciaux. Son successeur Amelot eut d'abord quatre mille livres, puis dix mille.

3. Dans la vie d'Henri Daguesseau qui est au tome XIII des *OEuvres du Chancelier*, p. 61.

tardée par l'utile lenteur des délibérations d'un conseil. Il connoissoit assez le caractère de ceux qui sont dans les premières places pour comprendre que les remontrances de plusieurs personnes graves et expérimentées imposent plus que celles d'un seul homme, quelque mérite qu'il puisse avoir, et que le ministre le plus autorisé se trouve souvent comme forcé de suivre un avis bien médité dans un conseil, soutenu par le poids comme par le nombre des suffrages, dont il ne sauroit contredire les raisons devant le Roi sans commettre sa réputation et son crédit. Mon père étoit d'ailleurs persuadé que ce qui regarde le commerce devoit être conduit avec un esprit économique, et presque semblable à celui des républiques, autant qu'il est possible dans une monarchie. Ce fut dans cette vue qu'il voulut qu'on appelât de célèbres négociants au nouveau conseil dont il formoit le plan, non pour y avoir voix délibérative, mais pour y être entendus et pour donner même leur avis par écrit sur les matières d'une plus grande importance. Il croyoit par là faire deux grands biens en même temps : l'un, d'honorer et d'accréditer le commerce, soit par l'entrée qu'il donnoit à un certain nombre de négociants dans un conseil, soit par le privilège dont ils jouiroient d'être consultés sur toutes les résolutions qui pouvoient intéresser la fortune des négociants du Royaume, et d'avoir une voie toujours ouverte pour faire au Roi toutes les représentations qu'ils jugeroient convenables au bien du commerce ; l'autre, d'instruire le conseil d'une matière si importante, et d'y former comme une suite et une succession de conseillers d'État qui en sauroient les maximes, et qui seroient capables de les soutenir dans ce Royaume contre les entreprises continuelles de la finance, qu'on y accuse souvent de sacrifier à un intérêt présent et passager la source constante et perpétuelle des véritables richesses de l'État. »

A l'occasion d'un règlement qui répartissait les affaires commerciales entre la Marine et le Contrôle général [1], un échange d'idées se fit, en 1699, de Pontchartrain à Daguesseau. Celui-ci voulait un conseil où les finances n'eussent pas la prépondérance sur les ministres, quelque chose comme un conseil d'État secondaire. Pontchartrain proposait au contraire un conseil analogue à celui de 1664, composé du Chancelier, du secrétaire d'État de la marine, du Contrôleur général, d'un des conseillers au conseil royal des finances et de l'intendant des finances qui avait le détail des fermes générales. Les rapports eussent été faits par le secrétaire d'État et le Contrôleur général, et les arrêts expédiés par le secrétaire d'État [2].

A peu de temps de là, Pontchartrain devint chancelier de France [3], et, les finances passant aux mains de Chamillart, Daguesseau demanda à

1. *Œuvres du chancelier Daguesseau*, tome XIII, p. 81 ; *Correspondance des Contrôleurs généraux*, tome II, Appendice, p. 463-470.

2. *Correspondance des Contrôleurs généraux*, tome II, Appendice, p. 464-465 et 467-468.

3. Le 5 septembre 1699.

être déchargé de la direction des affaires commerciales. Il la fit donner[1]
à son neveu Michel Amelot de Gournay, qui était conseiller d'État semestre depuis 1695, après avoir successivement rempli les fonctions
d'ambassadeur à Venise, en Suisse et à Lisbonne[2]. Daguesseau n'en
conserva pas moins l'autorité nécessaire, non seulement pour mener à
bonne fin la création projetée avec le précédent contrôleur général,
mais aussi pour diriger les travaux du nouveau conseil jusqu'à son dernier jour. Ce fut le mardi 29 juin 1700 qu'un arrêt du conseil des
finances[3], rendu sur le rapport de Chamillart, créa le conseil de commerce, au moment même où la succession d'Espagne allait mettre de
nouveau Louis XIV aux prises avec les puissances européennes.

Les guerres du temps passé et la multitude des préoccupations
diverses, dit ce document, n'ont pas permis jusqu'ici de suivre les
mesures précédemment prises ; mais, « voulant plus que jamais accorder une protection particulière au commerce, marquer l'estime qu'elle
fait des bons marchands et négociants de son royaume, leur faciliter
les moyens de faire fleurir et d'étendre le commerce, S. M. a cru que
rien ne seroit plus capable de produire cet effet que de former un conseil du commerce uniquement attentif à connoître et à procurer tout ce
qui pourroit être de plus avantageux au commerce et aux manufactures
du Royaume. »

Le *Journal de Dangeau* ne parle qu'assez tardivement de la création
du conseil, le 17 juillet[4], et il le qualifie de « chambre pour le commerce. » On voit, par les termes de l'arrêt, qu'il s'agit d'un conseil, et
non d'une chambre comme il en existait déjà à Marseille et à Dunkerque, comme on en établit aussi un certain nombre en d'autres endroits, dans les années 1701 et suivantes. Toutefois, si le nouveau
conseil prit dès lors place dans l'*État général des Conseils du Roi* que
publiait chaque année l'*Almanach royal*[5], il était loin d'avoir, au point
de vue des décisions, la même autorité, la même importance que ceux
dont nous avons parlé. A proprement parler, ce n'était qu'une sorte de
bureau du Conseil, qui devait, non pas rendre des arrêts ou des juge-

1. *Journal de Dangeau*, 22 septembre 1699, tome VII, p. 155-156 ; *Gazette d'Amsterdam*, 1699, n° LXXVIII. Le titre de l'emploi, selon cette gazette,
était : « Commissaire du Roi pour le commerce. » D'autres disent : « Directeur du commerce. »

2. C'est encore un personnage sur lequel Saint-Simon s'étendra longuement et à plusieurs reprises : « ce qu'on avoit, dit-il, de meilleur pour les
négociations, où il avoit passé une partie de sa vie..., et toujours parfaitement réussi. » (Addition au *Journal de Dangeau*, tome XV, p. 270.)

3. Arrêt reproduit dans l'*Encyclopédie méthodique — Finances*, tome I,
p. 237, et dans l'Appendice du tome II de la *Correspondance des Contrôleurs généraux*, p. 476. Voyez aussi le ms. Joly de Fleury 1721, où se
trouvent (fol. 11-69) des mémoires et projets relatifs à cet établissement,
et des arrêts rendus de 1700 à 1705.

4. *Journal*, tome VII, p. 341.

5. Année 1703, p. 36 ; année 1704, p. 34, etc.

ments, mais seulement « discuter et examiner toutes les propositions
et mémoires qui lui seraient envoyés, ensemble les affaires et difficultés
qui surviendraient concernant le commerce, tant de terre que de mer,
au dedans et au dehors du Royaume, et concernant les fabriques et
manufactures, » pour donner ensuite des avis sous forme de délibérations, sur le vu desquels le Roi prendrait une décision (arrêt du Conseil,
ordre ou expédition quelconque) au rapport du Contrôleur général ou
du secrétaire d'État de la marine. Ce n'était, dis-je, qu'une sorte de
bureau du Conseil comme ceux dont il a été parlé plus haut[1], et en
effet l'*Almanach royal* finit par le ranger, non plus parmi les conseils,
mais parmi les bureaux ordinaires d'affaires de finances[2].

Il était à peu près composé de même que ceux-ci. Lors de la création,
on ne nomma que quatre commissaires : le Contrôleur général des
finances, le secrétaire d'État de la marine, et deux conseillers d'État,
tout naturellement désignés l'un et l'autre, Daguesseau et Amelot. Les
maîtres des requêtes d'Ernothon et Foullé de Martangis étaient chargés
des rapports. Toutefois ce qui différenciait le conseil des bureaux
ordinaires, c'était l'adjonction de députés des principales places de
commerce, qui devaient être gens « d'une probité reconnue et de capacité et expérience en fait de commerce, » élus « librement et sans
brigue » par les corps de ville et marchands-négociants de la ville.

L'arrêt constitutif du 29 juin comportait douze députés, à savoir :
deux pour Paris, et un pour chacune des villes de Lyon, Rouen, Bordeaux, Marseille, la Rochelle, Nantes, Saint-Malo, Lille, Bayonne et
Dunkerque. Un arrêt du mois de septembre suivant (1700) attribua un
treizième député ou syndic à la ville de Montpellier, pour le Languedoc[3].

Afin d'assurer leur élection, on généralisa la création des chambres
de commerce. Deux seulement existaient déjà, à Marseille et à Dunkerque : par un arrêt du 30 août 1701, les autres villes furent invitées
à fournir tous renseignements nécessaires pour qu'on les dotât de semblables institutions, et, successivement, de 1702 à 1714, sept chambres
furent créées à Lyon, Rouen, Toulouse, Montpellier, Bordeaux, la Rochelle et Lille. Bayonne, Nantes et Saint-Malo ne donnèrent pas les informations demandées[4]. A défaut de chambre, c'étaient le juge et les

1. Pages 47 et suivantes.

2. *Almanach* de 1715, p. 63 ; comparez l'*Inventaire sommaire et tableau
méthodique des Archives*, col. 43.

3. Ce fut le cardinal de Bonsy qui proposa d'admettre un représentant
du Languedoc au conseil, et qui le choisit lui-même parmi les marchands
de soieries de Nîmes. Sous Louis XV, les colonies de la Martinique, de Saint-
Domingue et de la Guadeloupe eurent aussi des députés. De plus, dans les
régions où il y avait plusieurs villes importantes comme commerce, on leur
attribua le droit d'élire alternativement le député.

4. Du reste, Bayonne avait cessé de bonne heure d'envoyer son député,
ne faisant plus assez de commerce et n'ayant pas le moyen d'entretenir un
représentant à Paris ; Dunkerque de même.

consuls qui assemblaient les principaux marchands et négociants pour
procéder à l'élection d'un représentant, et qui soumettaient ensuite le
résultat de l'élection à la ratification du conseil. L'élu devait être ori-
ginaire de la ville et appartenir au commerce ou à la banque, ou tout
au moins les avoir pratiqués pendant dix ans[1]. Il représentait non seulement sa ville, mais le commerce de la région environnante. A Paris,
un des députés devait être choisi par la cour, parmi les banquiers de
réputation. Cette place fut dévolue pendant un temps à Samuel Bernard, qui, faute de pouvoir assister aux réunions, finit par se démettre.
L'autre député, négociant ou marchand, s'élisait par les six corps de
marchands, unis au consulat. Le conseil désignait ordinairement le sujet
à choisir; mais il paraît que l'on trouvait difficilement un homme capable et instruit à fond du commerce, tant intérieur qu'extérieur, qui
consentît à sacrifier la conduite de ses affaires pour prendre une charge
aussi assujettissante[2].

L'élection était soumise à l'agrément du Contrôleur général, et, pour
les villes maritimes, à celui du secrétaire d'État de la marine. Elle ne se
faisait que pour une année; mais, la cour s'étant réservé le droit de pro-
roger les députés dans leurs fonctions si le conseil le jugeait à propos,
presque tous les conservèrent assez longtemps. Les chambres, villes et
régions intéressées devaient servir à chaque député une indemnité annuelle, dont le montant fut fixé par la cour entre six et dix mille livres[3].

A ces députés devaient venir s'adjoindre, quand les circonstances le
demanderaient, deux représentants de la ferme générale désignés par
le Contrôleur général.

Les affaires arrivaient au conseil, soit directement, soit par la voie
des intendants des provinces, des fermiers généraux, des députés du
commerce: c'étaient des litiges, des controverses sur l'interprétation et
l'application des lois et règlements, des contestations entre corps de
marchands, des demandes en concession de statuts ou de privilèges
industriels, des propositions de mesures nouvelles ou de créations à
faire. Le Contrôleur général ou le secrétaire d'État de la marine renvoyaient les pièces au conseil : si une affaire paraissait importante, elle
était préalablement préparée par les commissaires, avec le concours
des intendants des finances ou de ceux des provinces, des fermiers
généraux, des inspecteurs des manufactures ou des officiers de police

1. Nicolas Mesnager, que, plus tard, nous verrons s'employer très utilement, comme diplomate, en Angleterre, fut élu, en août 1700, député de la
ville de Rouen, quoique ne faisant plus le commerce depuis plusieurs années (*Correspondance des Contrôleurs généraux*, tome II, n° 175, note).

2. Ces détails et les suivants sont extraits d'un mémoire du secrétaire
du conseil, en date du 20 juin 1724, dans le carton G⁷ 1707 des Papiers du
Contrôle général. On peut voir quelques détails sur les élections dans le
tome II de la *Correspondance des Contrôleurs généraux*, n°ˢ 175, 195, 440.

3. Voyez le n° 224 du tome II de la *Correspondance des Contrôleurs généraux*.

chargés de cette juridiction. Puis le dossier était communiqué aux députés, ainsi que ceux des affaires moins difficiles, dans une des séances qu'ils tenaient chaque semaine chez le secrétaire du conseil[1]. Si l'affaire était sommaire et ne demandait pas de discussion, on rédigeait l'avis sur-le-champ. Si elle comportait un examen plus sérieux, l'assemblée chargeait un de ses membres, pris d'après les aptitudes qu'on lui connaissait, d'examiner le dossier et de faire son rapport à une autre séance, où les avis étaient recueillis et consignés sur le dossier avant qu'on le renvoyât au commissaire-rapporteur. Au besoin, le député-rapporteur comparaissait de nouveau devant le conseil.

En outre, tous les députés pouvaient faire d'eux-mêmes des propositions ou des requêtes tendant à l'utilité du commerce[2].

Le résultat de la délibération, transmis au Contrôleur général ou au secrétaire d'État, devait être visé dans l'arrêt ou la décision que ceux-ci faisaient adopter par le Roi ou expédier; mais ils n'étaient nullement forcés de s'y conformer, quitte aux membres du conseil à faire les remontrances et observations que de besoin, si la décision ne leur semblait pas acceptable. D'ailleurs, ni le Contrôleur général, ni le secrétaire d'État ne prétendaient à la direction des travaux, qui appartenait exclusivement au plus ancien conseiller d'État, Daguesseau, lequel eut de droit la présidence. Une convention additionnelle à celle de 1699 fut passée pour que chacun des deux départements pût être instruit des affaires introduites par l'autre.

Un secrétaire assurait l'exécution du service, tenait les procès-verbaux, conservait les archives, enregistrait toutes les pièces, délivrait les expéditions. Le Trésor royal lui payait dix mille sept cents livres d'appointements : sur quoi il devait louer une maison pour les assemblées des députés du commerce et pour les bureaux, faire les fournitures de papiers, ustensiles et documents, payer trois commis, etc. Ce poste fut occupé en premier lieu par un correcteur des comptes nommé Cruau de la Boulaye. Il mourut en octobre 1700, avant d'être entré en fonctions, et eut immédiatement pour remplaçant Jean Valossière, ancien contrôleur général de la marine et des galères, qui, étant très âgé, se fit donner comme survivancier, en 1718, M. Guéau de Pouancey, et lui céda l'exercice le 31 décembre 1720.

Enfin on donna entrée dans le conseil au grand négociant rouennais Thomas le Gendre[3], appelé, avec le titre d'inspecteur général, à la suc-

1. Ces réunions avaient lieu régulièrement le lundi et le vendredi matin, plus souvent au besoin.

2. Comme exemple, en décembre 1702, les négociants et marchands de Rouen, assemblés par ordre du Roi, firent représenter « librement » au conseil que, « pour faire fleurir la navigation à Rouen, il seroit à propos que S. M. fît du port de Rouen un port franc. » (Papiers du P. Léonard, aux Archives nationales, M 757, p. 268.)

3. Ancien protestant, qui avait été anobli peu après sa conversion. Sa petite-fille Pécoil devint duchesse de Brissac.

cession de M. de Lagny[1] : c'était un homme honnête et riche, dit notre auteur[2], et il avait des correspondants en tous les lieux du monde[3].

La première séance du conseil de commerce eut lieu à Fontainebleau, le 27 octobre 1700, dans l'hôtel du contrôleur général Chamillart ; il continua depuis lors à se réunir régulièrement le vendredi, chez son président Daguesseau[4], qui fut, avec le conseiller d'État Amelot, alors titulaire de la place de directeur du commerce[5], l'âme, la partie agissante, de cette nouvelle institution[6].

De 1700 à 1715, le personnel du conseil subit quelques modifications[7]. Quand on créa, en juin 1701, des directeurs des finances, ils eurent entrée dans le conseil de commerce, comme dans les autres conseils[8]. En mai 1708[9], ils furent remplacés par six maîtres des requêtes pourvus de commissions d'intendants du commerce[10], dont les attributions et fonctions furent fixées soigneusement par ce règlement du 9 octobre suivant, qui explique toute la marche du service[11] :

1. « Les requêtes, lettres, mémoires, placets et avis concernant les manufactures et le commerce, tant intérieur qu'extérieur, du Royaume, sur lesquels le Contrôleur général des finances et le secrétaire d'État ayant le département de la marine jugeront à propos de prendre les avis du conseil de commerce, seront par eux envoyés au secrétaire de ce conseil.

2. « A mesure que ce secrétaire les recevra, il les enregistrera sur un registre qu'il tiendra à cet effet. Cet enregistrement sera écrit entre deux marges et contiendra un extrait très sommaire de chaque requête, lettre, placet, mémoire ou avis, c'est-à-dire seulement le nom de celui qui le présente et la substance en abrégé de sa demande.

---

1. Papiers du P. Léonard, aux Archives, M 757, p. 245-246, et MM 825, fol. 36, juin 1700. Dangeau (tome VIII, p. 27-28) dit que la succession de M. de Lagny fut donnée à l'ancien avocat général le Haguais : peut-être la commission fut-elle dédoublée, et l'un représentait-il les finances, l'autre la marine. Saint-Simon parle en très bons termes de le Haguais, ami intime et collaborateur dévoué de Pontchartrain, qui « lui donnoit des bagatelles à sa convenance. » (*Mémoires*, tomes V, p. 471-472, et XIX, p. 91-92.)

2. *Mémoires*, tome XVI, p. 257.

3. Voyez un article des plus élogieux dans le *Mercure* d'avril 1706, p. 265.

4. Rue Pavée. — 5. De septembre 1699 à mars 1705.

6. M. Hutteau d'Origny n'a donné qu'un aperçu des premiers travaux dans le livre déjà cité, p. 138-157.

7. L'*Almanach royal* donne la liste chaque année.

8. *Correspondance des Contrôleurs généraux*, tome II, p. 508 et 510. Voyez ci-dessus, p. 130.

9. Édit imprimé.

10. MM. Amelot de Chaillou, de Machault, Boucher d'Orsay, de Caumartin, Rouillé de Fontaine et de Lescalopier. Ces charges, réduites à quatre, furent érigées en titre d'office en 1724.

11. Arch. nat., F^{12} 55 et G^7 1707, dossier du 20 juin 1724.

3. « Le secrétaire portera ces requêtes, placets, mémoires, lettres ou avis, avec son registre, les jours du conseil de commerce, chez l'ancien des sieurs commissaires où ce conseil se tiendra, et les sieurs intendants du commerce s'y rendront une heure au moins avant celle de la séance ordinaire.

4. « Les commissaires du conseil de commerce parcourront ces requêtes et placets, et arrêteront ce qui devra être fait sur chacun, pour le mettre en état d'y être pourvu au fond, soit en les faisant remettre aux députés du commerce pour les examiner et y donner leur avis, soit en proposant d'avoir les avis des intendants et commissaires départis dans les provinces; et, en ce cas, celui des sieurs intendants du commerce qui sera chargé de ces requêtes, placets, mémoires, lettres ou avis, en rendra compte au Contrôleur général des finances ou au secrétaire d'État, suivant la nature de l'affaire, afin qu'ils puissent en écrire aux intendants des provinces et leur mander plus particulièrement ce qu'ils desireront.

5. « Le secrétaire du conseil de commerce écrira dans le même temps sur une des marges de son registre le nom de celui des sieurs intendants qui devra faire le rapport et rendre compte de la requête ou placet, suivant leur département, lequel nom il cotera aussi sur le dossier, et il écrira sur l'autre marge la résolution qui aura été prise par les sieurs commissaires, et qui sera visée sur chacun article par l'ancien chez qui se tiendra l'assemblée.

6. « Les requêtes, placets ou mémoires qui n'auront pas été renvoyés aux députés seront remis aux intendants du commerce, suivant que leurs noms se trouveront cotés sur les registres et sur les dossiers : à quoi le secrétaire joindra un extrait signé de lui de ce qui aura été résolu sur chacun des placets ou mémoires, afin que les intendants puissent en rendre compte au Contrôleur général ou au secrétaire d'État.

7. « A l'égard des requêtes, placets et mémoires dont le renvoi aura été fait aux députés du conseil de commerce, ils leur seront sur-le-champ remis, afin qu'ils puissent les examiner dans le même temps, si les matières y sont disposées; et, en cas qu'elles aient besoin de discussion ou d'éclaircissements, ils en réserveront l'examen à leurs assemblées particulières.

8. « Les avis des députés sur les affaires qui leur auront été renvoyées seront remis, avec les pièces, à ceux des sieurs intendants du commerce dont les noms auront été cotés sur les dossiers pour les examiner et en faire rapport au conseil de commerce.

9. « La délibération qui aura été prise par les sieurs commissaires sur le rapport desdits sieurs intendants sera rédigée par écrit, par le secrétaire, dans la même assemblée, s'il se peut, sinon le plus tôt qu'il sera possible; et, après qu'elle aura été signée par l'ancien desdits sieurs commissaires qui y aura présidé et par le rapporteur, il en sera délivré par le secrétaire une expédition signée de lui, avec l'avis des députés et les pièces, à celui des sieurs intendants du commerce qui en

aura fait le rapport, pour en rendre compte au Contrôleur général ou au secrétaire d'État ayant le département de la marine, suivant la nature de l'affaire. »

Depuis la fin de 1703, Desmaretz remplaçait, comme directeur des finances, Rouillé du Coudray.

De 1705 à 1709, Amelot de Gournay, chargé d'une mission importante et longue en Espagne, n'en fut pas moins conservé sur la liste des commissaires.

Quand Desmaretz devint contrôleur général, sa place, comme commissaire, fut attribuée au lieutenant général de police de Paris, d'Argenson, alors maître des requêtes honoraire, et à qui sa charge donnait toute autorité sur le commerce et l'industrie de la capitale. La seconde charge de directeur se trouvant remboursée en même temps, et le titulaire, M. d'Armenonville, redevenant simple conseiller d'État[1], un de ses collègues, Béchameil de Nointel, le remplaça dans le conseil de commerce, par arrêt du 5 juin 1708.

Enfin, pour remédier aux absences, un dernier arrêt du 4 juin 1715[2] ajouta, comme septième commissaire, le conseiller d'État de Vaubourg, frère aîné du contrôleur général Desmaretz et beau-frère du chancelier Voysin, homme d'une vertu, d'une probité, d'une piété rares, et assez capable, dit Saint-Simon[3].

Le conseil de commerce fonctionna ainsi jusqu'à la mort de Louis XIV, et l'on voit, par un passage des *Projets de gouvernement du duc de Bourgogne*[4], que Saint-Simon et les amis du jeune prince comptaient le conserver à peu près tel quel, réduit cependant à trois représentants des conseils de finances, de marine et de dépêches. Ce fut en effet le principe qui prévalut lorsque la Régence remplaça les secrétaires d'État par six conseils particuliers; mais le nombre des commissaires fut considérablement augmenté, et on laissa le maniement des affaires à « ceux qui en avaient acquis une longue expérience ». Ce septième conseil fut créé le 14 décembre 1715[5].

Une création de ce genre, mais avec un tout autre caractère et une portée différente, avait été proposée en 1709 par le traitant Miotte. Il voulait qu'on formât un « conseil royal de commerce et de manufactures, composé de MM. les Contrôleur général, conseillers d'État ordinaires au conseil royal, directeurs des finances, et autres MM. les conseillers d'État qui assistent ordinairement au conseil de commerce. » Ceux-là eussent été présidents-nés de par leurs charges, tandis que quarante-huit autres conseillers, servant chacun trois mois, comme les maîtres des requêtes au Conseil, et choisis « entre les plus sages et les

1. *Mémoires de Saint-Simon*, tome V, p. 393-394. Voyez ci-dessus, p. 131.
2. Arch. nat., E 1780.
3. *Mémoires*, tome X, p. 164.
4. Page 49.
5. *Mémoires de Saint-Simon*, tome XII, p. 277; Arch. nat., F¹² 59.

plus habiles négociants de Paris et des provinces, » plus quatre secrétaires ou greffiers et des huissiers et avocats, eussent versé une finance dont les corps d'arts et métiers devaient payer les gages au denier dix, ou bien ils eussent eu le privilège exclusif d'importer toutes les soies écrues destinées au commerce de France. Miotte offrait de prendre la création à forfait pour quinze cent mille livres, avec les remises ordinaires[1]. J'ignore quelle suite fut donnée à ce projet, qui n'était, comme on le voit, qu'une affaire de finance.

« Le Régent, dit notre auteur[2], établit un nouveau conseil de commerce, sur le modèle de celui qui se tenoit sous le feu roi, où entroient et entrèrent les douze[3] députés des douze principales places de commerce du Royaume, élus chacun par sa ville. Au lieu de M. Daguesseau, qui présidoit seul, on y mit le maréchal de Villeroy, comme chef du conseil des finances, qui ne fut proprement que *ad honores*, comme il étoit au conseil des finances. Le duc de Noailles, qui y faisoit tout, fut le second, mais le véritable président de ce conseil de commerce, où le maréchal d'Estrées eut liberté d'entrer quand il le voudroit, comme président du conseil de marine. Quatre conseillers d'État y furent mis : MM. Daguesseau ; Amelot, qui, pour avoir longtemps gouverné la marine, les finances et le commerce d'Espagne[4], en savoit plus que tous ; Nointel, et Rouillé du Coudray, qui, avec M. de Noailles, étoit le maître des finances et de tout ce qui y avoit rapport. On y fit entrer aussi un cinquième conseiller d'État, qui fut M. d'Argenson, mais comme lieutenant de police[5], et trois maîtres des requêtes[6].... Valossière, produit par le duc de Noailles, fut secrétaire du conseil du commerce. Cet établissement étoit fort bon, et auroit été fort utile, si les intérêts particuliers, qui gâtent toujours tout en France, n'en eussent point traversé l'administration. »

Le fonctionnement de ce conseil fut organisé par un règlement du 4 janvier 1716, à peu près dans les mêmes conditions que par le passé. Les séances se tenaient le jeudi matin, au Louvre. Les délibérations et les minutes d'arrêts, toutes préparées, étaient portées par le président au conseil de régence, qui seul pouvait leur donner force de loi. Chaque commissaire eut son département particulier et distinct[7]. Amelot de

---

1. Papiers du Contrôle général, G⁷ 716, pièce de 1709, sans autre date.

2. *Mémoires*, tome XII, p. 413-414.

3. Treize, et non douze.

4. Le même qui avait pris une part si active aux travaux du conseil précédent, sauf pendant quatre années passées en Espagne, où « son mérite avoit trop effrayé, malgré sa sagesse et sa modestie. » (*Mémoires*, tome IX. p. 139.) A son retour, en 1709, il avait été fait conseiller d'État ordinaire.

5. Il en faisait partie depuis 1708.

6. MM. de Machault, Ferrand et Roujault, représentant le conseil de finances. le conseil de marine et celui du dedans.

7. *Almanach royal*, 1717 et 1718, p. 67-69. Les travaux de ce conseil, de 1715 à 1717, sont résumés dans le célèbre rapport du duc de Noailles.

Gournay, qui avait la signature, fut spécialement chargé, avec deux conseillers d'État et deux maîtres des requêtes, de recevoir et examiner les propositions relatives au bien du commerce et au soulagement des peuples[1]. C'est lui qu'on peut considérer, surtout à partir de la mort du vieux Daguesseau[2], comme le titulaire de l'espèce de ministère que constitua le conseil de commerce[3].

En 1722, le conseil de commerce disparut comme les autres, ou plutôt il reprit, nom à part, la même forme qu'il avait en 1700, c'est-à-dire qu'il redevint un *bureau*, composé du Contrôleur général, d'un des conseillers du conseil de marine, du lieutenant général de police de Paris, et de cinq autres conseillers d'État choisis pour leur expérience spéciale, avec adjonction des députés des villes et de trois fermiers généraux[4]. Les départements et le service furent rétablis exactement comme ils étaient avant 1715. La première séance eut lieu le 2 juillet[5].

Le président du bureau, Amelot, étant mort en fonctions le 20 juin 1724, le conseiller d'État le Peletier des Forts, contrôleur général des finances, lui succéda, et l'on adjoignit au conseil quatre intendants du commerce semblables à ceux de 1708[6].

L'institution dura ainsi jusqu'à la fin de l'ancien régime[7] et, grâce

1. Arrêt du 25 avril 1716. Dangeau et Moréri disent qu'Amelot choisit une place au conseil des affaires étrangères lorsqu'on forma les conseils de la Régence; Saint-Simon le nie (tome XII, p. 277), et en effet l'*Almanach royal* ne le porte que sur la liste du conseil de commerce.

2. Mort le 17 novembre 1716, à quatre-vingt-un ans. Voyez son éloge, comme homme d'affaires et administrateur, dans les *Mémoires de Saint-Simon*, éd. 1873, tomes II, p. 220, VIII, p. 142, XI, p. 288, XIII, p. 190, etc. Ses attributions furent réparties entre les autres membres du conseil.

3. En 1718, le changement survenu dans les conseils amena aussi un changement dans le personnel du conseil de commerce, qui fut composé (règlement du 24 octobre) du garde des sceaux d'Argenson, des ducs de Villeroy et de la Force, chef et président du conseil des finances, du maréchal d'Estrées, des conseillers d'État Amelot et Nointel, des maîtres des requêtes Ferrand, Machault et Roujault, et, pour deux ans, de MM. Legendre de Saint-Aubin et Orry de Vignory, aussi maîtres des requêtes. Les départements furent également reconstitués, et chacun d'eux eut dans ses attributions les affaires relatives aux projets et propositions de nouveaux canaux et autres ouvrages publics tendant à l'utilité du commerce. Le 23 décembre 1720, une ordonnance royale adjoignit définitivement au conseil M. Orry de Vignory, qui y avait siégé jusque-là sans département, et M. Richer d'Aube, conseiller au parlement de Rouen. Les départements furent refaits en conséquence. (Arch. nat., F[12] 63 et 68; *Almanach royal*, 1719, p. 64-66, et années suivantes.) Au commencement de la même année 1720 (*Journal de Dangeau*, tome XVIII, p. 201), Amelot avait reçu le droit d'entrer au conseil des finances quand il y aurait des affaires commerciales en discussion.

4. *Journal de Buvat*, tome II, p. 403; arrêt du 22 juin 1722.

5. Arch. nat., F[12] 70; *Almanach royal* de 1723, p. 78.

6. Ci-dessus, p. 167.

7. La dernière séance eut lieu le 27 février 1791 (Arch. nat., F[12] 108).

aux hommes qui présidèrent successivement, les Fagon, les Machault, les Trudaine, les Tolozan, elle rendit de véritables services, que l'histoire devrait mettre mieux en lumière qu'elle ne l'a fait jusqu'ici [1].

Les papiers du bureau du commerce, depuis son origine jusqu'à sa disparition, furent conservés soigneusement, et, sauf quelques épaves recueillies par Monteil [2] ou par la Bibliothèque, ils sont arrivés aux Archives nationales [3]. En tête de cette série figure le journal des séances, dont le résumé analytique prendra place prochainement dans la collection des inventaires des Archives. L'archiviste qui est chargé de ce travail, M. Pierre Bonnassieux, se propose de publier, sous les auspices du Comité des travaux historiques, une série de mémoires et d'arrêts ou délibérations des derniers temps du conseil [4]. Enfin, pour l'époque qui nous intéresse plus particulièrement ici, c'est-à-dire pour les quinze premières années du dix-huitième siècle et pour les débuts du règne de Louis XV, jusque vers 1725, les papiers du Contrôle général renferment encore toute une série de liasses qui complètent en bien des points les archives subsistantes du bureau lui-même et font comprendre l'importance de ses travaux, ainsi que la part active qu'y prenait l'administration des finances.

La correspondance n'est pas moins intéressante. Il y a quarante ans et plus, M. Étienne Gallois, devenu possesseur des lettres que Daguesseau, comme président du conseil, adressait au secrétaire d'État de la marine, en proposa la publication au Comité ministériel des Monuments écrits (12 juillet 1841). On a aussi la correspondance d'Amelot, puis celle de l'intendant des finances chargé du commerce [5].

1. Parallèlement au bureau, on créa de nouveau, en 1730, un conseil de commerce composé du Roi, du duc d'Orléans, du cardinal de Fleury, du Chancelier, du Garde des sceaux et du Contrôleur général, de MM. d'Angervilliers et Fagon, et du maréchal de Villars. Ce conseil devait se tenir le mardi (la première séance eut lieu le 12 septembre 1730), alternativement avec celui des finances ; mais on voit, par deux mentions que fait le duc de Luynes en 1739 et 1745 (*Mémoires*, tomes II, p. 322, et VIII, p. 213-214 ; comte de Luçay, *les Secrétaires d'État*, p. 445-447), que plusieurs années se passèrent sans qu'il y eût aucune séance ; néanmoins le conseil continuait à figurer chaque année dans l'*Almanach royal*, avec les départements des intendants du commerce et le bureau pour les affaires du commerce, celui-ci tenant la première place en tête des commissions extraordinaires du Conseil. En 1787, le conseil de commerce fut fondu avec celui des finances.

2. Voyez son *Traité des matériaux manuscrits*, tome I, p. 119 et suivantes.

3. *Inventaire sommaire et tableau méthodique*, série F[12], col. 43 et 212.

4. A la fin de l'*Histoire de l'administration en France*, tome II, p. 392-420, M. Dareste de la Chavanne a donné l'analyse des premiers mémoires présentés au conseil de commerce en 1701. J'ai publié aussi quatre de ces mémoires dans l'Appendice du tome II de la *Correspondance des Contrôleurs généraux*, p. 477-504.

5. Arch. nat., F[12] 114 et suivants.

LE ROI AUX CONSEILS.

Si l'institution des Conseils dans leur forme définitive peut être regardée comme une des grandes œuvres de Louis XIV, on doit reconnaître aussi que, durant les cinquante-quatre années que le prince gouverna par lui-même, il ne se départit pas un seul jour, dans la tenue de ces Conseils, d'une régularité dont Louis XIII n'avait guère donné l'exemple, et que Louis XV n'imita guère non plus.

Ce zèle à remplir le rôle de souverain était remarquable dès les premiers temps de la majorité : en 1653, l'ambassadeur vénitien Michel Morosini dit déjà que le jeune roi assiste à toutes les séances du conseil d'en haut, et que, souvent même, lorsqu'une résolution ne lui semble pas bonne, encore que tout le monde l'ait approuvée, il ne manque pas de l'improuver [1].

En 1661, Mazarin meurt, et Louis établit aussitôt cette division des Conseils qui doit concentrer entre ses mains et réserver pour lui seul toute l'autorité politique, judiciaire et administrative [2]. « C'est pour cela, dit-il dans ses *Mémoires* [3], que je voulus choisir des hommes de diverses professions et de divers talents, suivant la diversité des matières qui tombent le plus ordinairement dans l'administration d'un État; et je distribuai entre eux mon temps et ma confiance.... Dès lors, je m'établis pour règle de travailler deux fois par jour à l'expédition des affaires ordinaires, ne laissant pas de m'appliquer en tout autre temps à ce qui pouvoit survenir extraordinairement. »

Quoique ce programme eût été conçu dans le premier enivrement d'une prise de possession, il fut rempli jusqu'au dernier jour avec un soin scrupuleux, une persévérance admirable, dont Louis XIV pouvait à bon droit être fier [4], et dont l'histoire, tout en faisant des réserves sur sa politique ou sur certains de ses choix, doit lui tenir compte. Les contemporains qui le voyaient de près, à l'œuvre, se sont tous accordés, et en tous temps, sur ce point. C'est Colbert, disant en 1663 que « toutes choses, grandes et petites, importantes et bagatelles, sont également connues du Roi, qui ne manque aucune occasion de se faire rendre compte de tout [5]. » C'est, en 1664, l'ambassadeur vénitien Alvise Grimani, qui s'exprime en ces termes [6] : « Chaque jour, le Roi assiste à un ou deux conseils : le lundi et le vendredi, avec le Tellier,

---

1. *Relazioni*, série FRANCIA, tome II, p. 510. — 2. Ci-dessus, p. 68 et 71-72.

3. Éd. Dreyss, tome II, p. 386-387; *Œuvres de Louis XIV*, texte arrangé définitivement par Pellisson, tome I, p. 19-20 et 28.

4. « Je ne puis vous dire quel fruit je recueillis aussitôt après de cette résolution; je me sentis comme élever l'esprit et le courage. » (*Œuvres de Louis XIV*, tome I, p. 20, texte arrangé par Pellisson.)

5. *Lettres de Colbert*, tome VI, p. 469.

6. *Relazioni*, série FRANCIA, tome III, p. 86.

Lionne et Colbert, pour les affaires étrangères, et, les deux mêmes jours, pour les affaires intérieures du Royaume, avec ces trois ministres, le Chancelier, le maréchal de Villeroy et les deux secrétaires d'État la Vrillière et Guénegaud. Le mardi, le jeudi et le samedi, conseil de finance avec les trois ministres; le jeudi, après dîner, conseil de conscience, où se donnent les bénéfices ecclésiastiques aux candidats dont les membres du conseil reconnaissent la vertu, la capacité et le mérite. Le mercredi et le dimanche restent en partie libres, et le Roi va se divertir dans un petit lieu de campagne appelé Versailles, peu éloigné de Paris, et qu'il se plaît si bien à embellir et orner, qu'on le voit parfois disposer lui-même et de sa propre main des galanteries ou des gentillesses sur les cabinets, n'y menant avec lui que très peu de personnes, pour être plus libre. Souvent, après les conseils finis, il va à la chasse; mais, le soir, il ne manque jamais de se retirer avec les trois ministres pour discourir, expédier les choses importantes, écouter la lecture des dépêches arrivant ou partant, et ratifier lui-même les lettres envoyées à ses représentants; et son désir est tel de tout lire et tout connaître, que, ayant reçu un bref en latin du Pape, il s'est remis à étudier le latin avec son précepteur, l'évêque de Rodez. Quand on lui présente des mémoires, il assigne à Colbert ceux qui regardent les finances, et tout le reste à le Tellier, qui en fait le relevé, avec des extraits, et en donne son rapport, sur lequel S. M. décide lui-même. »

En 1674, un autre ambassadeur, François Michiel, dit encore : « Le Roi seul gouverne, et son pouvoir est absolu. Point de favori qui le détourne de son application à cette tâche; point de frères, point de princes du sang avec qui il partage l'autorité et l'accès au Conseil; point d'États, point de Parlements qui s'opposent à l'exécution des décisions royales. Tout respire la même soumission (*rassegnazione*). Avec une exactitude infatigable, il donne trois heures chaque jour aux conseils, où siègent Louvois, Colbert et Pomponne, tous sujets d'ordre ordinaire (*di ordinario grado*). Il examine chaque matière par lui-même; mais néanmoins l'emploi de ces ministres n'est pas une sinécure : la machine gouvernementale est trop vaste pour qu'il ne leur reste pas quelque rouage à manœuvrer par eux-mêmes et à leur propre guise[1]. »

Il aimait d'ailleurs à consulter les uns et les autres, se sentant plus fort, après cela, pour décider et imposer sa volonté : « Délibérer à loisir sur toutes les choses importantes, dit-il dans ses *Mémoires* pour l'année 1666[2], et en prendre conseil de différentes gens n'est pas, comme les sots se l'imaginent, un témoignage de foiblesse ou de dépendance, mais plutôt de prudence et de solidité. C'est une maxime surprenante, mais véritable pourtant, que ceux qui, pour se montrer plus maîtres de leur propre conduite, ne veulent prendre conseil en rien de ce qu'ils font, ne font presque jamais rien de ce qu'ils veulent.... Les conseils

1. *Relazioni*, série Francia, tome III, p. 273.
2. Édition Dreyss, tome I, p. 149-150.

qui nous sont donnés ne nous engagent à les suivre qu'en tant qu'ils
nous paroissent raisonnables, et, loin de diminuer l'esprit de notre
propre capacité, ils la relèvent plus assurément que toute autre chose,
parce que tous les gens de bon sens sont d'accord que tout ce qui se
fait ou se propose de bon dans l'administration de l'État se doit rapporter principalement au Prince, et qu'il n'y a rien qui fasse mieux voir
son habileté que lorsqu'il sait bien se faire servir et bien conseiller par
ses principaux ministres. »

Nous avons vu qu'en fait les ministres de Louis XIV le dirigeaient
autant au moins qu'ils le conseillaient, et que leur crédit finit par ab-
sorber tout ou presque tout ; mais les apparences étaient sauvées, le gou-
vernail restant entre les mains du pilote royal, tandis que des rouages
secondaires faisaient mouvoir intérieurement le mécanisme. « Dans tout
ce qu'il fait, dit en 1695 l'ambassadeur P. Venier[1], les ministres lui
attribuent l'entier mérite, alors même que ce sont eux qui ont conduit
les choses à leur guise. Toutefois la plupart des affaires ne se décident
qu'après qu'il en a pris connaissance. Aucun d'eux ne dépasse les limites
de sa charge particulière, chacun d'eux étant reçu à part, qu'il soit
secrétaire d'État sans entrée au conseil des ministres, ou l'un des
membres de ce conseil. »

Les nombreux exemples que j'ai cités plus haut ont prouvé avec quel
soin Louis XIV veillait à ce que chaque affaire soumise à l'un de ses
conseils fût étudiée, discutée librement, et non moins librement jugée.
On a vu également combien il était rare qu'il ne se rangeât pas à l'opinion de la pluralité[2], ou, dans le travail particulier avec un ministre,
à la solution que celui-ci proposait après mûr examen. Tout au plus, de
temps en temps, « se réservait-il une bisque » pour faire sentir qu'il
était le maître. Saint-Simon rapporte, à ce sujet, une curieuse anecdote
du chancelier le Tellier[3], et l'on trouverait aussi des cas analogues
dans le *Journal inédit de Torcy* que vient de publier M. Frédéric Masson. Mais combien, en somme, ne faut-il pas rabattre de la théorie
historique du gouvernement personnel et absolu !

Par ce qui a été dit successivement de chacun des Conseils, on peut
juger quelle place leurs seules séances occupaient dans l'existence quo-
tidienne du Roi. Toutes les matinées se trouvaient entièrement prises
depuis la sortie de la messe jusqu'à l'heure du dîner[4] : le dimanche,

1. *Relazioni*, série FRANCIA, tome III, p. 508.
2. Ci-dessus, p. 44, note 6, 87, 98, 100, note 8, 103, 135-138, et *passim*.
Louis XV suivit l'exemple de son bisaïeul (*Mémoires de Luynes*, tome XV,
p. 306) ; au contraire, en 1643, Anne d'Autriche avait refusé de prendre
le pouvoir à charge de ne jamais s'écarter de l'avis émis par la pluralité
des membres du Conseil.
3. Additions au *Journal de Dangeau*, tomes XIV, p. 96, et XVI, p. 69-70 ;
Mémoires, tome XII, p. 127.
4. De dix heures à une heure (*Journal de Dangeau*, tome VIII, p. 273).
« L'heure ordinaire [du dîner] étoit une heure ; si le Conseil duroit encore,

conseil d'État ; le lundi, alternativement de quinze en quinze jours, conseil d'État ou conseil des dépêches ; le mardi, conseil des finances ; le mercredi, conseil d'État, et quelquefois aussi le jeudi [1] ; le vendredi, conseil de conscience ; le samedi, conseil des finances [2]. En tout temps, la principale préoccupation de Louis XIV fut de ne rien changer à cet ordre de choses. C'est à peine si l'agonie de la duchesse de Bourgogne retarda la séance du Conseil de quelques heures, et, un mois plus tard, le mardi même où le troisième dauphin fut enlevé, son grand-père ne manqua pas à présider les finances. « Rien, dit Dangeau à ce propos, rien ne le détourne de son application aux affaires [3]. »

Seule, la seconde séance de ce même conseil des finances, celle du samedi, fut supprimée durant les longs séjours des derniers temps à Marly [4]. Quelquefois aussi, pendant ces séjours, les ministres obtenaient congé pour la seconde moitié de la semaine, et, à Fontainebleau, lorsque la cour s'y transportait à la fin de l'été, il arrivait que le Roi remît une séance pour leur épargner un déplacement fatigant [5]. S'il partait en voyage, et que le personnel de tous les conseils ne pût suivre, il doublait les séances, par anticipation, avant de quitter Versailles [6].

Nous l'avons vu présider, quoique malade, au camp devant Namur [7]. En 1686, quand il subit une opération douloureuse, il avait réuni ses ministres immédiatement au sortir des mains du chirurgien, et, le lendemain encore, quand les souffrances avaient reparu trop vives, il s'était borné à remettre au soir la séance du matin [8].

En dehors des cas qui viennent d'être cités, et de la coïncidence d'une bonne fête [9] ou de l'indisposition d'un ministre rapporteur, on trouverait bien peu d'infractions à la règle. Dans l'exact et minutieux

le dîner attendoit, et on n'avertissoit point le Roi. » (*Mémoires de Saint-Simon*, tome XII, p. 175.)

1. Il était rare, dit Saint-Simon, qu'il y eût conseil les jeudis ni les vendredis : « Le jeudi matin étoit presque toujours vide. C'étoit le temps des audiences que le Roi vouloit donner, et, le plus souvent, des audiences inconnues, par les derrières. C'étoit aussi le grand jour des bâtards, des bâtiments, des valets intérieurs. » (*Mémoires de Saint-Simon*, tome XII, p. 174.) Voyez ci-dessus, p. 83-84.

2. *Mémoires de Saint-Simon*, tome XII, p. 174 ; *Journal de Dangeau*, tomes I, p. 88-89 et 273, III, p. 448, IV, p. 419, V, p. 331, VI, p. 258, VIII, p. 272, X, p. 503-504, etc.; *État de la France* de 1698, tome I, p. 281-283 ; *les Secrétaires d'État*, par M. le comte de Luçay, p. 112-121 ; relation de l'ambassadeur P. Venier, en 1695, dans la série FRANCIA, tome III, p. 508.

3. *Journal de Dangeau*, tome XIV, p. 83 et 109.

4. *Ibidem*, tome XV, p. 276, 441.

5. *Ibidem*, tome VII, p. 362, 370, 375, 379.

6. *Ibidem*, tomes VI, p. 181 et 318, XV, p. 164 et 401.

7. Voyez notre tome I, p. 46, et les *Mémoires du marquis de Sourches*, tome IV, p. 33.

8. *Journal de Dangeau*, tome I, p. 427.

9. Les Rameaux, Pâques, l'Assomption.

journal de Dangeau, qui note si soigneusement tous les faits relatifs aux
Conseils, les deux exemples consécutifs qu'on a cités fort souvent d'a-
près cet auteur sont tout à fait exceptionnels[1]. C'est d'abord le lundi
19 février 1685 : « Il devoit y avoir aujourd'hui conseil des dépêches,
et le Roi le remit à mercredi, afin de partir de meilleure heure et avoir
plus de loisir pour chasser. » — Puis, le mardi 20 : « Il n'y eut point
Conseil; le Roi trouva le temps si beau, qu'il en voulut profiter pour
la chasse. Il renvoya MM. les ministres, et, se tournant du côté de M. de
la Rochefoucauld, il fit cette parodie-ci :

> Le Conseil à ses yeux a beau se présenter :
> Sitôt qu'il voit sa chienne, il quitte tout pour elle ;
>   Rien ne peut l'arrêter
>   Quand le beau temps l'appelle.

N'oublions pas qu'outre les séances du matin il y avait parfois des
conseils extraordinaires dans l'après-dînée[2], et surtout que Louis XIV
travaillait chaque jour, soit avec le secrétaire du cabinet chargé de
« la plume, » c'est-à-dire celui qui expédiait, sous forme autographe,
sa correspondance personnelle, soit avec les secrétaires d'État et le
Contrôleur général, lesquels complétaient ainsi l'œuvre des Conseils,
et souvent même y suppléaient, en tête-à-tête avec le Roi[3]. De tout
temps, une bonne partie de l'après-dînée et de la soirée fut consacrée
à ces entretiens laborieux, où venaient tour à tour Pontchartrain, Barbezieux, Chamillart, Voysin ou Desmaretz, comme plus anciennement
Colbert, Louvois et Seignelay[4]. On sait, par exemple, que Barbezieux

---

1. *Journal de Dangeau*, tome I, p. 123-124. Voltaire a cité les vers dans
le *Siècle de Louis XIV*, sans doute d'après Dangeau.

2. Mercredi 7 mai 1692 : « Le Roi tint encore Conseil l'après-dînée, outre
tous les conseils qu'il tient tous les jours le matin et le soir. » (*Journal de
Dangeau*, tome IV, p. 72.) Voyez ci-dessus, p. 138 et 139.

3. « Pour mieux réunir en moi toute l'autorité de maître, encore qu'il y
ait en toutes sortes d'affaires un détail où nos occupations et notre dignité
même ne nous permettent pas de descendre ordinairement, je me résolus,
quand j'aurois fait le choix de mes ministres, d'y entrer quelquefois avec
chacun d'eux, et quand il s'y attendroit le moins, afin qu'il comprît que j'en
pourrois faire autant sur d'autres sujets et à toutes les heures. » (*OEuvres
de Louis XIV*, tome I, p. 28; comparez le texte de l'édition Dreyss, tome II,
p. 431-432.)

4. *État de la France*, 1689, tome I, p. 227, et 1702, tome III, p. 25;
Lettres de Colbert, tome III, 2ᵉ partie, p. 62; *Journal de Dangeau*, tomes I,
p. 89, XV, p. 375, etc. « Ayant un plus grand nombre d'affaires, je crus que
j'y devois donner aussi plus de temps, et, pour cela, je travaillai le plus souvent trois fois par jour, au lieu de deux. Le matin étoit, comme auparavant,
destiné pour les conseils réglés de justice, de commerce, de finance et
de dépêches; l'après-midi, pour le courant des affaires de l'État ; et le
soir, au lieu de me divertir comme j'avois accoutumé, je rentrois dans mon
cabinet pour y travailler, ou au détail de la guerre, avec Louvois, qui en

et Chamillart, étant secrétaires d'État de la guerre, écrivaient presque toutes leurs dépêches sous la dictée du Roi lui-même, qui, en les prenant, s'était chargé de les former et seconder[1]. Le directeur général des fortifications, le surintendant des bâtiments, arts et manufactures, le directeur des économats, le lieutenant général de police avaient aussi leurs jours et heures d'audiences.

Ce n'était pas tout encore : « Non seulement, dit Voltaire, il s'imposa la loi de travailler régulièrement avec chacun de ses ministres ; mais tout homme connu pouvait obtenir de lui une audience particulière, et tout citoyen avait la liberté de lui présenter des requêtes et des projets. Les placets étaient reçus d'abord par un maître des requêtes, qui les rendait apostillés ; ils furent, dans la suite, renvoyés aux bureaux des ministres. Les projets étaient examinés dans le Conseil quand ils méritaient de l'être, et leurs auteurs furent admis plus d'une fois à discuter leurs propositions avec les ministres en présence du Roi. Ainsi on vit entre le trône et la nation une correspondance qui subsista malgré le pouvoir absolu[2]. »

En 1671, Louis XIV, revisant ses mémoires après dix ans d'expérience, pouvait écrire ceci : « Je marche, comme il me semble, assez constamment dans la même route, ne relâchant rien de mon application, informé de tout, écoutant mes moindres sujets, sachant à toute heure le nombre et la qualité de mes troupes et l'état de mes places, donnant incessamment mes ordres pour tous leurs besoins, traitant immédiatement avec les ministres étrangers, recevant et lisant les dépêches, faisant moi-même une partie des réponses, et donnant à mes secrétaires la substance des autres, réglant la recette et la dépense de mon État, me faisant rendre compte directement par ceux que je mets dans les emplois importants[3].... » Cette activité presque surhumaine se soutenait encore en 1715 ; elle fut pour beaucoup dans les grandeurs et les gloires du règne.

Pendant les vingt dernières années, une notable partie du travail personnel du Roi se fit, non dans sa chambre, mais dans celle de Mme de Maintenon, le soir. C'est là, nous l'avons vu presque au début des *Mémoires*[4], que ministres et directeurs, même pendant l'appartement, venaient munis de leurs portefeuilles. « Les dimanches et les mercredis au soir, dit Dangeau en 1705, le Roi travaille chez Mme de Maintenon avec M. de Chamillart ; les mardis, avec M. de Pontchartrain, pour les affaires de la marine[5] ; les lundis, avec M. [le] Peletier (de Souzy),

---

étoit chargé, ou aux autres affaires que j'avois résolu d'examiner moi seul.... »
(Louis XIV, *Mémoires pour l'année 1666*, éd. Dreyss, tome I, p. CLI-CLII.)

1. *Œuvres de Louis XIV*, tome III, p. 14 ; *Dangeau*, tome III, p. 387.

2. *Siècle de Louis XIV*, chap. XXIX.

3. *Œuvres de Louis XIV*, tome I, p. 37 ; *Mémoires*, tome II, p. 392.

4. Dans notre tome I, p. 71.

5. C'était déjà le jour de ce secrétaire d'État en 1693 : voyez notre tome I, p. 287.

pour les fortifications et les ingénieurs. Outre cela, le Roi travaille encore souvent à des affaires extraordinaires[1].... »

Trois ans plus tard, le chroniqueur nous donne cette autre information[2] : « Voici les changements que le Roi a faits pour les jours qu'il veut travailler chez Mme de Maintenon, le soir, avec ses ministres. Il donne le samedi et le mardi à M. de Chamillart[3], et permet à ce ministre, qui est encore fort foible, de s'appuyer en travaillant avec lui. Il donne le dimanche à M. [le] Peletier, et le lundi à M. de Pontchartrain[4]. »

Toutes ces audiences, toutes ces délibérations se passaient sans que Mme de Maintenon, pour ainsi dire, eût l'air d'y prendre intérêt, ni même d'en avoir aucun sentiment. La présence du Roi et des ministres n'empêchait point que, l'heure arrivée, elle fît venir son souper, ou que ses femmes la missent au lit[5]. C'est chez elle que l'acceptation de la succession d'Espagne fut décidée, les 9 et 10 novembre 1700, non plus dans un simple travail du Roi avec un ou deux secrétaires d'État, mais en Conseil, tous les ministres ayant été convoqués, ainsi que Monseigneur et le Chancelier, à la grande surprise des courtisans[6].

Le duc de Luynes cite, de Mme de Montespan, un cas analogue, non seulement d'assistance, mais de participation aux travaux du Conseil. La cour était encore à Saint-Germain, et les séances se tenaient dans une salle contiguë à la chambre à coucher de la favorite. Comme une affaire en délibération au conseil des dépêches présentait de la difficulté, « le Roi dit : « Nous avons là dedans une personne qui pourra « nous donner quelque éclaircissement. » Il ouvrit la porte : elle entra au Conseil, et y dit son avis avec beaucoup de sens et d'esprit[7]. » Mais c'est évidemment là un fait exceptionnel, tandis que l'habitude de travailler chez Mme de Maintenon semble avoir existé de tout temps, au moins depuis l'époque probable du mariage. Outre les réunions du soir, il était très ordinaire que les ministres vinssent de grand matin conférer avec la marquise, ou même qu'elle se rendît chez un d'eux avant le Conseil et y restât à dîner en étroite compagnie. M. de Beauvillier, jusqu'à sa disgrâce de 1698, le secrétaire d'État de la guerre et le

1. *Journal de Dangeau*, tome X, p. 504.
2. Tome XII, p. 105, 25 mars 1708.
3. Ou son survivancier Cany.
4. Le fils, secrétaire d'État de la maison du Roi et la marine.
5. Addition à Dangeau, tome XVI, p. 72-73; *Mémoires de Saint-Simon*, tome XII, p. 122; *Journal de Torcy*, publié par M. Fr. Masson, p. 125-126. « Le Roi y demeurait jusqu'à minuit. Il y travaillait avec ses ministres, pendant que Mme de Maintenon s'occupait à la lecture ou à quelque ouvrage des mains, ne s'empressant jamais de parler d'affaires d'État, paraissant souvent les ignorer. » (Voltaire, *Siècle de Louis XIV*, chap. XXVII.)
6. *Journal de Dangeau*, tome VII, p. 412 et 413; *Mémoires de Saint-Simon*, tome II, éd. 1873, p. 385 et 392.
7. *Mémoires de Luynes*, tome XI, p. 201.

Contrôleur général des finances sont ceux qu'elle favorisait le plus volontiers de ces visites, où les décisions se préparaient de telle manière que, sans se mêler autrement qu'avec de « grandes mesures » au travail qui se faisait chez elle dans l'après-dînée ou le soir, elle était toujours sûre de se trouver d'accord avec le ministre. Celui-ci, de son côté, « ne pouvant se maintenir sans elle, encore moins malgré elle, » était bien aise de faire en toute tranquillité ses propositions[1]. Torcy seul échappa à cette mainmise, n'alla jamais travailler chez Mme de Maintenon, et tint bon jusqu'à la fin, malgré une rancune visible. Nous verrons Chamillart succomber, comme jadis Louvois, pour manquement aux usages établis, Pontchartrain n'éviter le même sort que par son esprit, et, s'il faut en croire certaines lettres de Desmaretz à Mme de Maintenon reproduites dans le recueil suspect de la Beaumelle[2], les difficultés que ce ministre éprouva durant les derniers temps du règne furent dues principalement à la rupture de ses relations avec la marquise.

Grâce à Dangeau, on peut suivre le fonctionnement de la « mécanique » gouvernementale jusqu'au dernier jour du règne. Rien ne se ralentit en aucun temps, alors même que les symptômes de l'affaiblissement physique s'étaient déjà accentués. On peut voir par exemple, en février 1715, Louis XIV présider encore le conseil du dimanche matin, tenir une seconde séance dans l'après-dînée, et travailler ensuite avec le directeur des fortifications; puis, le mardi, tenir un conseil des finances, travailler avec Desmaretz, chasser à tir pendant l'après-dînée, et travailler enfin avec le chancelier Voysin, chez Mme de Maintenon. De même pendant les semaines et les mois qui suivirent. Torcy insinua alors qu'on pourrait faire préparer le travail du conseil d'État dans des comités que présiderait le plus ancien ministre. « Qu'est-ce donc que ceci? s'écria le Roi; me croit-on trop vieux pour gouverner? Qu'on ne me propose jamais chose semblable[3] ! »

Le samedi 24 août, pour la dernière fois, ayant eu une nuit calme,

---

1. *Mémoires de Saint-Simon*, tome XII, p. 118-120 et 122-125; Addition au *Journal de Dangeau*, tome XVI, p. 65-69 ; *Journal de Torcy*, publié par M. Fr. Masson, p. 241 et *passim*.

2. Éd. de 1789, tome VIII, p. 76 et 80 : « Si j'étois assez heureux pour pouvoir vous parler une fois en quinze jours, à des heures qui vous fussent commodes, quelques conversations ne seroient pas inutiles dans les conjonctures présentes. — Puisque je ne puis avoir l'honneur de vous voir et de vous parler.... »

3. *Mémoires du marquis d'Argenson*, tome IV, p. 145. Un comité de ce genre fonctionna au temps de Louis XV, sous la présidence du cardinal de Fleury, puis du cardinal de Tencin : on y réglait les affaires capitales de l'État, et le Roi ne voyait venir devant lui que des décisions si bien préparées qu'il lui était impossible d'en rien rejeter (*ibidem*, tome II, p. 144, et *Mémoires de Luynes*, tomes I, p. 207, V, p. 151, XIII, p. 25, XIV, p. 324, etc.).

Louis XIV « dîna en public, tint le conseil de finances, et travailla avec
M. le Chancelier comme s'il étoit en parfaite santé[1]. » Les ministres
ne se réunirent plus qu'après sa mort, le 3 septembre, pour céder
bientôt la place à une organisation toute différente.

Nous verrons alors, en arrivant au milieu de l'œuvre de Saint-Simon,
l'aristocratie reprendre ses anciens droits aux dépens de la robe et de
la plume, la « roture » rentrer dans le néant, les « vizirs » ou secrétaires d'État faire place à sept conseils particuliers et à un conseil général de régence institué conformément au testament de Louis XIV,
mais en opposition avec tous les principes qu'il avait appliqués durant
cinquante-cinq ans, et le pouvoir passer aux mains de ces amis du
regretté duc de Bourgogne et du duc d'Orléans dont le défunt roi disait :
« Ces gens-là ne connaissent guère les Français, ni la manière de les
gouverner. » Saint-Simon recevra ainsi pleine satisfaction aux *desiderata*
exposés dans la *Lettre anonyme* de 1712[2] et dans les *Projets de gouvernement*[3]; il prendra même une part active à la réforme et aura son
rôle personnel, peut-être aussi sa portion de responsabilité, lorsque ce
système éphémère de « polysynodie » échouera, soit par « l'ignorance,
la légèreté, l'inapplication de la noblesse, accoutumée à n'être bonne
qu'à se faire tuer, » soit par « l'indigeste composition et formation de
tout le nouveau gouvernement[4], » le « désordre dans l'économie des
districts et des fonctions, » le « mélange et enchevêtrement des matières[5].... » Commencé dès 1718, par la suppression du conseil de
conscience, le retour aux anciennes formes de gouvernement s'achèvera
en 1722[6]. Au grand désespoir de notre auteur, les conseils d'État, des
dépêches et des finances reprendront leurs travaux comme s'ils n'a-
vaient pas été interrompus[7]; seul, le prince aura changé : au lieu du
grand Roi, ce ne sera plus « qu'un écolier qui se hâte de faire son

1. *Journal de Dangeau*, tome XVI, p. 109. Comparez le *Journal des An-
thoine sur la mort de Louis XIV*, publié par M. Édouard Drumont en 1880,
p. 9-41. « On ne peut trop admirer l'application de ce grand prince, » dit
l'humble serviteur.

2. Tome IV des *Écrits inédits*.

3. Pages 16-82 de l'édition Mesnard ; comparez les *Mémoires*, tome XI,
p. 252-253, et les longs entretiens avec le duc d'Orléans.

4. Voyez, sur cette rentrée des gens d'épée dans le gouvernement, la di-
gression que le duc de Gramont s'empressa alors d'insérer dans les *Mémoires du maréchal* son père, éd. Michaud et Poujoulat, p. 236 et 323.

5. *Mémoires*, tomes XI, p. 247, XII, p. 223, XVI, p. 102, 104-105, 108, etc.

6. A partir de cette époque, on a grand profit à suivre le fonctionnement
des Conseils dans les *Mémoires du maréchal de Villars*, qui en sont comme
le mémorial jusqu'à l'année 1736.

7. « Malheur sous lequel la France gémit encore et gémira longtemps,
parce que. pour les États comme pour les corps humains, il n'y a rien de
plus pernicieux que les meilleurs remèdes tournés en poisons. » (*Mémoires
de Saint-Simon*, tome XII, p. 225.)

thème pour sortir de classe[1]. » Les Conseils subsisteront ainsi jusqu'au 9 août 1789, pour faire place alors à un conseil d'État unique, secondé, pour le contentieux, d'un comité de conseillers d'État et de maîtres des requêtes.

ADDITIONS ET CORRECTIONS

Page 5, note 4, ligne 2. Avant *483*, ajoutez : *99*. — A la fin de la note, ajoutez : « Le règlement du 21 mai 1615 porte que le conseil privé se tiendra le mercredi, celui d'État et finances le jeudi, celui de finances le samedi (ms. Fr. 16 218, fol. 186; comparez fol. 189 v° et 195 v°). »

Page 7, note 3. Ajoutez : « Dans un projet de réorganisation préparé en 1620 par Marie de Médicis et Richelieu (Arch. nat., KK 1355, fol. 71), il est dit que « le quatrième conseil sera composé des Chancelier, Garde des « sceaux, douze conseillers par chaque quartier, savoir : quatre du corps « ecclésiastique, quatre de la noblesse et quatre de la justice, et les maîtres « des requêtes ordinaires de l'hôtel, devant lesquels se décideront les « affaires qui concernent les parties, fors celles qui sont de juridiction con-« tentieuse, lesquelles seront renvoyées selon que leur nature le requerra. « Ce conseil aussi ne pourra plus faire évocation des causes pendantes de-« vant les juges ordinaires ou, par appel, aux Parlements, surseoir, casser « ou révoquer sur simples requêtes les arrêts donnés avec connoissance de « cause, ni décerner aucune commission pour juger souverainement les « procès criminels. »

Page 23, ligne 17. Sous Henri IV, les gages n'étaient que de deux mille livres, mais s'augmentaient d'une pension de trois mille six cents livres (*OEconomies royales*, tome II, p. 90).

Page 28, note 4. Ajoutez : « Voyez plusieurs exemples de cas de parenté énumérés dans une pièce du ms. Lancelot 104, fol. 218. »

Page 35, note 2, ligne 2. Ajoutez : « Les règlements de 1629 et années suivantes sont réunis dans le ms. Fr. 18 152, fol. 130 et 134, et dans le ms. Fr. 16 218, fol. 405 et suivants. »

Page 39, note 3. Ajoutez : « L'abbé Lempereur avait été nommé par M. Boucherat, le 29 juin 1687, en vertu d'un arrêt du 4 mai 1680. »

Page 40, note 4. Voltaire (*Siècle de Louis XIV*, chap. xxix) dit que le Roi « était instruit des lois principales, en possédait l'esprit et savait ou les sou-tenir ou les mitiger à propos. Il jugeait souvent les causes de ses sujets, non seulement dans le conseil des secrétaires d'État, mais dans celui qu'on appelle le *conseil des parties*. » Et à ce propos, il cite deux « jugements célèbres dans lesquels la voix du Roi décida contre lui-même. » Par le premier, en 1680, le Roi confirma à des particuliers de Paris la propriété de maisons qu'ils avaient bâties sur son fonds. Par le second, il fit rendre au

---

1. Lettre de Mme de Tencin au maréchal de Richelieu, citée par M. de Luçay, qui a longuement exposé l'état des Conseils à la mort de Louis XV, dans ses *Secrétaires d'État*, p. 417-466.

persan Roupli des marchandises que les fermes avaient indûment saisies,
en 1687, dit Voltaire. Cette dernière date est fausse, puisque, selon Dangeau
(que Voltaire, à son habitude, a lu trop légèrement), le procès est antérieur
de plusieurs années à 1685 et 1687. (*Journal*, tomes I, p. 272, et II, p. 66.)
De plus, ces arrêts ne peuvent avoir été rendus au conseil des parties,
mais bien à celui des dépêches ou à celui des finances.

Page 41, note 2. Le procès-verbal de cette séance de 1762 a été publié
par le vicomte de Bastard d'Estang, dans les *Parlements de France*, tome I,
p. 560-565.

Ibidem, note 3. Ajoutez : « On voit, dans le *Journal inédit d'Arnauld
d'Andilly*, p. 362-368, en 1618, le garde des sceaux du Vair prétendre à la
place qui se trouvait immédiatement vis-à-vis du Chancelier, au-dessus des
ducs et pairs. »

Page 61, note 1. Ajoutez : « Voyez aussi l'*Encyclopédie méthodique —
Jurisprudence*, tome III, p. 215. »

Page 69, ligne 5. L'ambassadeur vénitien Michel Morosini s'exprime ainsi
dans son rapport de 1653 : « In questo corpo (il consiglio supremo) vi è
l'anima dello Stato, dalle resoluzioni del quale dipendi la guerra e la pace,
il sollievo e l'aggravio dei popoli, ed infine l'esser di tutti gli affari, mentre
da questo vengono misurate ed alterate le procedure di tutti gli altri con-
sigli, come dal corso di un fiume dipende o l'escrecenza o la moderazione
dei rami. » (*Relazioni*, série FRANCIA, tome II, p. 510.)

Page 74, note 2. Le premier brevet accordé à un surintendant pour seoir
aux Conseils après les officiers de la couronne est celui de Schonberg (7 septembre 1619). Richelieu estimait qu'un surintendant qui tenait les cordons
de la bourse ne devait pas entrer au conseil secret ou suprême, sous peine
de devenir omnipotent.

Page 80, note 2. Ajoutez : « Selon le *Siècle de Louis XIV*, chap. xxi, le
maréchal fut désigné un instant, en 1703, pour remplacer Chamillart aux
finances. »

Page 89, ligne 1. Aux mentions de procès jugés par le conseil d'en haut,
sur rapport d'un maître des requêtes, en 1709, ajoutez l'affaire des veuves
de chevaliers de l'Ordre, séance du 7 décembre, dont il est parlé dans le
Journal inédit de Torcy, p. 57.

Page 92, note 3. Ajoutez : « Dans les règlements de 1615 et 1616 (ms. Fr.
16 218, fol. 187 et 192 v°), c'est au conseil des affaires que se lisent toutes
les dépêches relatives au dedans aussi bien qu'au dehors du Royaume, et
que l'on décide des solutions à prescrire. »

Page 111, note 4. Sully, en 1607, n'invitait les grands seigneurs à venir
au Conseil qu'avec discrétion, quatre ou cinq à la fois, « afin de tenir place
de pareil nombre de soutanes, » ou « d'un tas de maîtres des requêtes et
autres bonnets cornus qui font une cohue du Conseil et voudroient volontiers réduire toutes les affaires d'État et de finances en chicanerie. » Il eût
désiré que le conseil d'État et finances se composât de huit conseillers ordinaires « et assidus, » dont quatre d'épée et quatre de robe, plus vingt
autres conseillers « des plus qualifiés, » ayant trente ans passés et devant
servir, non moins assidûment, par quartier.

TABLE DES MATIÈRES

5179 — Imprimerie A. Lahure, 9, rue de Fleurus, à Paris.